LA FOI DES DÉMONS

DU MÊME AUTEUR

Théâtre

Pasiphaé ou comment on devient la mère du Minotaure, Desclée de Brouwer, 2009

Massacre des innocents, Les Provinciales, 2006

Passion-Résurrection, Éd. du Cerf, 2004

À quoi sert de gagner le monde, Les Provinciales, 2002

Essais

Qu'est-ce que la vérité ? (avec F. Midal), Éd. Salvator, 2010

Glorifiez Dieu dans votre corps, (en collaboration), Parole et Silence, 2010

La profondeur des sexes, Éd. du Seuil, 2008

Réussir sa mort, Presses de la Renaissance, 2005 ; Éd. du Seuil, 2010

La terre, chemin du ciel, Éd. du Cerf, 2002

Et les violents s'en emparent, Les Provinciales, 1999

Livres d'art

L'Agneau mystique – Van Eyck, L'Œuvre, 2008

Jardins intérieurs, avec le cardinal Barbarin, Desclée de Brouwer – Parole et Silence, 2007

Fabrice Hadjadj

LA FOI DES DÉMONS
OU
L'ATHÉISME DÉPASSÉ

SALVATOR
103, rue Notre-Dame-des-Champs
F-75006 Paris

Maquette intérieure : Atlant'Communication
Couverture : Isabelle de Senilhes

(4e édition, septembre 2010)
103, rue Notre-Dame-des-Champs F-75006 Paris
www.editions-salvator.com
contact@editions-salvator.com

ISBN : 978-2-7067-0625-7
ISSN : 1960-3061

Simon, Simon, voici que le Satan vous a réclamés pour vous cribler comme le froment. Mais moi j'ai prié pour toi, afin que ta foi ne disparaisse point ; et toi, quand tu seras revenu, affermis tes frères.

Luc 22, 31-32.

À Jean-Louis Chrétien,
Jacques Cazeaux
et frère Michel Cagin,
ainsi qu'à tous mes autres rabbis,
scientes quoniam maius
iudicium sumitis (Jacques 3, 1)

Introduction

> La jeune femme – c'est mon âme – a été introduite par les quatre démons ailés, dans ma chambre, les bras liés. On va lui scier les poignets ! Elle s'évanouit. Mais Notre-Seigneur dit : « Venez par ici, car il y a parmi les saints beaucoup d'enfants qui vous ressemblent. »
>
> Max Jacob, *La défense de Tartuffe.*

1. Certains n'imaginent pas autre chose : que tous professent la foi chrétienne, et le monde sera parfait. La conversion est à leurs yeux un terme plutôt qu'un commencement. De ce point de vue, ayant été baptisé adulte, je suis moi-même tiré d'affaire, et çà et là je puis donner mon « témoignage » sous de clignotantes enseignes et derrière un micro retentissant : « Le Juif converti », « De Nietzsche à Jésus », « Comment, de nihiliste, je suis devenu chrétien », etc. J'en viens presque à regretter que je n'eusse pas été de surcroît drogué et inverti, tueur à gages peut-être ou, du moins, acteur de film X – avec une jambe de bois.

Car ma conversion ne doit pas être seulement un terme, il faut encore qu'elle soit assez piquante pour que les gens n'aient pas dérogé en vain à une soirée cinéma. Pourquoi témoignerais-je si ce devait être aussi monotone que l'hostie blanche dans son ostensoir ? Il m'est nécessaire de captiver mieux mon assemblée et d'orner mon récit en conséquence, avec les plus spectaculaires péripéties. Tout bénéfice pour l'auditeur : à la différence de ces divertissements dont on ressort avec quelque scrupule, notre conscience est ici tranquille, notre gentille distraction vaut pour édification morale...

« L'ingrat ! » me lancera-t-on. Mais j'exagère à peine. Que l'on entende du moins combien ce genre d'exhibition me met mal à l'aise. Ce serait pour chanter l'or et le miel en quoi une infinie miséricorde parvient à transsubstantier ma récalcitrante ordure, passe encore ! Le plus souvent, hélas ! c'est pour que nous nous sentions tous au chaud, dans le bon camp, entre les murs de notre chapelle.

2. Et si ces murs étaient moins ceux d'un abri que d'une arène ? Si être devenu chrétien ouvrait la possibilité du pire ? Mon état est meilleur, sans doute, mais cela signifie-t-il que je suis nécessairement meilleur moi-même ? Mon âme peut être devenue une mariée richissime et donner moins, en proportion, que l'obole de la veuve. Avoir gagné le jackpot ne dit rien quant à l'usage que je fais de tout cet argent. Être en meilleure santé peut m'octroyer d'autant plus de force pour étrangler mon frère. « Il n'est point d'hostilité excellente comme la chrestienne. Nostre zele faict merveilles quand il va secondant notre pente vers la haine, la

cruauté, l'ambition, l'avarice, la detraction, la rebellion[1]. » Enfin, Judas n'était-il pas d'abord un des apôtres et même celui d'entre eux qui avait la charge, sinon des clefs, du moins du trésor ?

Il se peut donc que je sois devenu plus mauvais qu'avant, et que le Marquis de Sade, le Comte-Sponville et autres promoteurs d'antichristianisme ou de transcendance laïque ne soient pas si pécheurs que moi. Ceux qui me demandent mon témoignage y travaillent malgré eux. Je prends goût à parler de mon itinéraire, à mi-voix, bien sûr : trop intelligent pour user du clairon qui me ferait paraître trop clairement vaniteux, j'emploie plutôt la lyre et le pipeau, et ma frêle conversion se change, par le fait même de la narrer en public, en une forte tentative de séduction. Je ne dis pas qu'il eût mieux valu que je raconte à la place une vie de débauche satisfaite. Je fais simplement ce constat : la conversion reste une épreuve jusqu'à la mort. Ou, pour inverser les célèbres vers de Hölderlin :

Aux lieux de ce qui sauve
Croît aussi le péril.

Le Christ ne cesse de le dire à ses disciples : *Le serviteur qui, ayant connu la volonté de son maître, n'a rien préparé et n'a pas agi selon sa volonté, sera battu d'un grand nombre de coups. Mais celui qui, ne l'ayant pas connue, a fait des choses dignes de châtiment, sera battu de peu de coups. À qui fut donné beaucoup, beaucoup sera réclamé. À qui fut confié beaucoup, il sera demandé encore plus* (Lc 12,

---

1. Montaigne, « Apologie de Raimond Sebond », *Essais,* II, XII, *Œuvres complètes,* Gallimard, coll. « Bibliothèque de la Pléiade », 1962, p. 421.

47-48). Ces versets-là, sans doute, les « cathos » ne veulent pas trop les entendre. C'est pour les leur rappeler, pour *nous* les rappeler comme une banderille plantée au flanc de notre conscience, que je voudrais donner à lire les lignes qui vont suivre. – Quel est celui que je nomme « catho », d'une apocope qui frise l'apostat ? Un chrétien qui tourne court. Un témoin qui ne va pas jusqu'au bout. Un catholique sans le *hic*, et même trois fois sans lui, je veux dire se dérobant devant le hic du problème, devant le hic de l'ici et maintenant, et devant celui de la coupe sanglante : *Hic est calix*... Soit un pauvre type comme moi.

3. En tant qu'il nie l'existence de Dieu ou la divinité de Jésus, l'athéisme n'est pas le pire refus de Dieu possible. Pascal y voit même, quand cet athéisme est une inquiétude et non un contentement, un état qu'il faut plaindre plutôt que blâmer : « Plaindre les athées qui cherchent, car ne sont-ils pas assez malheureux ? Invectiver contre ceux qui en font vanité[1]. »

L'athée qui cherche n'est pas satisfait de son athéisme. Il devine que cet athéisme, à devenir trop confortable, se changerait lui-même en un fétiche domestique. C'est qu'il n'est pas facile d'être athée pour de bon. On brise une idole, soit ! mais que ce ne soit pas aussitôt pour en construire une autre : l'argent, la volupté, l'art, la science... Que ce ne soit pas non plus pour sacraliser ce geste du brisement : il y a un intégrisme de la transgression, et ses prêtres sont d'autant plus féroces qu'ils sont persuadés d'être les thuriféraires de l'absolue liberté.

---

1. *Pensées*, § 145, éd. Le Guern, Gallimard, 1977.

Non, l'athée qui cherche est à la fois l'athée véritable et l'athée finissant. Véritable, parce qu'il ne fait pas de son athéisme un dieu ; finissant, parce que, en conséquence, il souffre d'être athée encore, il redoute cette fermeture qu'il dénonce chez le crédule. Ce paradoxe peut le tenir longtemps comme un cobaye dans la roue de sa cage. Il faut une grâce pour l'en sortir. Voilà pourquoi Pascal à la fois l'admire et le plaint. Voilà aussi pourquoi il pense que l'athéisme, de par sa propre requête, et non par quelque sommation extérieure, exige d'être dépassé.

4. Ne mérite l'invective, au fond, que celui qui ne cherche pas. Son intelligence a faim de vérité, son cœur aspire à la béatitude, et cependant, parce qu'il fuit devant l'angoisse d'une mort qui semble frapper toute chose de nullité, le voici qui succombe aux prestiges du virtuel, se livre aux délices de s'abrutir, essaie d'abolir en lui cette tension proprement humaine entre la conscience d'une mort effroyable et le désir d'une joie parfaite. Il somnole en deçà de la croyance et du doute, du blasphème et de la louange, de la haine et de l'amour qui vous emportent au-delà.

Il est toutefois difficile de s'avouer qu'on ne cherche plus. À être curieux, le monde nous exhorte, et les moteurs de recherche sont à portée de souris : cliquons dans la page, surfons de site en site, soyons des *net-explorers* voués à cet encyclopédisme plein d'articles « intéressants » sur les « Concours animaliers » aussi bien que sur les « Légionnaires du Christ ». De cette manière nous pouvons ne jamais faire la part de l'essentiel. Nous congédions avec bonne conscience tout savoir qui nous engagerait corps et âme. Car, à l'évidence, une telle recherche est une dispersion, non un recueillement. Elle nous éclate plus qu'elle ne nous éclaire. Et pour mieux ignorer le soleil, elle démultiplie sa science des ombres. Sa recherche est une pose, sa connaissance, un spectacle.

Aussi l'invective doit-elle plus spécialement réveiller celui-là qui se fait « vanité », comme dit Pascal, d'être un prétendu « chercheur de sens ». S'il cherche encore, s'il court sans fin, c'est pour mieux esquiver une trouvaille qui le remettrait en cause, étouffer un appel qui inverserait la donne et lui ferait découvrir que c'est lui, à vrai dire, qui est cherché depuis toujours, et que c'est de lui, peut-être, qu'une réponse est attendue…

5. Lorsqu'il précise sa typologie des attitudes face à Dieu, Pascal reprend sa distinction entre l'athée qui cherche et l'athée qui ne cherche plus, à laquelle il ajoute, bien évidemment, la catégorie du fidèle : « Il n'y a que trois sortes de personnes : les uns qui servent Dieu l'ayant trouvé, les autres qui s'emploient à le chercher ne l'ayant pas trouvé, les autres qui vivent sans le chercher ni l'avoir trouvé. Les premiers sont raisonnables et heureux, les derniers sont fous et malheureux, ceux du milieu sont malheureux et raisonnables[1]. »

Notre sujet n'est pas ici de saisir comment un certain athéisme peut être raisonnable, thèse qui n'est pas sans poser de graves problèmes (le seul athéisme raisonnable est un athéisme qui devrait sans cesse s'arracher à lui-même pour ne pas sombrer dans sa propre idolâtrie). Il est de compléter une typologie qui se voudrait exhaustive, et qui néanmoins omet le pire des cas. Outre les

1. *Id.*, § 149.

fidèles qui l'ayant trouvé servent Dieu, les athées qui ne l'ayant pas trouvé cherchent encore, et ceux qui, sans l'avoir trouvé, ne cherchent plus, il en est d'autres qui ont trouvé Dieu et pourtant ne le servent pas. Ils se perdent dans la mesure même où ils l'ont trouvé. Ils le servent d'autant moins qu'ils se servent de lui. Ceux-là n'écrivent pas des *Traités d'athéologie*. Ils sont pour cela beaucoup trop spirituels. Les articles de la foi catholique ne font aucun doute à leurs yeux. Et pourtant ils refusent Dieu de la manière la plus radicale – en connaissance de cause. Ceux-là dépassent l'athéisme et nous découvrent un lieu d'autant plus ténébreux qu'il se sert de la lumière pour épaissir ses ténèbres : la clarté faite pour l'illuminer, il la détourne, et par là grossit sa noirceur.

Tel est le lieu du démoniaque. Il concerne premièrement les démons, sans doute, mais un chrétien ne saurait le méconnaître, car il désigne aussi une possibilité tragiquement sienne : une fausseté où l'on s'enfonce au beau milieu de la vérité même, une perdition qui s'ouvre au cœur même de la chrétienté.

6. Comment une foi peut-elle être à la fois exacte et infidèle, pleine d'errance et sans erreur ? Est-ce que cela signifie qu'à l'inverse un certain manque de foi, une méconnaissance intellectuelle de Dieu pourrait cacher une certaine fidélité, une fidélité plus vraie que telle protestation trop voyante ? Qu'en est-il alors de la lutte contre l'athéisme et pour la défense de la foi ?

L'apologétique s'efforce de montrer la vérité du christianisme, mais cette vérité connue n'empêche pas d'être pire. Elle ouvre la possibilité de la conversion, mais aussi celle d'un refus consommé : l'apologiste peut faire des démoniaques, et s'il s'imagine lui-même convertir les autres par ses pieux discours, tenir un repentir au bout d'une dissertation, il se rend démoniaque lui-même, en même temps qu'il se targue de communiquer la foi. C'est une ruse du diable, alors même que nous luttons contre l'athéisme, que de nous faire tomber dans son théisme à lui : une foi pleine de moi-même, égologique, non plus théologale.

Enfin, ceci vaut pour avertissement aux amateurs de « spiritualité ». Doit-on penser qu'elle est le remède et que l'humanité périt d'être trop rivée à la matière ? La spiritualité de nos jours envahit les étalages : elle se compare, s'achète, se vend sur *eBay*. Elle renvoie aussi bien à l'ashram de Beaune-la-Rolande qu'à l'École de Psycho-Anthropologie de Selim Abitbol. Si bien qu'il faut prendre garde et bien choisir son esprit. Un guide du consommateur paraît nécessaire. Mais on s'en aperçoit vite : l'idée qu'en ce domaine il faudrait choisir sa lumière parmi des rayonnages nous enferme déjà dans la spiritualité de la consommation. Pour tout dire, le vrai problème est le suivant : Satan est très spirituel. Sa nature est même d'un esprit pur. Pas une once de matière en lui. Aucun penchant personnel pour le matérialisme. Alors la spiritualité, on peut le croire, c'est son truc. C'est même tellement son truc que, de toute évidence, l'Esprit de Vérité nous pousse davantage vers le charnel que vers ce spirituel-là.

7. Ce livre, on l'aura compris, ressortit moins au traité de démonologie qu'à un essai sur le combat de la foi. Il pourrait commencer avec cette remarque de Jean Chrysostome : « Nous n'avons certainement pas plaisir à vous entretenir du diable, mais la doctrine dont il me

fournit l'occasion vous est de la plus grande utilité[1]. » En quoi consiste ici cette utilité superlative ? Le péché de l'ange, péché de l'esprit contre l'Esprit, est parfaitement irrémissible. Méditer sur sa nature (ou sa contre-nature), c'est méditer sur ce qui nous menace radicalement. Et se préparer au plus intérieur pugilat.

Si le lecteur referme ces pages sans une inquiétude accrue, elles auront manqué leur but : *Ne craignez rien de ceux qui tuent le corps, mais ne peuvent tuer l'âme ; craignez plutôt celui qui peut perdre dans la géhenne à la fois l'âme et le corps* (Mt 10, 28). Il s'agit bien de cette crainte à quoi la Vérité nous invite. Et, je le note d'emblée, cette crainte n'est pas que pour l'âme, au mépris du corps, mais pour l'âme *et* le corps à leur manière déchirante indissolublement unis (comme quoi nous ne sommes ici ni dans le matérialisme ni dans le spiritualisme).

Cependant, si le lecteur refermait ces pages sans une confiance plus profonde encore, c'est-à-dire d'une profondeur qui se mesure au point jusqu'où, sans fléchir, il aura laissé l'inquiétude creuser, alors nous aurions perdu la partie : *Est-ce qu'on ne vend pas deux moineaux pour un as ?* demande la suite du passage plus haut cité. *Et pas un d'entre eux ne tombera à terre sans que votre Père soit là. Quant à vous, même les cheveux de votre tête sont tous comptés ! Soyez donc sans crainte, vous l'emportez sur une multitude de moineaux* (Mt 10, 29-30). Qui est comme ce Dieu qui, contre les ailes des mauvais anges, se soucie de l'homme jusqu'en ses cheveux ?

Dans une première partie, nous étudierons la foi des démons en elle-même, comme elle se montre dans l'Écriture et comment la grande théologie s'efforce de la

---

1. *De diabolo tentatore, homil.* II, 1, PG 49, 257-258.

penser ; cette réflexion nous amènera par contraste à reconnaître que le principe radical de la faute ne se trouve pas dans l'ignorance athée ni dans la faiblesse charnelle. Dans une deuxième partie, nous essaierons de voir depuis sa source desséchante la manière dont cette foi se déverse sur le monde en infidélités contraires – sur l'échiquier de l'erreur, les démons s'amusent à jouer des deux côtés : nous nous demanderons alors s'ils ont un intérêt majeur à la propagation de l'athéisme ainsi qu'à l'incitation aux péchés de la chair, ou si cette tactique, si développée depuis des siècles, n'est qu'une pièce à l'intérieur d'une machine plus savante et rusée. Enfin, dans une partie dernière (mettons avant-dernière puisque l'ultime ne nous appartient pas), nous considérerons la foi des fidèles, tant dans son incarnation vive que dans sa nuit obscure : après avoir entrevu le mal chez les purs esprits, nous approcherons le bien chez des êtres de chair et de sang ; après avoir entendu Satan discourir comme un théologien, nous écouterons des saints parler presque comme des athées. Dans tous les cas, ce qui sera touché comme par la bande, c'est un certain dépassement de l'athéisme. De même que dans le *Phèdre* Platon distingue deux folies contraires, l'une bestiale et l'autre divine, ce dépassement peut s'expliquer pour le meilleur et pour le pire, c'est-à-dire aussi bien du côté gracieux que du côté démoniaque.

8. Dernière monition avant lecture : il est une ambivalence certaine à dire qu'on lutte contre le diable. Ne serait-ce pas, dans la certitude de batailler comme il faut, tomber soi-même dans un orgueil diabolique ? Après tout, le démon n'est-il pas persuadé de mener un bon combat ? N'est-il pas même certain de servir le des-

sein de Dieu malgré tout ? Par ailleurs, diaboliser son prochain, voir en l'autre plutôt qu'en soi le principe de tout mal, n'est-ce pas la plus grande tentation ? « Satan » ne signifie-t-il pas l'Accusateur c'est-à-dire celui qui fait peser toute la faute sur autrui ?

Pour comprendre ce problème, il importe au seuil de ces pages de citer une personne qui fut sûre et certaine de combattre le Malin. Son haut langage de spirituel semble d'ailleurs emprunter aux intonations d'un Père du Désert qui s'adresserait aux hommes de son temps : « J'ai souvent l'impression qu'il faut passer par toutes les épreuves envoyées par Satan, les démons et l'enfer, avant d'arracher en fin de compte la victoire définitive… Je ne suis sans doute pas ce que l'on appelle un dévot, sûrement pas. Mais au fond de moi-même je suis un homme religieux, c'est-à-dire que je crois que quiconque, sur cette terre, combat vaillamment, conformément aux lois naturelles qui ont été créées par un dieu, celui qui ne capitule jamais, mais se ressaisit sans cesse et va toujours de l'avant, je crois que celui-là ne sera pas abandonné par l'auteur de ces lois, mais aura en fin de compte la bénédiction de la Providence. Et c'est bien ainsi qu'il en a été pour tous les grands esprits de cette terre. »

Qui parle ainsi de traverser l'épreuve démoniaque et de recevoir la bénédiction de la Providence ? Adolf Hitler, évidemment. Ces lignes sont extraites de son discours aux industriels du 26 juillet 1944, juste après une triple défaite militaire[1]. Après coup, on s'aperçoit du volontarisme, de la superbe, de l'obstination qui partout y affleurent. Mais ce n'est qu'après coup…

---

1. Albert Speer, *Au cœur du troisième Reich*, trad. M. Brottier, Fayard, 1971, p. 764.

PREMIÈRE PARTIE

LES DÉMONS CROIENT AUSSI

ou comment on peut avoir une foi infaillible et tomber dans le pire des péchés

Peut-on parler d'une foi démoniaque ? N'est-ce pas jouer ici de l'oxymore et de la provocation ? Malgré les apparences, ce n'est pas l'excentricité, mais la simplicité évangélique qui nous y engage. Cette notion paradoxale paraît essentielle à la prédication du Christ. Ses paroles les plus sévères ne sont pas pour les païens, mais pour les brebis d'Israël. Il n'attaque pas d'abord l'infidèle, mais le docteur de la Loi. Il ne dénonce jamais l'athéisme, mais, au premier chef, une certaine foi pharisienne, plus pure, plus exacte que celles des publicains ou des sadducéens.

Le scribe dit à Jésus : *Fort bien, Maître, tu as eu raison de dire qu'aimer le Seigneur de tout son cœur, de toute son intelligence et de toute sa force, et aimer son prochain comme soi-même, vaut mieux que tous les holocaustes et sacrifices.* Mais Jésus lui répond seulement : *Tu n'es pas loin du Royaume* (Mc 12, 33-34), c'est-à-dire : « Tu n'y es pas encore. » Et, plus loin, de poursuivre en avertissant : *Gardez-vous des scribes* (Mc 12, 38).

Comment comprendre que celui qui énonce clairement les deux préceptes de la Loi nouvelle puisse être en même temps dangereux ? Et comment le comprendre sans trembler, puisqu'il s'agit de comprendre que la compréhension, précisément, ne suffit guère ? N'avoir à cet avertissement qu'un rapport de scribe serait, en effet, tomber dans le piège contre lequel l'avertissement voudrait nous garder. Or, ici, puisque ce n'est qu'un livre, c'est encore un scribe qui parle. De là, son tremblement : qu'il ne soit pas comme celui qui, les yeux fixés sur la carte, verse dans le fossé !

Mais le plus inquiétant est ailleurs : quand même l'auteur de ces lignes ne voudrait que se confondre en actions de grâce, il pourrait encore se demander s'il n'est pas démoniaque. Que l'on se souvienne seulement de la prière du pharisien : *Debout, il priait ainsi en lui-même : « Ô Dieu, je t'offre l'eucharistie* [traduction littérale] *parce que je ne suis pas comme le reste des hommes, avares, injustes, adultères, ou bien encore comme ce percepteur ; je jeûne deux fois la semaine, je paie la dîme de tout ce que je gagne. » Le percepteur, de son côté, se tenait à distance, n'osait même pas lever les yeux au ciel, mais se frappait la poitrine en disant : « Ô Dieu, aie pitié de moi, le pécheur ! » Je vous le dis : celui-ci descendit justifié vers sa maison, et non celui-là* (Lc 18, 11-14). Aïe ! Voilà que je m'en prends encore plein la figure ! Car ne pas être justifié, qu'est-ce que cela veut dire, sinon être comme le diable ? Serait donc comme le diable celui-là même qui offre l'eucharistie ! Mais voici le plus drôle : le saint n'est pas celui qui occupe le premier rang, debout, près de l'autel, c'est le pauvre qui se tient à distance, et même, dit mystérieusement le texte, *ne veut pas lever les yeux vers le ciel…*

PREMIÈRE LEÇON

Les tentations au désert

Alors Jésus fut conduit au désert par l'Esprit, pour être tenté par le diable. Et, après avoir jeûné quarante jours et quarante nuits, il eut faim. Et le tentateur s'approcha et lui dit : « Si tu es Fils de Dieu, dis que ces pierres deviennent des pains. » Mais il répondit : « Il a été écrit : *Ce n'est pas de pain seulement que vivra l'homme, mais de toute parole sortant de la bouche de Dieu.* » Alors le diable l'emmène dans la ville sainte, le place sur le faîte du Temple et lui dit : « Si tu es Fils de Dieu, jette-toi en bas, car il a été écrit *qu'Aux anges il donnera des ordres pour toi, et sur leurs mains ils te porteront, de peur que ton pied ne se heurte contre une pierre.* » Jésus lui déclara : « Encore une fois il a été écrit : *Tu ne tenteras pas le Seigneur ton Dieu.* » Encore une fois le diable l'emmène sur une très haute montagne, lui montre tous les royaumes du monde et leur gloire, et lui dit : « Ces choses, toutes, je te les donnerai, si tu tombes et te prosternes devant moi. » Alors Jésus lui dit : « Retire-toi, Satan ! Car il a été écrit : *Le Seigneur ton Dieu tu adoreras et à lui seul tu rendras un culte.* » Alors le diable le laisse, et voici que des anges approchèrent, et ils le servaient.

Mt 4, 1-11.

Le ténébreux dans le vitrail

L'église Saint-Pierre, à Monfort-l'Amaury, s'ajoure d'un vitrail dont la clarté même évoque l'obscurité la plus grande. D'emblée, certes, tout vitrail porte en soi l'image de la vie intérieure. Vu du dehors il est opaque et terne ; contemplé du dedans, il recueille le soleil et se colore de cent nuances. Ainsi de toute vie profonde : la surface ne réfléchit rien et paraît sans éclat, mais c'est qu'elle est transparente à la lumière et la laisse pénétrer à fond. À l'inverse, des dehors trop brillants laissent augurer un manque de lumière intime : les rayons sont réfléchis au lieu d'être absorbés, ce qui implique l'opacité du dedans.

S'agissant du vitrail de Montfort, cependant, son côté lumineux lui-même représente une réalité à double face. Si l'obscurité matérielle du dehors renvoie à la lumière matérielle du dedans, la lumière matérielle du dedans renvoie à une obscurité spirituelle. L'anonyme verrier peint ici une Tentation du Christ au Désert, et le Tentateur s'y manifeste au premier plan sous l'apparence d'un saint ermite. Il est coiffé d'un bonnet doctoral. Il arbore une barbe blanche sous un visage buriné. Il porte un froc à capuchon, d'un bleu d'azur, pareil au manteau de la Vierge. Giovanni Papini parle du « diable en habit sacré[1] ». Sa main droite offre une pierre à l'affamé sublime, afin qu'elle soit par lui transformée en pain ; sa main gauche, comme en un geste de pudeur, se replie devant son

1. Giovanni Papini, *Le Diable,* Flammarion, 1954, p. 141.

bas-ventre. Point de cornes ni de queue. Nulle expression de haine sur sa figure. Seul un détail trahit son caractère amphibie : ses pieds à ergot, palmés et rouges.

Ce portrait du démon en moine n'a rien de si étonnant pour le XVe siècle. On le retrouve dans la rhétorique protestante. Ici, toutefois, c'est l'Église catholique qui l'expose, non pas pour railler la vie monastique, mais pour souligner la ruse démoniaque. Le diable n'est pas *de* l'Église, sans doute ; rien cependant ne le retient de se faufiler *dedans*. Le livre de Job le présente comme un familier de la cour divine : *Un jour les fils de Dieu vinrent se présenter devant l'Éternel, et le Satan vint aussi au milieu d'eux* (Jb 1, 6). La lettre du texte pose toutefois une nuance : les fils se présentent, Satan ne se présente pas ; il vient au milieu. La première lettre de saint Jean marque cette ambiguïté par une formule en chiasme et, semble-t-il, contradictoire. Elle observe au sujet des « antichrists » : *De chez nous ils sont sortis, mais ils n'étaient pas de chez nous* (1 Jn 2, 19). Ils sont donc de chez nous sans l'être. Et cette situation a quelque chose d'extrême, puisque, nous dit le texte (1 Jn 2, 18), c'est celle de « la dernière heure » (*eschatè hora)*.

Revenons toutefois au vitrail de Montfort-l'Amaury. Il est intéressant qu'il se trouve à Montfort-l'Amaury. Ce nom de ville frappe-t-il l'oreille un peu historienne, qu'elle ne peut pas ne pas entendre à travers lui les noms de Simon de Montfort et d'Arnaud Amaury, et songer aussitôt à la croisade contre les Cathares. Or le Cathare se signalait par sa doctrine sur Satan. La *Somme contre les hérétiques,* attribuée à Prévostin de Crémone, la rapporte ainsi : « Le Dieu tout-puissant n'a créé que les êtres invisibles et incorporels. Quant au diable, qu'on appelle dieu des ténèbres, il a créé les êtres visibles et corporels. Il y a donc deux principes des choses : le principe du bien, à savoir Dieu tout-puissant ; le principe du mal, à savoir le diable. Aussi existe-t-il deux natures, l'une bonne, celle des incorporels, créées par le Dieu tout-puissant ; l'autre mauvaise, celle des êtres corporels, créée par le diable[1]. » La ligne de partage est nette entre le bien et le mal : d'un côté, la chair, de l'autre, l'esprit. Et forcément, à considérer les choses de manière aussi tranchée, le diable ne peut plus être si spirituel. Le titre de démiurge qu'on lui décerne est aussi une dégradation de sa nature. Il faut que la matière le ronge et l'appesantisse, puisqu'il est mauvais.

Contre cette hérésie coriace, à bout de nerfs et de prédication, et comme on vient d'assassiner son légat Pierre de Castelnau, le pape Innocent III ordonne une expédition en armes. Vous faire comprendre que le corps n'est pas mauvais vaut bien que quelques soldats vous rentrent dans le lard. L'abbé de Cîteaux en prend la tête. C'est Arnaud Amaury. Bientôt il enrôle le baron de Montfort, célèbre pour la parole qu'il aurait eue lors du sac de Béziers. Parole discutée, car le moine Césaire d'Heisterbach, seul à la mentionner, la met plutôt dans la bouche d'Amaury lui-même. Les soldats auraient demandé au grand abbé cistercien comment, lors de l'attaque, distinguer un hérétique d'un catholique. Et l'abbé aurait répondu : « Tuez-les tous, Dieu reconnaîtra les siens. » Anecdote dont la véracité est aujourd'hui mise en cause. Mais peu importe : le fait de la violence est là. La valeur de cet ordre est dans ce qu'il donne une réplique exacte au dualisme cathare. Ici, la ligne de

---

1. *Summa contra haereticos*, chap. I, éd. J. N. Garvin et J. A. Corbett, University of Notre-Dame, 1958, p. 4.

partage entre le bien et le mal est brouillée. Dieu seul, en effet, peut reconnaître les siens.

Mais où est le diable dans cette histoire ? Chez les cathares qui propagent l'erreur, ou chez les catholiques qui perpètrent le massacre ? Il est dans les deux camps, le spirituel. Il sait très bien qu'il n'a pas créé le monde visible, que la chair est bonne par nature, que l'Église ne ment pas ; mais il est l'allié de l'hérésie, parce que ça l'amuse, et il enflamme les orthodoxes, puisque cela les provoque à la plus terrible faute. Ici, sous le masque de l'erreur ; là, avec le costume de la fidélité. Et c'est là, non pas en bouc hirsute, mais en père abbé de Cîteaux, qu'il est le plus effrayant.

Satan bibliste...

Pour qui lit les Évangiles, le savoir des démons est manifeste. La Tentation au désert, précisément, nous présente un Adversaire qui cite les Écritures comme un authentique bibliste, et qui use d'une progression comme un fin pédagogue. Une fois que le Christ a cité le Deutéronome pour repousser la première tentation, Satan cite un psaume pour avancer la suivante : *Si tu es Fils de Dieu, jette-toi en bas ; car il est écrit : « Il donnera pour toi des ordres à ses anges, et sur leurs mains ils te porteront, de peur que ton pied ne heurte quelque pierre »* (Mt 4, 6). Ces versets du psaume 91 sont de ceux que chantent les moines tous les soirs à l'office de complies. Rien de plus pertinent, dès lors, que de peindre le diable en habit monastique.

Sa ruse est d'user de nos propres défenses et de les retourner contre nous. Toute arme qui n'est pas le Tout-Puissant lui-même, il peut nous attaquer avec.

Ainsi utilise-t-il la parole de Dieu pour tenter Celui qui est la Parole de Dieu en personne. Il emploie la lettre des Écritures pour en corrompre l'esprit. Et c'est avec une pertinence, un à-propos qui dérouterait sans doute ces protestants qui connaissent par cœur maints passages de la Bible et les assènent pour décourager les catholiques moins savants. *Sola scriptura,* ce mot d'ordre lui plaît énormément, au diable, s'il signifie l'Écriture seule et séparée de Dieu.

Satan est un bibliste. Il pourrait en remontrer à des professeurs de séminaire, et mieux qu'eux faire entrer dans le détail d'un problème de traduction ou d'une querelle de mots. C'est un incomparable maître en exégèse historico-critique, un ami de Reimarus et de Wolf, un frère de Renan et Loisy, un vrai père pour Julius Welhausen. Il découpe volontiers la Torah en morceaux (Yahviste, Élohiste, Deutéronomiste et compagnie), pourvu que cela permette de se protéger contre une Inspiration qui dérange ; pourvu que l'on ramène le texte à soi plutôt qu'il ne nous ouvre à l'Autre ; pourvu que la lettre, toujours mieux disséquée, reste lettre morte. Ce n'est pas que l'exégèse historico-critique soit en elle-même démoniaque, mais elle suit aisément la pente qui se profile dans la Tentation désertique : s'attacher au verbe écrit pour mieux perdre le Verbe vivant.

On pourrait objecter que le diable ici ne ressemble pas tant à un moderniste qu'à un littéraliste. Admettons. Mais, dans l'un comme dans l'autre cas, il s'agit de refuser la médiation du Livre inspiré. Cette médiation, en effet, peut se refuser de deux manières : soit par dissection sans fin, soit par fixation sans ouverture. D'un côté, on la démantibule ; de l'autre, on la pétrifie. Or le diable est toujours double : ennemi de la vie, il flatte l'ectoplasme autant que le fossile. La seconde tentation peut donc tenir de ces deux façons. Elle nous donne de voir ces deux ennemis - l'hypercriticisme et le fondamentalisme - comme deux jumeaux mimétiques, lesquels à la fois s'affrontent et s'accordent pour refuser à la Bible sa fonction d'intermédiaire. Religiosité de l'individu qui éconduit la surprise d'une Révélation ; religion du Livre qui rejette l'épreuve de la Parole vive.

C'est comme si, dans ces menus versets, la critique platonicienne de l'écriture était reprise et surélevée[1]. Avec l'écrit, ça parle et cependant personne ne parle. Posez-lui une question, ça vous répète la même chose. Demandez-lui de s'adapter à vous, ça ne démord pas de son vocabulaire. Parce qu'il s'adresse invariablement à tous, le texte semble ne s'adresser à personne en particulier. Parce que personne n'est là pour défendre son sens, il peut être tiré à hue et à dia, interprété à faux, défait de sa force. Devient possible ce pur savoir livresque, dissocié de la vie, qui fait ces gens étranges, à la fois discoureurs à flot et imperméables au dialogue, tout ensemble très savants en surface et très ignares en profondeur. Grands amateurs de verbiage, fuyant devant le Verbe incarné. C'est pourquoi, d'après Platon, les bons livres ne doivent jamais se prendre au sérieux, mais manier cette ironie qui laisse du jeu entre les lignes et réclame au lecteur l'effort de sa propre réponse. C'est pourquoi, d'après Matthieu et Luc (et d'après Luc davantage encore, puisqu'il intervertit l'ordre des tentations en sorte que la citation diabolique du psaume devient la tentation ultime), l'usage de la Bible, fût-ce dans tel manuscrit hébraïque ou grec, est démoniaque s'il ne se fait pas dans la Miséricorde divine

1. Voir Platon, *Phèdre,* 274c-277a.

(cette miséricorde étant d'ailleurs de l'ordre de la rature qui vient biffer la dette inscrite sur le livre de compte). Mais il faut reconnaître que les auteurs sacrés laissent toujours de ce jeu dont parle Platon et qui exige, au cœur de la lettre, d'aller vers l'esprit.

La philologie logophobe dont fait preuve ici le diable et qui se débusque aussi chez les scribes et autres docteurs de la Loi, Jean-Claude Milner y reconnaît un « moment décisif du savoir moderne[1] ». La modernité se distingue par un rapport avant tout critique aux textes fondateurs (qu'il s'agisse d'Homère ou de Moïse). Elle opère ainsi le passage d'un savoir relationnel au savoir absolu. Le savoir relationnel est « embrayé » sur l'existence : le texte est lu pour sa relation au réel et pour que le lecteur en soit transformé. Le savoir absolu, au contraire, ne vise qu'à un « plus-de-savoir ». La raison y engraisse, mais le cœur n'y est pas. L'écrit n'est plus que pour l'écrit. La science ne devient pas sagesse : elle ne tourne pas à la bonté. Henri du Buit, dans un sens assez proche de Milner, laisse entendre que le glissement totalitaire de la modernité ne serait pas à chercher d'abord du côté des sciences de la nature mais du côté de la prédominance de l'écrit sur la parole. De toutes les techniques, l'écriture est la première (non pas dans l'ordre chronologique, sans doute, mais dans l'ordre logique) ; la perversion de la technique en technocratie est donc à chercher d'abord dans une perversion de l'écriture : « Ce n'est pas la logique des idées, c'est-à-dire l'idéologie, c'est le support de la transmission des idées qui doit être mis en accusation : nous pensons que c'est l'écriture comme instrument essentiel de la transmission

1. Jean-Claude Milner, *Le Juif de savoir*, Grasset, 2006, p. 77.

qui a engendré et servi de levier aux idéologies mortifères[1]. » La seconde (ou troisième) tentation au désert nous invite à penser dans cette direction la genèse du totalitarisme aussi bien que de l'individualisme.

À l'évidence, il n'y a pas ici de « versets sataniques », mais un usage satanique des versets, quels qu'ils puissent être. Il aurait très bien pu dire : « Il est écrit : "Aime ton prochain comme toi-même", alors couche avec cette fille qui te désire. » Ou encore : « Insulte ton père et ta mère, puisqu'il est écrit : "À Dieu seul tu rendras un culte." » Nul verset isolé n'est à l'abri d'un détournement. Mais nul verset non plus n'est à renier comme ayant servi aux ténèbres. Les moines, nous l'avons dit, ne cessent de chanter au soir les mots détournés par le diable pour mieux les retourner à leur vrai sens. Au reste, tout au long de la Tentation, pour lui fermer la gueule, le Juif Jésus cite à chaque fois la Torah (sa seule parole autre que tirée du Deutéronome n'est que le commandement irrésistible : *Retire-toi, Satan !).* Mais la citation conserve ici sa béance originelle et renvoie à ce qui transcende infiniment l'écrit : les versets choisis tournent vers cet Autre qu'il appelle *Le Seigneur,* ou encore *Ton Dieu.* Chaque passage s'ouvre comme un passage au milieu de la mer des pages. Le cité se change en vécu. Le savoir n'est plus avoir ni pouvoir, mais être et amour. À rebours et significativement, la seule citation de Satan ne contient pas le Nom de Dieu (seulement *Il)* mais celui des anges. Cette référence trahit sa manière de lire. Il est ange lui-même. Et les anges

1. Henri du Buit, « L'être et l'argent », in *Les Provinciales,* n° 81, lundi 2 juin 2008, p. 7. Voir aussi du même auteur, *Ce qui est écrit est écrit,* Les Provinciales, Saint-Victor-de-Morestel, 2008.

gardiens, ses ennemis connaturels, font partie de ses obsessions. Ainsi, comme il y a une lecture anthropocentrique de la Bible qui la ramène aux petits principes d'une morale terrestre, il fait preuve ici d'une morale angélocentrique, qui tire aussi l'interprétation à soi.

... et pédagogue

Notre bibliste ailé montre encore un grand sens pédagogique pour induire au péché. Dans la première tentation, celle du pain, il ne profère aucun verset, mais c'est pour reprendre l'autre Loi de Dieu, la non-écrite, celle de la création. Il ne cite pas l'Écriture, il incite la nature. De même qu'il cherche à opposer la parole à la Parole, il veut insurger la nature contre son Créateur. Quel mal y a-t-il à contenter sa faim après quarante jours de jeûne ? Allons, il ne s'agit que d'opérer un petit miracle discret, sans éclat, dans le secret des sables, enfin changer en pains quelques pierres (alors que Matthieu parle de « pains » au pluriel, Luc, insistant sur l'enjeu spirituel de cette faim matérielle, écrit « pain » au singulier, en sorte que l'on songe à je ne sais quelle eucharistie parodique où ce n'est pas le pain qui est converti au Corps du Christ mais la pierre qui est convertie au pain du démon). N'est-ce pas l'occasion d'inventer cette restauration rapide qui nous rend plus vite au travail apostolique ? Qu'il ouvre donc le premier *fast-food* du désert, et le missionnaire pourra s'activer davantage sans perdre de temps à la cuisine ni à l'oratoire ! Où est le mal de refaire ses forces pour aller ensuite commencer sa prédication ? Le réalisme même de l'Incarnation semble y inviter.

Saint Thomas commente : « La tentation qui vient de l'ennemi se fait par mode de suggestion. Or, on ne propose pas à tous de la même manière une suggestion : on le fait à partir de ce à quoi chacun est attaché. Voilà pourquoi le démon ne tente pas l'homme spirituel tout de suite avec des péchés graves, mais il commence par des choses légères pour le conduire ensuite à des choses graves[1]. » Le Séducteur suit un ordre, il commence par une chose de peu, qui n'apparaît presque pas comme une faute, pour entraîner ensuite à la cupidité – posséder tous les royaumes de la terre – et à la vaine gloire – être Fils de Dieu se baladant dans le pousse-pousse des anges (l'ordre entre ces deux dernières n'est pas le même en Luc et en Matthieu, mais cette permutation possible est une démonstration de la souplesse diabolique). Il en use avec nous comme un bon éducateur : il adapte sa pédagogie en fonction de ses élèves, il s'efforce d'abord de les connaître et de leur proposer le crime dont ils sont prochainement capables. Il gratte là où ça nous démange. Il frappe, non pas tant au défaut de la cuirasse, que là où elle brille le plus, le point pour lequel nous sommes les plus fiers et pour cela les moins prévenus : il tente, dit Thomas, « à partir de ce à quoi chacun est attaché ». Ce peut être n'importe quoi, même du très noble : la prière du chapelet, par exemple, de manière à ce qu'on déteste l'importun qui réclame notre aide et nous empêche de méditer sur la Visitation.

Le signe de cette pédagogie qui sait rebondir depuis ce que dit l'élève se manifeste chez Matthieu avec chaque reprise diabolique. Jésus dit : « Il a été écrit », le diable reprend : « Il a été écrit ». Jésus dit : « Encore une

1. *Somme de théologie,* III, qu. 41, art. 4.

fois », la nouvelle action du diable est introduite par un « Encore une fois » (*palin*). La dernière réplique de Jésus débute par un « Alors », le dernier geste du diable débute par un « Alors » (*totè*) : *Alors le diable le laisse*, retrait qui relève encore du piratage. Je pense à la fin de l'Annonciation : *Alors l'ange la quitta* (Lc 1, 38).

Ainsi trouve-t-on chez le démon non seulement une connaissance, sinon intime, du moins intégrale de l'Écriture sainte, mais aussi une connaissance, sinon aimante, du moins lucide du prochain, tous deux étant nécessaires, sinon à conduire, du moins à séduire les âmes comme par la main. À les emmener *plus haut* (Lc 4, 5), *au pinacle du Temple* (Mt 4, 5), *sur une très haute montagne* (Mt 4, 8), c'est-à-dire toujours mieux au bord du précipice. Remarquons que les trois lieux, ici où le démon opère paternellement, ne sont pas des coupe-gorge ou des bouges sordides. Ce sont le désert, la montagne et le Temple – les trois lieux traditionnels de la Révélation.

On en peut tirer deux enseignements. D'une part, Satan désire doubler Dieu jusqu'à produire aux mêmes endroits ses propres épiphanies : Bethléem est-il le lieu de Noël, il en fait le lieu du massacre des innocents ; Jérusalem est-elle la Ville Sainte, il la change en place de la mise à mort du Saint. D'autre part, là où le fidèle a le plus reçu, il est possible de le perdre davantage. L'Exode peut mener à un esclavage pire que celui d'Égypte : l'esclavage plus subtil de l'orgueil. Le testament de saint Louis dès son second article avertit le prince Philippe de cette menace intérieure : « Si Dieu te donne prospérité, remercie-le humblement, afin que tu ne sois pas pire, ou par orgueil ou par d'autres manières, t'en servant comme d'un faire-valoir ; car on ne doit pas combattre Dieu avec ses dons[1]. » Combattre

Dieu avec ses dons, voilà ce que Satan pédagogue, l'air de rien, nous incite à faire, nous poussant imperceptiblement, à propos de la même chose, de l'action de grâces à la morgue de l'actionnaire. Il l'atteste par son propre exemple : lui, le chef des anges, la première des créatures, tira motif de sa propre excellence pour la jouer solo, comme on dit, et Lucifer, le porte-lumière, devint le prince des Ténèbres. Plus grand est le don de Dieu, tant qu'il ne s'agit pas de Dieu lui-même, plus grand aussi le risque de s'enorgueillir. Dans un oracle d'Ézéchiel à propos du châtiment, le Seigneur commande : *Commencez par mon sanctuaire* (Ez 9, 5-6). C'est au centre de la bénédiction que la damnation est possible.

Génie des trois tentations

Jusqu'ici nous n'avons approché que le mode de la tentation. Il convient à présent d'en aborder le contenu, nous souvenant toujours que, si loin que nous pourrons aller, nous n'épuiserons pas le mystère et resterons sur le seuil. Comment notre pauvre intelligence épuiserait-elle ce que tente l'esprit-pas-saint ? Il la dépasse tant par son bluff que par sa perspicacité. Il sait lire ces lignes à mesure que je les écris et pour en contrer la pointe invente des stratégies neuves. Dostoïevski le reconnaissait par la voix de son Grand Inquisiteur s'adressant au Christ : « Pouvait-on rien dire de plus profond que ce qui te fut dit dans les trois questions ou, pour employer le langage des Écritures, dans les trois tentations que tu

---

1. Joinville, *Vie de saint Louis*, § 741, éd. J. Monfrin, Classiques Garnier, 1998, p. 367.

as repoussées ? S'il y eut jamais miracle authentique, foudroyant, ce fut le jour de ces trois tentations. Le fait seul que ces trois questions aient pu être posées est par lui-même un miracle. Supposons qu'elles aient été effacées du Livre, qu'il faille les reconstituer, les imaginer de nouveau pour les y replacer, et que dans ce but on réunisse tous les sages de la terre, hommes d'État, princes de l'Église, savants, philosophes, poètes, en leur disant : "Cherchez, trouvez trois questions, qui non seulement correspondent à la grandeur de l'événement mais encore expriment en trois phrases toute l'histoire de l'humanité future", crois-tu que ce congrès de toutes les intelligences terrestres pourrait imaginer quoi que ce soit d'aussi fort, d'aussi haut que les trois questions que te proposa alors le puissant Esprit[1] ? »

Telle est la thèse de Dostoïevski : les trois tentations résument tout le drame de l'humanité future. Elle s'appuie sur les mots qui, chez Luc et chez lui seulement, achèvent l'épisode : *Ayant ainsi épuisé toute tentation, le diable s'éloigna de lui jusqu'au moment favorable* (Lc 4, 13). Ce sont bien toutes les tentations qui se trouvent « accomplies ». Le verbe grec employé, *suntélein*, n'est pas sans rappeler cet autre verbe, *tételein*, qui marque la dernière parole du Christ en Croix, selon saint Jean. Il peut se traduire aussi par « achever », « parfaire », « consommer » : il est utlisé dans le livre de Ben Sirac pour qualifier le travail de l'ouvrier soigneux : *Il passe ses veilles à parfaire son œuvre* (Si 38, 28). Satan n'est point brouillon. Il aime qu'on fignole son idole. C'est un promoteur du travail bien fait, de la tâche absorbante, de

1. F. Dostoïevski, *Les Frères Karamazov*, Livre V, V, trad. Mongault, Gallimard, coll. « Folio », 1952, p. 351-352.

l'œuvre qui confisque au point qu'on oublie tout le reste, spécialement Dieu et son prochain. Aussi dans ces trois tentations a-t-il fourni substantiellement le chef-d'œuvre que la suite des temps se contentera de monnayer sous diverses formes.

Deuxième indice que nous sommes face à un précipité de toute l'histoire humaine : le nombre de jours et nuits où jeûne le Christ, quarante, chiffre de la complétude. « Les Pères ont considéré le chiffre 40 comme le chiffre cosmique, le chiffre du monde dans son ensemble : les quatre points cardinaux délimitent le tout, et dix est le nombre des commandements. Le chiffre cosmique multiplié par le nombre de commandements [le tout physique par le tout moral] devient l'expression symbolique de l'histoire du monde. En quelque sorte, Jésus parcourt de nouveau l'Exode d'Israël, puis les errements et les désordres de toute l'histoire[1]. »

Troisième indice enfin que ces trois tentations résument en elles toutes les errances possibles : elles coïncident avec trois demandes du Pater. Quand le démon propose à Jésus de changer les pierres en pains, la prière demande à notre Père des Cieux *notre pain de ce jour.* Quand il emmène au sommet du Temple pour que Jésus force par un caprice la volonté divine, elle répond : *Que ta volonté,* celle de Dieu non la mienne, *soit faite.* Quand il offre tous les royaumes de la terre si Jésus se prosterne devant lui, elle dit simplement : *Que ton règne vienne,* celui de la Vérité et de l'Amour, et non le mien. Que dire des quatre autres demandes ? La première porte sur la sanctification du Nom, le *Kiddoush Hachem,*

1. Joseph Ratzinger/Benoît XVI, *Jésus de Nazareth,* Flammarion, 2007, p. 49-50.

qui désigne en un mot l'essence de la piété juive : cette demande a donc une place à part, c'est la source et le couronnement de toutes les autres. La cinquième suppose que l'homme est déjà tombé : *Pardonne-nous nos offenses,* et sans doute une double tentation lui correspond-elle : le refus de la miséricorde, ou bien le désir d'un pardon privatif, pour soi seul et non pour les autres, mais, pour être la pire, cette tentation n'a rien d'inaugural. Quant aux sixième et septième demandes, elles nous placent exactement dans la situation du Christ au désert : *Ne nous laisse pas succomber à la tentation, mais délivre-nous du Mal.* On peut donc penser que ces trois demandes au cœur du Pater sont sciemment placées là comme une réplique aux trois tentations. Si les unes sont classées comme en miroir des autres, c'est que les tentations vont du plus léger au plus grave, alors que les demandes, à l'inverse, veulent nous préserver du pire et commencent donc par le plus important. Que l'opération « Tentation-au-désert » soit le négatif de la prière par excellence et que ce négatif chronologiquement devance le positif lui-même, cela nous laisse entrevoir à quel degré s'élève la science satanique.

Si tu es Fils de Dieu...

Par-delà son caractère exhaustif, ce que dans ce passage Dostoïevski a interprété avec le plus de pertinence, c'est le conditionnel par quoi commence la séduction : *Si tu es Fils de Dieu, alors...* Dans une première analyse, ce conditionnel vaut question pour le démon lui-même : la tentation est un test. Après avoir entendu lors du baptême : *Celui-ci est mon Fils bien-aimé, qui a toute ma faveur*

(Mt 3, 17), il s'agit de vérifier en quel sens Jésus est ainsi Fils de Dieu. Car si le démon possède un savoir naturel infaillible, sa connaissance du surnaturel est défaillante : il ne le connaît qu'à partir de certains signes sensibles et miraculeux. Aussi, à peine a-t-il vu la colombe descendre, puis entendu la *voix venue des cieux,* il n'en doute plus un seul instant : Jésus est le Messie. Rien à redire là-dessus. Aucun des contemporains n'en sera jamais aussi sûr. Mais qu'il soit Dieu lui-même, et donc le Fils éternel du Père, la plupart des théologiens refusent aux démons ce savoir avant l'événement de la Résurrection. Ils se fondent sur la parole de saint Paul aux Corinthiens : *Nous prêchons la sagesse de Dieu, mystérieuse et cachée, que Dieu, avant les siècles, avait destinée pour notre gloire, sagesse qu'aucun des chefs de ce siècle n'a connue, car, s'ils l'avaient connue, ils n'auraient pas crucifié le Seigneur de gloire* (1 Co 2, 7-8). À quoi bon tenter Dieu en personne ? Pourquoi travailler à le mettre en croix ? Si le démon l'avait su, il n'aurait pas mordu à l'hameçon : ce crochet avec son homme-ver, comme dirait David, il ne l'aurait pas avalé au point de se faire l'instrument de la Rédemption et d'être soi-même à cause de soi-même vaincu.

Et pourquoi pas, après tout ? Nous ne sommes pas ici au plan de la démonstration, mais des motifs de convenance. Or un bon diable pourrait très bien objecter que, puisque le Verbe s'est fait chair et par là capable de souffrir, autant en profiter, mon gars ! autant qu'il morfle un max au long de sa carrière terrestre, et peu importe si c'est un piège : tant que ça fait du bien !... Je ne voudrais toutefois pas m'opposer à tradition si ancienne et si raisonnable. Ce qu'elle permet de voir, au reste, est très précieux. Le démon entend-il que nous est attribuée quelque dignité véritable, c'est à partir de cette dignité qu'il prépare notre chute. *Si tu es Fils de Dieu,* fais-ceci… Mais faire ceci, en vérité, c'est ne plus être Fils de Dieu. La conditionnelle est une antiphrase (c'est la rhétorique de l'Antichrist). La Vérité dirait : « Si tu ne veux plus être Fils de Dieu… » Lui, chez Matthieu, cache son jeu jusqu'à la tentation dernière où il abandonne cette tournure et sans plus de détour envoie : *Tout cela, je te le donnerai, si tombant tu m'adores* (Mt 4, 9). Plus la peine de feindre. Cet ultime conditionnel dévoile le vrai sens des conditionnels précédents. Le *Si tu es Fils de Dieu* déguisait un *Si tu veux bien adorer le diable.*

Mais l'essentiel est ailleurs, et c'est ce que Dostoïevski comprend. Derrière le mensonge se cache un projet authentique. Le *Si tu es Fils de Dieu* vise à frayer la voie d'un autre messianisme. Les trois tentations conspirent à proposer un Salut de substitution. Sans doute ont-elles pour but de barrer la Voie, mais c'est en traçant le chemin d'un bonheur strictement terrestre : le pain, la paix, la terre – ne plus connaître la faim, ne plus éprouver d'inquiétude de conscience, conquérir le monde et ses prestiges, voilà ce que doit offrir le véritable messie aux yeux de l'Enfer. N'était-ce pas la grande vision du national-socialisme : une Europe plus unie où régnerait l'homme régénéré ? N'étaient-ce pas les lendemains qui chantent du communisme soviétique : la société sans classe où tous les prolétaires se tiendraient la main ? N'est-ce pas toujours le projet de la technocratie : produire le surhomme pacifié du grand hypermarché mondial ? Ou encore l'appel des djihadistes : établir l'islam planétaire qui aura toutes les bénédictions matérielles d'Allah ? À chaque fois, il s'agit de fabriquer la société parfaite où le pain, la paix et la terre offrent à l'homme un bonheur de bête repue. Mais, pour cela, il faut éliminer tout ce qui est impur, faible ou retors, et notamment ceux qui prêchent une plus universelle et plus profonde joie : le Parti de la Paix mondaine n'a pas de pires ennemis que les apôtres de la Béatitude.

« L'enfer, disait Simone Weil, c'est de se croire au Paradis par erreur. » De cette erreur, le Parti ne veut pas être détrompé. La théologie prétend que le démon veut nous précipiter dans les flammes infernales. Qui pourrait la contredire ? Mais elle va trop vite en besogne. « La tentation ne nous invite pas directement au mal, ce serait trop grossier. Elle prétend nous montrer ce qui est meilleur : abandonner enfin les illusions et employer efficacement nos forces pour améliorer le monde. Elle se présente aussi avec la prétention du vrai réalisme[1]. » Concédons au Grappin cette bienfaisance dont se parent toutes ses séductions : ce qu'il propose toujours, c'est un contre-Paradis, et donc un paradis encore, mais artificiel, superbe et creux.

Le Séducteur parmi les fidèles

N'oublions pas, cependant, que le Grand Inquisiteur est catholique. C'est un vieux prélat espagnol, de la même ville que Don Juan : un autre trompeur de Séville, donc, bien plus grand, bien plus fort que le trousseur de femmes, puisqu'il se veut sauveur de l'humanité. Dostoïevski croyait à ce conte : « Le catholicisme romain a vendu le Christ en échange du royaume

---

1. *Ibid.*, p. 48.

de la terre », écrit-t-il dans son *Journal d'un écrivain*[1]. Il croyait que le Pape se prenait pour César. Il ne voyait pas que le pontificat suprême était la fine pointe de l'Incarnation, le contrepoids de chair à toute idéologie, ce qui pousse les fidèles à se rassembler non pas seulement autour d'une doctrine, mais aussi d'un homme avec un visage et une histoire, parce que l'amour de Dieu est indissociable de l'amour du prochain, et que la voix du Christ enseignant doit encore s'entendre dans la voix de ce prochain magistral – le Saint-Père.

Ce qu'il faut néanmoins accorder, à la fois contre et avec Dostoïevski, c'est que les trois tentations n'appartiennent pas qu'aux athées. Ne les commenter que pour évoquer les totalitarismes du XXe siècle n'est que de courte vue. Le diable lui-même s'en félicite dans l'auditoire. Car, en y regardant deux fois, nous devons l'avouer : ces trois tentations ne sont pas qu'extérieures à l'Église. Elles l'attaquent du dedans. Elles annoncent trois déviances internes, si internes qu'elles ressemblent à s'y méprendre à la droite doctrine. – *Alors Jésus fut conduit au désert par l'Esprit pour être tenté par le diable* (Mt 4, 1). C'est l'Esprit Saint qui conduit Jésus au désert (Marc dit même qu'il le chasse, *ekballei*, comme Jésus chassera le démon). L'épreuve du désert est donc spécialement là où se trouve l'Esprit.

Les noms de ces trois tentations intérieures ? Humanitarisme, quiétisme, évangélisme (ou activisme missionnaire). Elles dévoient trois aspects essentiels de la vie chrétienne : l'amour des pauvres, l'abandon à la providence, l'annonce de la Bonne Nouvelle. Cette manière

---

1. *Journal d'un écrivain*, cité par Henri de Lubac, *Le Drame de l'humanisme athée*, Spes, 1945, p. 344-345.

de les considérer respecte leur caractère successif – et même dialectique. Elle rend impossible la concomitance que leur octroie le système du Grand Inquisiteur : là où le pain, la paix et la terre allaient à l'unisson, l'humanitarisme, le quiétisme et l'évangélisme s'opposent. L'humanitarisme est contraire au spiritualisme, et son activisme s'oppose à l'activisme missionnaire ; de même, le quiétisme et l'évangélisme sont adverses, puisque le premier est inerte quand le second a la bougeotte. Ils tendent donc à déchirer les chrétiens entre eux et en eux-mêmes, rompant l'équilibre tendu de la nature et de la grâce, de l'action et de la contemplation.

Faux dialogue

– *Si tu es Fils de Dieu, dis que ces pierres deviennent du pain…* L'Église ne prêche-t-elle pas l'« option préférentielle pour les pauvres » ? Le cri des affamés ne doit-il pas pénétrer dans son oreille et jusque dans son âme ? Que le clergé s'organise donc pour acheminer des sacs de riz et de blé à toutes les nations ! Et peu importe que l'hostie soit consacrée, pourvu qu'elle soit épaisse ! Qu'elle devienne un vrai sandwich qui vous cale son homme ! La Cène n'était-elle pas un dîner où l'on servait de l'agneau véritable, en chair et en os ? Adieu donc la transsubstantiation ! Que l'évêque troque la mitre contre la toque ! Qu'à la place du Crucifix, on érige une broche à méchoui ! Un plein frigidaire au lieu du tabernacle, et sur l'autel le couvert dressé pour treize et plus : Heureux les pauvres, vous êtes invités au repas du Chef ! D'abord la panse, et la pensée après ! N'est-il pas scandaleux d'offrir à l'affamé des pierres, que ce soient les Tables de la

Loi ou votre Pierre sur quoi se bâtit l'Église, au lieu de lui donner de la bonne baguette comestible ?

— Ce scandale est celui de Judas lors de l'onction à Béthanie (Jn 12, 5) : *Pourquoi ce parfum n'a-t-il pas été vendu trois cents deniers qu'on aurait donnés à des pauvres ?* Pourquoi même ne pas vendre la Parole pour seulement trente deniers ? Au reste, cette primauté du pain, n'entrait-elle pas dans la politique des empereurs, avec les jeux, pour affaiblir toute contestation ? On peut comprendre que, dans l'argot de jadis, le diable ait pu s'appeler le « Boulanger ». Si l'Église ne s'occupait que du pain, elle s'identifierait au pouvoir temporel, elle concurrencerait l'État, en sorte que cet apparent abaissement serait aussi son extension totalitaire. Et puis, le pain l'emportant sur le sens et sur la liberté, l'homme pourrait être traité comme une bête. On le forcerait à travailler pour produire plus de viande. On lui interdirait tout *chabbat* où trouver le recueillement. À quoi bon célébrer la parole, puisqu'il s'agit de vivre au niveau de la mangeoire ?... Mais la vraie mangeoire est celle de Noël. *L'homme ne vit pas que de pain, mais de toute parole qui sort de la bouche de Dieu.* Il sait d'ailleurs faire la grève de la faim lorsqu'il sent que la justice est blessée. Il sait aussi, quand il n'a pas de raison de vivre, se tirer une balle dans la tête au milieu du festin. C'est que, dans son corps même, il est esprit. Il est tissé de paroles. Il a donc besoin d'abord de cette nourriture-là. Nous pourrons bien multiplier les pains, mais ce sera toujours pour *parler du Royaume* (Lc 9, 11).

— Le spirituel, tu as parfaitement raison ! Pourquoi n'y ai-je pas songé plus tôt ? Ça me connaît, le spirituel ! Ne suis-je pas moi-même un pur esprit ? Alors des spiritualismes, je suis fana ! Tiens, tu m'as ouvert les yeux :

je prône désormais une vie toute allégée du poids de la chair. *Si tu es Fils de Dieu, jette-toi en bas, car il est écrit : Il donnera pour toi des ordres à ses anges, et sur leurs mains ils te porteront...* Oui, abandonne-toi à la providence divine. Dieu est bon, il est bon à tout faire. N'écoute pas le pauvre qui frappe à ta porte, mais prie : un ange ou un corbeau finiront bien par le nourrir. Fais oraison et ne fais rien d'autre. Sois Marie aux pieds de Jésus, et méprise Marthe qui s'agite au service. Laisse aux imparfaits le souci de la matière, le fourrage des bœufs, le pacage des moutons. Qu'ils bêlent ou hurlent, concentre ton attention sur ta vie intérieure. Néglige toutes ces menues obligations quotidiennes qui sont l'évidence des petites gens. Tu es fait pour des tâches plus élevées. Tu es un fils de Dieu : lisse tes plumes, et laisse aux autres le plomb.

– S'abandonner à Dieu, c'est s'abandonner à la cause première de tout agir. Cela ne conduit pas à l'inertie, mais à une activité supérieure, moins dispersée, plus recueillie, qui sait aller à l'essentiel. Ainsi, plus elle est proche du torrent, plus la barque s'élance. Quand Dieu nous tire sur son cœur, c'est comme les ailerons de la flèche, afin de nous envoyer plus loin. Le laisser agir n'est pas ne rien faire. *Tu ne tenteras pas le Seigneur ton Dieu.* Tu ne feras pas comme si, étant le Créateur, il ne devait pas opérer à travers toi, sa créature. Car *c'est en lui que nous avons la vie, le mouvement et l'être* (Ac 17, 24). D'ailleurs, Dieu n'est-il pas le créateur de la matière autant que de l'esprit ? Ne parle-t-il pas aussi à travers la vaisselle à faire, l'ampoule à changer, le petit à torcher, si tout cela se fait avec amour ? Les vrais culs-bénis n'ont pas d'ailes, mais ils n'ont pas le cul plombé. Leur contemplation surabonde en apostolat.

Car la charité qui fait aimer Dieu est la même qui fait aimer le prochain voué à être un Dieu par participation.

– L'apostolat, pour sûr ! Qu'on annonce l'Évangile, qu'on le claironne sur les places, qu'on le fasse retentir comme une cymbale ! Cavalez dans le monde entier proclamer votre gentil Royaume. Mais n'oubliez pas que je suis Prince de ce monde. J'y suis maître en marketing, docteur ès propagande, expert international du message subliminal et de l'envoûtante publicité. Regarde comme j'arrive à ce que ce pauvre bougre achète une voiture au-dessus de ses moyens comme si c'était le char d'Élie ! Admire comme je peux faire élire le plus médiocre politicien par le seul truchement de la merveille médiatique ! *Je te donnerai tous les royaumes du monde avec leur gloire si, te prosternant, tu me rends hommage*... Nous ferons une *Star Academy* du chant grégorien. Nous organiserons une *Île de la Tentation* du sacerdoce. Nous ferons en sorte que *Doctor House* se convertisse et que les *Desperate Housewives* trouvent en fiction l'espérance théologale. Tous les 20 heures, tous les *prime-times*, tous les sites et Google même seront au service de ton Église et présenteront des appas qu'envieront les chaînes de charme et les meilleures séries américaines ! Le catholicisme sera à la mode. Le journal *Le Monde* se rebaptisera *L'Esprit*. *La vie spirituelle de Catherine M.* sera le best-seller universel ! Dan Brown deviendra numéraire de l'Opus Dei !

– *Retire-toi, Satan !* Ne t'ai-je pas déjà dit que nous n'étions pas une entreprise de philanthropie, fût-elle spirituelle, mais l'aventure d'une rencontre avec le moindre pékin, exposant notre visage à sa gifle, ouvrant nos mains encore s'il veut les transpercer. C'est dans la pauvreté que s'annonce le Royaume de Dieu. C'est dans la proximité que s'aime le prochain. Dans le risque d'une étreinte où il peut s'ouvrir comme il peut nous étrangler. Une étreinte, et non une contrainte. Pas de séductions psychologiques. Pas de carotte et bâton, mais le pauvre et laid crucifix... Car c'est une rencontre personnelle qui doit s'accomplir et devant laquelle nous devons nous effacer. *C'est le Seigneur ton Dieu que* tu *adoreras,* toi, et pas un clone, *et à Lui seul tu rendras un culte,* si bien que tu ne seras pas asservi par une quelconque puissance de la terre ou du ciel, mais libre dans ce seul à Seul, ou le Seul étant aussi le Créateur de tous les êtres, tu pourras avoir avec chaque être une intimité...

Encore une fois, ce petit développement pour souligner le savoir-faire, sinon la sagesse, des trois tentations. Satan s'y révèle fin connaisseur de ce qui constitue la mission de l'Église. Insensiblement, il s'efforce de la changer en matraquage ou en démission. Et déjà nous entrevoyons la logique de ses mensonges (logique qui fait l'objet de notre deuxième partie) : séparation ou confusion, lesquelles aboutissent à trois erreurs contraires et s'entretenant les unes les autres. Pour le dire de manière brève, et donc pour l'instant réductrice, il est ici question de la chair et de l'Esprit. Avec le pain, c'est la chair sans l'Esprit ; avec l'abandon aux anges, c'est l'esprit sans la chair ; avec la proposition des royaumes terrestres, c'est une chair et un esprit unis mais diminués, disons une chair virtualisée par un esprit mondain, afin de produire cette contradiction alléchante : le grand spectacle de la prière, le grand divertissement de la foi...

DEUXIÈME LEÇON

Évangile du diable selon Marc

> Aussitôt se trouva dans leur synagogue un homme qui avait un esprit impur, et il s'écria en disant : « Qu'y a-t-il entre nous et toi, Jésus de Nazareth ? Es-tu venu pour nous perdre ? Je sais, toi, qui tu es : le Saint de Dieu. »
>
> Mc 1, 23-24.

Une réponse silencieuse

L'Évangile selon saint Marc n'énumère pas les tentations comme les autres Synoptiques. Deux phrases lui suffisent. L'épreuve du désert n'y dure qu'un verset. Cet Évangile – la plupart des exégètes l'accordent – serait le plus primitif des quatre, rédigé autour des années 60 (les vrais *Sixties*). Est-ce en conséquence le plus embryonnaire ou le plus sec, en sorte que Matthieu et Luc s'efforceront de le développer ? Le plus tranchant, plutôt. Le retirerait-on du Nouveau Testament au prétexte qu'il semble inclus dans les deux autres, le verrait-on comme une trame ou un brouillon dont la conservation tiendrait de la redondance, on émousserait le fil de la Nouvelle. Comme toujours avec Marc, la brièveté de sa parole est celle d'un coup rapide, la concision de son témoignage est aussi sa circoncision. Le petit verset dont nous parlons (Mc 1, 13) le prouverait à lui seul, pareil à la faille par où perce l'abîme. Pour le mieux faire entendre, je le coupe en six vers qui l'étirent et font voir son parallélisme concerté :

Et il était
dans le désert durant quarante jours,
tenté par Satan.
Et il était
avec les bêtes sauvages,
et les anges le servaient.

Deux phrases semblables, donc, balancées l'une par l'autre, où le désert quadragésimal est en parallèle avec les bêtes sauvages, où la tentation par Satan est équilibrée par le service des anges. Et quoi de plus beau : Jésus – la Parole faite chair – ne dit rien. *Il est,* voilà tout. Le texte le répète en anaphore. S'il semble ne pas agir, c'est parce qu'il se tient dans l'acte le plus pur. S'il semble ne pas répondre, c'est qu'il donne la réponse la plus métaphysique : non pas en parlant, mais en étant la Parole, tout simplement. Son attitude n'en est pas moins exemplaire. Elle indique la voie du commandement le plus bref et le plus complet : Sois ! Sois pleinement. Souviens-toi cependant que tu n'es pas l'être. Pour être pleinement, il faut que tu te fasses réceptacle. À Catherine de Sienne, Dieu dit : « Je suis Celui qui est, tu es celle qui n'est pas », qui n'est rien par elle-même. Et il ajoute : « Fais-toi capacité, je me ferai torrent. »

Ainsi ton être t'a été donné, tu le reçois de Dieu et de Dieu à travers l'histoire, de même que toutes les créatures. Si bien que ton être est amour. « Sois pleinement » ne signifie donc pas « sois plein de toi seul », mais sois comme le réceptacle de l'existence que tu es avec toute la Création : sois toujours plus en Dieu et dans la communion avec tous ces autres êtres qui comme toi se reçoivent, cette violette, cet étourneau, ce bol qu'irise le soleil – tes frères...

Jésus est – *tenté par Satan.* Discrétion de l'évangéliste. Mais ce qu'il est en train de taire, il le déploie d'autant mieux à travers toute l'intrigue de son récit[1]. Marc ne cesse d'insister sur la foi des démons, et de lui opposer, paradoxalement, l'incrédulité des disciples. C'en arrive à tel point qu'à l'heure de la Passion, le disciple s'enfuit tout nu, les femmes se tiennent à distance, les passants et même les autres crucifiés outragent le Verbe en suspens, et il n'est personne pour le reconnaître, sinon un centurion de l'armée romaine. Celui-là même qui transperce le côté du Seigneur et parachève ainsi le supplice, confesse enfin : *Vraiment, cet homme était le Fils de Dieu* (Mc 15, 39).

Miracle à Capharnaüm

Selon Marc, le commencement de sa Vie publique n'est pas moins troublant que cette fin. Où, après l'appel des premiers disciples, Matthieu évoque des guérisons nombreuses et Jean présente pour premier signe le

1. Sur ce sujet, voir le premier chapitre du premier livre de J.-L. Chrétien, *Lueur du secret,* L'Herne, 1985.

miracle aux noces de Cana, Marc rapporte avec précision un *chabbat* à Capharnaüm. L'épisode se retrouve chez Luc à peu près au même endroit, mais il le fait précéder d'un premier conflit à Nazareth (*Nul n'est prophète en son pays)* et suivre seulement par l'appel des disciples. Chez Marc, donc, le passage sur Capharnaüm a vraiment quelque chose d'inaugural et se déroule dans la suite de la première prédication de la foi : *Faites retour et croyez en l'Évangile* (Mc 1, 15). Au théâtre, ce pourrait être une scène d'exposition (à la boxe, un round d'observation). Elle noue l'intrigue entre deux couples antagonistes qui ne cesseront de s'affronter par la suite : foi théologale et foi des démons, autorité de Jésus et autorité des scribes. Au milieu de cet affrontement, les disciples sont comme déboussolés, ou plutôt affolés comme une boussole trop près du pôle. Le But est là, au milieu d'eux, c'est pourquoi ils ne savent plus trop leur chemin.

Nous voici donc en plein Capharnaüm. Comment ce toponyme en est-il venu à désigner de manière commune un « lieu de désordre et de débauche » ou encore un vaste « bric-à-brac d'objets divers » ? Le *Trésor de la langue française* l'explique en rappelant que, dans cette ville au bord du lac de Tibériade, « Jésus fut assailli par une foule hétéroclite de malades faisant appel à son pouvoir guérisseur ». Capharnaüm serait d'abord synonyme de cour des miracles. Mais cette singularité cocasse en esquive une autre, plus redoutable. Luc et Matthieu rapportent à propos de cette ville ce qui est peut-être la malédiction la plus grave proférée par le Christ : *Et toi, Capharnaüm,* est-ce que tu seras élevée jusqu'au ciel ? Jusqu'à l'Hadès tu descendras ! *Car si à Sodome étaient survenus les miracles qui ont eu lieu chez toi, elle subsisterait encore aujourd'hui. Aussi, je vous le déclare, pour la terre de Sodome, plus tolérable que pour toi sera le jour du jugement* (Mt 11, 24-23 // Lc 10, 15). Capharnaümite serait donc pire que Sodomite. Plus contre-nature encore. Mais de quoi s'agit-il ? Serait-ce la foi elle-même qu'on prendrait ici à rebours ?

Voici une singularité qui le précise : au début de cette citation du Nouveau se trouve enchâssée une citation de l'Ancien, dès lors toujours neuf. Jésus cite le prophète Isaïe. Il reprend deux phrases de la satire contre le roi de Babylone. Or, cette satire, les Pères de l'Église l'ont généralement interprétée comme décrivant la chute de Satan : *Comment es-tu tombé, étoile du matin* [en latin, *Lucifer*], *fils de l'aurore ? As-tu été jeté à terre, vainqueur des nations ? Toi qui avais dit dans ton cœur :* « Ne m'élèverai-je pas jusqu'au ciel, *au-dessus des étoiles de Dieu ? Je hisserai mon trône, je siégerai sur la montagne de l'Assemblée, aux confins du septentrion. Je grimperai au sommet des nuages, je m'égalerai au Très-Haut.* » *Mais* tu as été précipité dans l'Hadès, *aux profondeurs de l'abîme* (Is 14, 12-15). Ainsi le sort de Satan sert à qualifier le sort de Capharnaüm. Le *capharnaümique* s'identifie au satanique, mais, pour ainsi dire, à un satanique à visage humain. Or, le récit de Marc, d'entrée de jeu, essaie de cerner ce mal radical. La rencontre avec l'esprit impur ne s'opère pas à Capharnaüm comme au désert. Elle se fait au milieu de l'assemblée. Elle traverse un homme que cet esprit possède.

Jésus enseigne donc durant le *chabbat* et tous sont frappés de son enseignement, *car il enseignait comme ayant autorité, et pas comme les scribes. Aussitôt se trouva dans leur synagogue un homme qui avait un esprit impur, et il s'écria en disant : « Qu'y a-t-il entre nous et toi, Jésus de Nazareth ? Es-tu venu pour nous perdre ? Je sais, toi, qui tu es : le Saint de Dieu. » Et Jésus le réprimanda en disant : « Sois muselé et sors de lui ! » Et l'esprit impur, le secouant et criant d'une voix forte, sortit de lui. Et ils étaient saisis de stupeur, tous, tellement qu'ils se questionnaient entre eux se disant : « Qu'est-ce que cela ? »* (Mc 1, 23-27).

Questionnons-nous à notre tour (sachant toutefois que si nous n'allons pas au-delà du simple questionnement : « Qu'est-ce que cela ? », nous ne serons pas meileurs que ces gens de Capharnaüm). Et d'abord, notons ce fait étrange que l'esprit impur n'empêche pas notre homme d'aller à la synagogue, c'est-à-dire, transposant la chose à nos jours, d'aller à l'église, ou du moins au groupe de prière. Le démon n'est pas contre le fait d'ouvrir le livre à la page 131 pour chanter le cantique 669, il arrive même qu'il applaudisse à l'homélie de certains prêtres. Celui qu'il tourmente, pourquoi l'éloignerait-il du lieu de culte par le corps ? L'essentiel est qu'il l'éloigne du culte lui-même, par le cœur.

Ensuite, ce démon reconnaît immédiatement l'identité du Christ. Il affirme sans barguigner un seul instant : *Je sais, toi, qui tu es, le Saint de Dieu.* Certains traduisent même par « je sais fort bien » afin que l'expression transpire une assurance telle qu'on en trouverait chez des docteurs en théologie. Personne d'autre dans la synagogue n'en sait autant. Pas même les premiers disciples qui y sont entrés avec Jésus. C'est la première fois qu'une créature se fait l'écho de la voix descendue des cieux lors du Baptême au Jourdain : *Tu es mon fils, le bien-aimé, en toi j'ai mis mon plaisir* (Mc 1, 11). Comme si l'esprit impur se faisait le pendant de la blanche colombe…

En outre, le démon obéit à Jésus. Lorsque celui-ci lui ordonne : *Sois muselé* (traduit selon l'exacte éloquence de nos jours : « Ta gueule ! ») *et sors de cet homme,* il obéit sans délai. Bien entendu, il s'exécute avec un grand cri, contraint et forcé par la souveraine puissance du Verbe : ce n'est pas à proprement parler de l'obéissance, car l'obéissance est par nature libre, mais en tout cas cela y paraît.

Enfin, et c'est là le plus étonnant, si Jésus lui commande de se taire, ce n'est pas à cause de l'insolence de son ton, mais pour le contenu de ses paroles. La suite le précise pour qui en douterait encore. Le soir du même jour, après le coucher du soleil, toute la ville de Capharnaüm se rassemble à la porte où Jésus guérit de nombreux malades : *Et il chassa de nombreux démons, et il ne laissait pas parler les démons,* parce qu'*ils savaient qui il était* (Mc 1, 34). Or, n'est-ce pas la mission de l'Église que d'annoncer qui est Jésus ? Pourquoi donc museler d'aussi persuasives déclarations ?

Le bien et le mal semblent échanger leurs rôles. Le vœu nietzschéen de renverser toutes les valeurs est exaucé par-delà son désir. L'Évangile de Marc nous donne pour qualités démoniaques : l'assiduité à l'église, la connaissance de Jésus, la soumission automatique à son commandement... Et il nous signale encore, comme une véritable imitation du Christ, la merveille de faire taire une certaine affirmation du dogme. Comment ne serions-nous pas aussi stupéfaits que les habitants de Capharnaüm ? Ces qualités démoniaques ne rappellent-elles pas celles du fidèle ? Quant à cet ordre du Christ de ne pas proclamer son identité, ne rappelle-t-il pas le décret des persécuteurs ?

À Gérasa, adoration et partage...

Les démons vont plus loin encore dans l'apparente piété. Ils savent associer le prosternement à la profession de foi. Le célèbre passage qui sert d'exergue aux *Possédés* de Dostoïevski nous fait découvrir cet aspect de leur vie spirituelle, ainsi que deux autres, non moins intéressants.

Jésus vient de faire taire une tempête et de dire aux disciples qui avaient pris peur : *Vous n'avez pas encore de foi ?* À présent que le bateau navigue sur l'onde apaisée, le voici qui débarque au pays des Géraséniens, et là, le premier à *venir aussitôt à sa rencontre* est cet homme possédé par un esprit mauvais, qui a sa demeure dans les tombes, et que nul ne parvient plus à tenir enchaîné : *Voyant Jésus de loin, il courut et se prosterna devant lui, et criant d'une voix forte il dit : « Qu'y a-t-il entre toi et moi, Jésus, Fils du Dieu Très-Haut ? Je t'adjure par Dieu, ne me tourmente pas* (Mc 5, 6-7). À l'approche du Christ, le démon aurait dû fuir. C'est du moins ce qu'aurait proposé un scénariste humain. Mais voilà qu'il accomplit un mouvement semblable à celui de l'amour : l'amant voit son bien-aimé de loin, court à sa rencontre, tombe à ses pieds. Ce verbe grec, *proskunein,* « se prosterner », saint Jérôme n'hésite pas à le traduire par *adorare* : littéralement le démon « adora » le Fils du Très-Haut. Et il le supplie instamment – *par Dieu !* Oui, c'est *par Dieu* qu'il adjure le Christ, comme quelqu'un qui sait sa religion. Et pour ce qui est de sa requête : *Ne me tourmente pas,* elle trahit sans doute le démoniaque, mais elle fait aussi songer à celle de Simon-Pierre après la première pêche miraculeuse : *Il se jeta aux genoux de Jésus en disant : « Éloigne-toi de moi, car je suis un homme pécheur »* (Lc 5, 8).

Au Christ qui lui demande son nom, l'esprit répond en opérant un étrange passage du singulier au pluriel, du « je » au « nous » (inverse à celui de Capharnaüm qui passait du « nous » au « je ») : *Légion est mon nom, car nous sommes plusieurs* (Mc 5, 9). Une légion, au temps d'Auguste, ce sont 6 826 personnes, réparties en 726 cavaliers et 6 100 fantassins. Le sublime sens du partage ! Quelle paroisse, au cours du plus fervent carême, atteindrait de tels chiffres dans la distribution de ses biens ? Quel club échangiste même, au cours de sa plus fiévreuse orgie ? Vous avez cette seule pauvre âme de notre possédé, et les démons se la refilent, se la répartissent, y cohabitent en masse avec une solidarité à ravir le ministère de la Cohésion sociale. Sans doute dirions-nous que ce partage tient plus du *gang bang* que de la communion : c'est un régal de charognards plutôt qu'une tablée d'amis. Il n'en est pas moins fascinant. Car, derrière le glissement du singulier au pluriel, quelque chose se profile de beaucoup plus profond.

Ce glissement concerne un possédé qui vit parmi les tombes, c'est-à-dire un homme que le néant tire à lui. Or le même déplacement grammatical se rencontre deux fois, en parallèle, lorsque l'homme est tiré du néant. C'est le premier chapitre de la Genèse : *Elohim dit* [singulier] *: « Faisons* [pluriel] *l'homme* [singulier] *à notre image, comme notre ressemblance, et qu'ils dominent* [pluriel] *sur les poissons de la mer, les oiseaux du ciel, etc. »* (Gn 1, 26). Dieu est Un en Trois Personnes. Et l'humain en manifeste corporellement l'image à travers la vivante relation d'un homme et d'une femme. Le *Légion* est donc simulacre à la fois de la communion trinitaire et de l'alliance sexuelle. La possession de notre pauvre bougre par cette foule de démons est une envieuse réplique à l'inhabitation de la Trinité dans l'âme fidèle. Elle est aussi comme un négatif des noces dans leur fécondité : une sorte de copulation multiple, une grande partouze spirituelle non pas pour que soit mis au monde un enfant, mais pour que le vieil homme soit mis en enfer…

… et prière des démons

Les démons se mettent alors à supplier Jésus de ne pas les envoyer hors du pays. « Supplier » peut ici se traduire par « prier ». Mais quelle est la signification de cette prière ? Luc la précise : il s'agit de ne pas *aller dans l'abîme* (Lc 8, 31). Le Légion veulent rester sur terre à tout prix[1] : comme le Verbe descend du Ciel, le Légion désirent monter de l'enfer pour hanter parmi nous. De là, cette prière qu'ils adresse au Christ et dans laquelle nous ne pouvons pas ne pas reconnaître la pente de certaines de nos demandes : *Envoie-nous dans les porcs pour que nous entrions en eux* (Mc 5, 12). « Oui, plutôt que d'être avec Toi et de te suivre sur le chemin du Calvaire, envoie-nous dans ces porcs, c'est là une sainteté à notre mesure, une vie à portée de groin, rose, ronde et rassise. Du mystère de Noël, notre piété ne veut connaître que la tiède étable. C'est là le but de notre voyage, ô compagnons d'Ulysse, par le sort de Circé plus que par

1. Je force ici deux fois la grammaire pour mieux faire sentir la monstruosité de la chose qui a pris possession de l'homme. Ce n'est pas sans allusion au *1984* de George Orwell, et à son « novlangue ».

la prière de Marie, une grâce assez grasse… Alors Seigneur, inutile de nous saigner, nous ne sommes pas *cascher* ! Laisse-nous engraisser tranquilles. Et puis couvrir nos truies en paix. Nous saurons bien fouiller le sol pour le salut de notre lard. Nous saurons trouver dans la fange un ciel suffisant et douillet. Vois notre modestie, Fils du Dieu Très-Haut. À ta joie qui déchire, nous préférons la bauge qui enrobe. La moindre cochonnerie saura nous satisfaire. Pas besoin de ton hostie radieuse : nous nous contenterons de notre petite glandée. »

Et cette demande d'une pseudo-incarnation porcine, Jésus l'exauce. C'est incroyable : le démon prie Dieu et Dieu l'exauce sans délai. Cette efficacité, on l'attendrait de la prière du saint. Marc nous révèle qu'elle peut appartenir à la supplication du diable. *Et les esprits impurs entrèrent dans les porcs, et le troupeau s'élança en bas, de la falaise dans la mer, environ deux mille têtes, et ils se noyaient dans la mer* (Mc 5, 13). Ils meurent à cause de Jésus. On dirait des martyrs de la foi. Car en mourant ainsi ils semblent témoigner de sa force : regardez le puissant sorcier, voyez celui qui couenne les esprits dans des porcs, admirez sa charcuterie magique ! Suicide qui caricature le martyre, témoignage pour la volonté de puissance, là où le Christ veut un témoignage pour son abaissement par amour.

Ainsi les démons détournent tout ce qui est chrétien et proclament leur évangile pour les pourceaux. Les pauvres gens qui voient ces prodiges, influencés par cette proclamation, ou bien pressent le grand guérisseur au risque de l'écraser (Mc 3, 9), ou bien supplient le noyeur de cochons *de s'éloigner de leur territoire* (Mc 5, 17). *Voilà ceux qui restent au bord du chemin où fut semée la parole : et quand ils entendent, Satan vient aussitôt et il emporte la parole dont ils avaient été ensemencés* (Mc 4, 15). *Airô,* le verbe que je traduis ici par « emporter », peut se traduire aussi par « soulever du sol », ou encore « s'approprier ». Satan ne détruit donc pas la prédication. Il se l'assimile orgueilleusement. Il l'élève en artifice : que la semence ne s'enfouisse pas dans le sol, que le grain de sénevé soit remplacé par une pomme bien grosse et bien voyante, que le rythme naturel de sa croissance ne soit pas respecté, qu'on ne le laisse pas agir selon cette parabole qui ne se trouve que chez Marc et dans laquelle le Royaume est comparé à un grain qui pousse tout seul, *on ne sait comment,* à la grâce de Dieu (Mc 4, 26-29). Il veut qu'on maîtrise entièrement la croissance du grain. Il veut une foi qui se monte la tête, plutôt qu'elle ne descende dans le cœur.

Foi des démons et incrédulité des disciples

À ne s'en tenir qu'à Marc, il faudrait dire que les démons ont une foi très démonstrative tandis que les hommes, pauvres diables ! Des parents de Jésus le récusent : *Il a perdu le sens.* Les scribes renchérissent : *Il est possédé par Béelzéboul* (Mc 3, 21-22). Ses compatriotes de Nazareth sont choqués par ses paroles : *Celui-là n'est-il pas le charpentier, le fils de Marie ?* Et Jésus s'étonne, la Sagesse éternelle *s'étonne de leur manque de foi* (Mc 6, 3-6).

Quant aux disciples, ce sont des incapables doublés d'incrédules. Ils ont vu le Christ opérer des miracles, ils ont entendu son enseignement, ils ont même reçu l'explication des paraboles, et lors de la tempête sur le lac, nous l'avons déjà dit, ils s'affolent si bien que le Maître leur déclare : *Comment se fait-il que vous n'ayez pas la foi ?* Et eux, *saisis d'une grande crainte, se disent entre eux : « Qui est-il donc, pour que même la mer et le vent lui obéissent ? »* (Mc 5, 40-41.) Là où le démon de Capharnaüm disait pompeusement : *Je sais, toi, qui tu es,* les disciples timidement s'interrogent : *Qui est-il donc ?* Sans doute leur humaine incertitude est-elle infiniment moins perverse que la certitude démoniaque. Reste cette sentence terrible et qui sort de la bouche de la Vérité : *Vous n'avez pas la foi.* Plus incroyable encore, l'omniscient, dans son excès d'amour pour ses disciples, semble oublier qu'il sait tout, et douloureusement demande : *Comment cela se fait-il ?*

Leurs yeux ne sont pas près de s'ouvrir ni leurs oreilles de se déboucher. Après la première multiplication des pains, alors même qu'ils reviennent de mission et qu'ils ont expulsé des démons au nom de Jésus, alors même qu'ils viennent d'assister à cette multiplication miraculeuse, Marc l'avoue derechef : *Stupéfaits, ils n'avaient rien compris au sujet des pains et leur cœur était endurci* (Mc 6, 51-52). Après la seconde multiplication, quand même, on attendrait un petit progrès… Niet ! Et le Christ de leur dire : *Ne comprenez-vous pas encore et ne saisissez-vous pas ? Votre cœur est-il si dur ? Avez-vous des yeux pour ne pas voir et des oreilles pour ne pas entendre ?* (Mc 8, 17-19.)

Avec l'histoire de cet épileptique dont ils n'arrivent pas à expulser le démon, le Seigneur ne se retient plus de gémir : *Ô engeance d'incrédules, jusques à quand serai-je auprès de vous ? Jusques à quand vous supporterai-je ?* (Mc 9, 19). Même après la Résurrection, les apôtres ne veulent pas croire Marie de Magdala *dont il avait chassé sept démons* (Mc 16, 9-11), et une fois de plus, six versets seulement avant la fin, Jésus relevé des morts *leur reproche leur incrédulité et leur dureté de cœur* (Mc 16, 14).

Satanisme pontifical

Mais le plus fort se situe exactement au centre de cet Évangile. On sait que le plus souvent dans la composition biblique, comme dans un chandelier à sept branches, ce qui tient le milieu est ce qui supporte le reste : au milieu du livre de l'Exode, par exemple, le Décalogue ; au milieu du deuxième livre de Samuel, le repentir de David ; au milieu du Sermon sur la Montagne, le Notre Père[1]. Or qu'y a-t-il au milieu de l'Évangile selon Marc ? Ce passage où Pierre professe la foi véritable puis s'entend peu après qualifié de Satan. Là se situe la charnière de tout le livre.

« Et vous, leur demandait-il, qui dites-vous que je suis ? » Répondant, Pierre lui dit : « Toi, tu es le Messie. » Alors il les avertit de ne parler de lui à personne. Et il commença à leur enseigner : « Le Fils de l'homme doit beaucoup souffrir, et être rejeté par les prêtres et les pontifes et les scribes, et être tué, et, après trois jours, ressusciter. » Et c'est avec franchise qu'il parlait cette parole. Mais le prenant à part, Pierre se mit à le réprimander. Et lui, se retournant et voyant ses disciples, réprimanda Pierre et dit : « Va-t-en derrière moi, Satan ! car tes prudences ne sont pas celles de Dieu, mais celles des hommes » (Mc 8, 29-33).

1. Sur les principes de la mise en page biblique, lire Jacques Cazeaux, *Histoire, Utopie, Mystique : Ouvrir la Bible comme un livre*, Éd. du Cerf, 2003.

Celui qui vient d'être institué prince des Apôtres se voit ravalé d'un coup au rang du prince des Ténèbres. Mais il faut tout de suite préciser cette différence avec le *Vade retro* de la Tentation au désert chez Matthieu : ce sont les mêmes mots, avec cette incise en plus - *derrière moi* - ce qui modifie la signification de l'ordre. Satan doit se retirer, rien de plus. Pierre doit se retirer pour passer derrière Jésus. Cette accusation d'être un Adversaire est ici une admonition de l'Amour. Loin de l'écarter, elle l'attire et précise le sens de son institution comme vicaire du Christ. Car l'expression revient au verset qui suit et qui parle de suivre, justement, explicitant ce « derrière » ou « après moi » : *Appelant auprès de lui la foule avec ses disciples, il leur dit : « Si quelqu'un veut suivre* derrière moi, *qu'il renonce à ses propres vues, et qu'il porte sa croix, et qu'il me suive »* (Mc 8, 34).

Commentant l'interpellation de Pierre, Jacques Maritain écrit : « Je ne pense pas que ce que l'Évangile nous signifie ici ait rapport à la faiblesse humaine à laquelle Pierre était exposé, l'histoire de ses trois reniements suffit assez à cela. En tenant compte de l'opposition qu'en le réprimandant Jésus fait entre "ce qui est des hommes" et "ce qui est de Dieu", il me semble plutôt que ce qui nous est là signifié a rapport aux dangers de toute souveraineté ici-bas, avec l'atmosphère de flagornerie, d'autoritarisme et d'amour du prestige, d'intrigues et d'ambitions personnelles qu'elle crée autour d'elle, dans le monde ecclésiastique non moins que dans le monde laïque[1]. »

Mais son paradoxe le plus profond est ailleurs : cette mondanité qui voudrait aménager la Croix en transat,

1. Jacques Maritain, *De l'Église du Christ,* DDB, 1970, p. 113-114.

Jésus l'assimile à l'enfer même. Ici, selon ses propres termes, ce qui est des hommes est aussi ce qui est de Satan. Et nous voici face à un mystère inscrutable : ce qui est satanique, en l'occurrence, ce n'est plus seulement de conduire à la Croix, c'est de l'empêcher ; ce n'est plus seulement la cruauté du bourreau, c'est la compassion du sentimental. Et cette compassion fausse peut correspondre à la cruauté la pire, car, avec ses mille caresses, elle fait manquer la vraie Vie. On en peut tirer cette conclusion très probable : dans sa double science, le démon cherche autant à faire assassiner le Christ qu'à le faire aimer de la mauvaise manière. En le protégeant contre cette atroce humiliation par laquelle il sauvera les hommes, il pourrait le faire proclamer roi temporel d'Israël. Il rassemble donc les foules autour de lui, le fait acclamer comme thaumaturge, poursuivre comme zélote victorieux, admirer comme le plus grand sage de ce monde. Commentant l'allégorie de la Caverne, Heidegger note que la façon contemporaine de mettre à mort le philosophe, c'est de le rendre célèbre. Rien de plus efficace pour effacer le sage que d'en faire un *people,* rien de mieux non plus pour éclipser son étoile que de le médiatiser en star. Sa parole une fois débitée en slogans qu'on serine de bouche en bouche, il n'y a plus rien à craindre. Elle ne met plus à la question, elle contribue au bavardage. Qui sait si cette renommée fondée sur le malentendu n'est pas une des premières visées du diable ? Et qui sait si certains pseudo-apôtres, de nos jours, n'en restent pas à cette foi-là ?

Nous devons cependant tenir l'évidence suivante : si coriace qu'elle soit, l'incrédulité des disciples vaut mieux que la foi des démons (de même que la désobéissance du lépreux purifié qui, malgré le « sévère avertissement » de se taire, va répandre la nouvelle de sa guérison, vaut mieux que l'obéissance de l'esprit impur qui se tait dès que Jésus lui en intime l'ordre — (Mc 1, 40-45). Mais comment une méconnaissance peut-elle être meilleure que cet angélique savoir ? Comment un certain athéisme, au fond, peut être moins mauvais que cette connaissance de Jésus ? Faudra-t-il se méfier de la foi elle-même ? Jusqu'à nouvel ordre, nous ne pouvons plus que nous écrier comme le père du démoniaque épileptique : *Je crois, viens au secours de mon incroyance !* (Mc 9, 24.)

TROISIÈME LEÇON

La lucidité des ténèbres

À quoi bon, mes frères, si quelqu'un dit avoir la foi, mais qu'il n'a pas les actes ? Est-ce que cette foi peut le sauver ? Si un frère ou une sœur sont nus et manquent de la nourriture quotidienne, et que l'un de vous leur dise : « Allez en paix, chauffez-vous et mangez tout votre soûl », sans que vous leur donniez les choses nécessaires, à quoi bon ? Ainsi de la foi : si vous n'en avez pas les actes, elle est morte par elle-même, et l'on dira : « Tu as la foi, moi aussi, et je la mets en acte. Montre-moi ta foi qui n'agit pas ; moi, c'est par mes actes que je te montrerai ma foi. Tu crois que Dieu est Un ? La belle affaire ! Les démons croient, eux aussi, et ils frissonnent. »

Jc 2, 14-19.

Croire Dieu et croire *en* Dieu

L'épître de Jacques est le lieu où la foi des démons est affirmée comme telle : *Les démons croient aussi, et ils tremblent.* Le verbe dont use l'apôtre, *pisteuein,* n'est autre que celui qui désigne presque partout le croire des fidèles (par exemple lorsque Jésus s'adresse au chef de la synagogue à propos de la mort - et de la résurrection - de sa fille : *Sois sans crainte, seulement crois* - Mc 5, 36). Quant à cet autre verbe exprimant l'effet de cette foi, *phrissein,* il n'apparaît qu'ici dans tout le Nouveau Testament et signifie tout ensemble la peur, la tremblote et le froid.

La coutume est de rapporter le contexte de cette affirmation à la question du rapport entre la foi et les œuvres, et de trouver ici quelque divergence entre Jacques et Paul, ce dernier écrivant que *l'homme est justifié par la foi sans les œuvres de la Loi* (Rm 3, 28). Aussi Luther qualifie-t-il cette lettre d'« épître de paille », et la rejette du canon de ses Écritures. Elle lui paraît très éloignée du *sola fides,* de la foi qui seule justifie, selon sa propre lecture de l'épître aux Romains[1]. Pas question d'entrer ici dans ce débat. Que l'on remarque seulement que ce Jacob du Nouveau Testament, comme celui de l'Ancien, combat avec l'Ange. Il ne cherche pas tant à opposer la foi et les œuvres, qu'à opposer une foi avec une autre foi, ce qui est plus profond et de plus grave conséquence : non seulement nos œuvres, mais notre foi même ne suffisent pas à nous sauver. Comment, avec

1. Un autre aspect de cette épître répugne spécialement à Luther, c'est que s'y trouvent la mention et le fondement scripturaire du sacrement des malades : « Je le dis, écrit-il, si l'on a jamais déliré, c'est surtout ici » (*De captivitate Babylonis,* cité par Joseph Chaine, *L'Épître de saint Jacques,* Paris, 1927). Que Luther voie là l'exemplaire du délire intéresse spécialement notre réflexion : les démons, quand ils croient, ne délirent guère, alors que le fidèle entre dans une certaine folie (la *môria tou kérygmatos,* folie de la proclamation, dont parle saint Paul - 1 Co 1, 21).

une telle révélation, le chrétien ne serait-il pas boiteux ? Impossible de se tenir bien debout comme le pharisien de la parabole, impossible de se fier trop à ses propres jambes.

Mais de quelle foi nous est-il ici parlé ? *Tu crois que Dieu est Un,* dit saint Jacques. Il ne s'agit pas ici d'un mouvement volontaire, d'un croire *à* ou *en* quelqu'un, qui implique de s'en remettre à lui ou du moins de lui accorder sa confiance. Il s'agit d'une certitude spéculative, d'un croire *que* ceci est vrai, sans qu'aucun abandon à la parole de l'autre ne soit en jeu. Une foi sans confiance, défiante même, une foi qui a les foies, si la théologie peut se permettre un peu d'argot.

Bède le Vénérable reprend cette distinction en disant qu'une chose est de croire quelque chose *(credere illum),* une autre de croire *en* quelque chose *(credere in illum)* : « Croire que Dieu est, croire que ce qu'Il dit est vrai, les démons le peuvent. Mais croire *en* Dieu, seuls y parviennent ceux qui aiment Dieu, c'est-à-dire qui ne sont pas chrétiens que par le nom, mais encore par la vie et les actes[1]. » Croire *en* Dieu (accusatif) implique d'aller vers Lui, et comme c'est l'amour qui nous fait sortir de nous-mêmes pour tendre vers l'autre, puisque celui qui aime a son cœur et son esprit intentionnellement dans son bien-aimé plus qu'en lui-même, seule la charité divine nous donne de croire véritablement *en* Dieu. De ce point de vue, les démons croient non pas *en,* mais *hors* Dieu, c'est-à-dire sans amour.

Saint Augustin souligne que là seulement se trouve la différence sous d'identiques affirmations : « Pierre dit : *Tu es le Christ, le Fils du Dieu vivant.* Les démons

---

1. *Patrologie Latine,* Migne, XCIII, 22.

disent aussi : *Nous savons qui tu es, le Fils de Dieu, le Saint de Dieu.* Ce que dit Pierre, les démons le disent aussi : mêmes paroles, mais non même esprit. Et où est la preuve que Pierre disait ces mêmes paroles mais autrement ? C'est que la foi du chrétien est accompagnée de dilection, celle du démon est sans dilection. Comment, sans dilection ? Les démons parlaient ainsi pour que le Christ s'éloignât d'eux. Car, avant de dire : *Nous savons qui tu es, etc.*, ils avaient dit : *Qu'y a-t-il de commun entre toi et nous ? Es-tu venu nous perdre avant le temps marqué ?* Ainsi, autre chose est de confesser le Christ pour t'attacher au Christ, autre chose de confesser le Christ pour le repousser loin de toi[1]. » Confession qui ne va pas à confesse, donc, accueil de l'hostie dans la bouche pour mieux, demi-mâchée, la cracher en l'air.

Thomas d'Aquin est plus précis dans sa terminologie. À la distinction du *credere in Deum* (croire en/vers Dieu) et du *credere Deum* (croire que tel est Dieu), il ajoute celle du *credere Deo* (croire à Dieu)[2]. Dans le premier cas, il s'agit de l'objet de la foi considéré du point de vue de la fin, comme ce qui réalise la béatitude ; dans le deuxième cas, l'objet de la foi est considéré du point de vue matériel, c'est-à-dire en tant que tel ou tel article proposé se rapportant à Dieu ; dans le troisième cas, l'objet de la foi est considéré du point de vue formel, comme ce qui la motive, à savoir l'autorité de Dieu qui se révèle. Si dans le premier cas, l'objet de la foi, perçu comme le souverain bien, met en mouvement la volonté (*credere in Deum*), dans les deux autres cas, l'objet de la foi concerne l'intelligence et se présente comme ce à

1. *Sur la première épître de saint Jean*, traité X, chap. 1.
2. *Somme de théologie*, II-II, 2, 2.

quoi je crois (*quod creditur*) et ce par quoi je crois (*quo creditur*). Or, pour ce qui est du *quo creditur*, le motif de la foi démoniaque n'est pas le même que celui de la foi théologale. Le *credere Deo* (datif) est plus qu'un acte de confiance. C'est un croire *à partir* de Dieu se révélant : l'Éternel lui-même qui éclaire l'intelligence et la porte à accueillir une Révélation qui dépasse ses forces naturelles. Or, les démons ne veulent surtout rien qui les excède, tant du côté de la volonté que de celui de l'intelligence. Ils croient, et cela fait leur orgueil, à partir de leur pénétration d'esprit : les miracles qui entourent Jésus, la vérité qui sort de sa bouche suffisent à leur faire induire son identité messianique : « Ils voient beaucoup d'indices fort clairs [à leurs yeux] par lesquels ils perçoivent que l'enseignement de l'Église vient de Dieu, encore que les choses mêmes que l'Église enseigne, ils ne les voient pas… »

En effet, ils n'ont pas la vision béatifique. Croire n'est pas voir, mais connaître par la médiation de signes ou de témoignages. Le terme ici n'est donc pas usurpé, bien qu'il décrive une certaine usurpation. Il est équivoque par rapport au caractère infus (*credere Deo*) et salutaire (*credere in Deum*) de la foi théologale, puisqu'il désigne une foi acquise et damnée : sous ce rapport, on pourrait parler plutôt de « savoir ». Mais il est adéquat par rapport à la définition générale, naturelle, de la croyance conçue non pas comme opinion probable mais comme connaissance certaine de ce qu'on ne voit pas : de même que je crois avec certitude, par le recoupement de nombreux témoignages, que Ravaillac assassina Henri IV ; ainsi le démon croit que Jésus est le Fils de Dieu du fait des prodiges qui l'entourent et parlent à son esprit avec assez d'éloquence : « La foi qui est chez les démons n'est pas un don de la grâce ; mais ils sont plutôt contraints à croire de par la perspicacité de leur intelligence naturelle[1]. » Sous cette contrainte, ils tremblent, sans doute, forcés d'approcher cette innocence qui dénonce leur noirceur. Mais ils éprouvent aussi cette grande satisfaction : pouvoir déchiffrer un hiéroglyphe sur quoi la raison humaine, par ses propres forces, ne peut que se casser la tête. C'est le plaisir de ne rien savoir que par acquisition, de ne rien connaître que par possession, d'être éclairé sans se rendre vulnérable à une lumière plus haute qui vous éblouit et vous transperce. C'est le contentement d'un savoir totalitaire. À ce sujet, le Père Bonino remarque très justement : « La prétention de clore la science sur elle-même a quelque chose de diabolique[2]. »

Outre le « croire-que », le « croire-à » et le « croire-en », saint Marc, dès le départ, propose une quatrième possibilité, qui reprend le datif du deuxième et la préposition du troisième : *credere in Deo,* croire en Dieu, non pas comme allant vers lui, mais comme se trouvant au dedans de lui, comme au creux de son sein. La formule apparaît très exactement dans la première parole du Christ, celle qui chez Marc inaugure sa prédication : *Retournez et croyez dans l'heureuse nouvelle* (Mc 1, 15). « La construction "croire dans", *pisteuô* + *en* + datif, commente Jean Delorme, est exceptionnellement rare et ne se trouve qu'ici, chez Marc. Elle ne se rencontre ni dans le grec classique ni dans le grec commun des papyrus. Elle est attestée dans la Septante et quelques textes du

1. *Ibid.*, 5, 2.
2. Serge-Thomas Bonino, o.p., *Les anges et les démons,* Parole et Silence, coll. « Bibliothèque de la Revue thomiste », 2007, p. 154.

Nouveau Testament s'en rapprochent. On l'explique ordinairement comme une tournure de type sémitique ou par la confusion, fréquente en grec commun, entre les prépositions *en* (avec datif, "dans" sans mouvement) et *eis* (avec accusatif, "dans" ou "vers" avec mouvement[1]). » Pour dire l'essentiel : *croire dans l'heureuse nouvelle,* il faut que le grec de la sagesse naturelle soit comme subverti par l'hébreu de la Révélation. Le barbarisme est ici une finesse divine. Il dit à même la grammaire ce qui s'opère dans la vraie foi : l'infusion de l'Esprit Saint au cœur de l'homme, pareille à cette intrusion de la langue de Moïse dans la langue d'Eschyle.

Devant une telle possibilité, le diable ne voudrait pas perdre son grec. Il ressemble à « ces hommes qui ont plus de soin d'observer les lois des Grammairiens que celles de Dieu[2] ». « Croire dedans Dieu », comme qui logerait dans ses entrailles, quoi de plus dégoûtant pour lui ? Cette tournure est trop retournante. Elle dit avec force ce dont il se détourne. Marc ne pouvait pas ne pas l'employer – tels une lumière et un contrepoids – au seuil d'un récit qui ne cesse d'attester l'infaillibilité démoniaque. Le démon sait, sans doute, mais il n'y est pas. Comme le dit mon voisin tromboniste : « Quand on joue de la musique, une chose est de connaître la partition, une autre d'être "dedans". »

---

1. Jean Delorme, *L'heureuse annonce selon Marc,* Éd. du Cerf, coll. « Lectio divina », n° 219, 2007, p. 78.
2. Saint Augustin, *Confessions,* Liv. I, chap. XVIII, trad. Arnaud d'Andilly, Gallimard, coll. « Folio », 1993.

Comment d'ange on devient démon (I)
La superbe et l'envie

Le démon sait ce qu'il fait, beaucoup mieux que nous-mêmes. À considérer le seul plan spéculatif, il est meilleur théologien. En lui point de faiblesse de la chair : il ne connaît pas la fatigue, n'est pas porté sur l'alcool, ne se plaît pas aux obscénités génitales, n'a pas d'appétit immodéré pour les biens matériels[1]. Il est chaste et pauvre sans vœu, c'est-à-dire par nature. En lui pas d'ignorance du côté de son intelligence naturelle non plus : il n'a pas besoin d'apprendre à parler, ne va pas à l'école, ne passe pas comme nous par de périlleuses ratiocinations. Par nature également, il est savant sans effort, maître sans rabbi, – le plus grand moteur de recherche directement intégré à sa substance. Quel est son mal, alors ? Exclusivement spirituel. Saint Augustin le déclare : « Il est infiniment superbe et envieux[2]. » Cela dit, il ne faut pas tomber dans une imagerie plus trompeuse que du demi-bouc ou du loup-garou (ces dernières, bien qu'elles fassent perdre de vue l'essence spirituelle de l'ange, ne laissent pas d'exprimer la duplicité démoniaque). Son envie est forte en subtilité. Sa superbe, pleine de raffinement.

Mais, de ces deux vices, lequel a la primeur ? Certains Pères de l'Église, et non des moindres, insistent sur l'envie. Elle serait au principe du péché angélique. Certains anges auraient jalousé Adam et Ève, ces glaiseux, d'être aussi bien voués qu'eux à la béatitude divine.

---

1. Cf. Thomas d'Aquin, *Somme de Théologie,* I, 63, 2.
2. Saint Augustin, *La Cité de Dieu,* Liv. XIV, III.

Saint Bernard a sur ce point une page admirable : « Lucifer, "plein de sagesse et parfait en beauté", a pu connaître par avance qu'il y aurait un jour des hommes, et aussi qu'ils parviendraient à une gloire égale à la sienne. Mais s'il l'a connu d'avance, il l'a sans aucun doute vu dans le Verbe de Dieu, et, dans sa hargne, il en a conçu de l'envie. C'est ainsi qu'il a projeté d'avoir des sujets, refusant avec dédain d'avoir des compagnons. Les hommes, dit-il, sont faibles et inférieurs par nature : il ne leur sied point d'être mes concitoyens, ni mes égaux dans la gloire[1]. » Ce qui est appréciable, dans cette thèse, c'est que le diable s'y montre puritain. Et rien mieux que son puritanisme le motive à pousser les hommes à la luxure, pour mieux les rouler dans cette boue honnie et se pavaner soi-même dans son incorporelle supériorité (ainsi certains d'entre nous prennent un malin plaisir à ce que les autres se traînent dans le stupre, tandis que nous-mêmes restons sans tache de ce côté-là – mais c'est alors pour porter la souillure au fond de notre âme).

Le voici donc qui proteste : – Quoi ! va-t-on devoir supporter ces pelletées de terre dans le Ciel ? Non mais je vous jure ! Ça pisse et ça chie, et ça serait appelé à la même gloire que les purs esprits ? Et je ne vous dis pas le pire : ça copule, pouah ! ces deux-là font la bête à deux dos et nous devrions dire amen à cette monstruosité comme à je ne sais quelle visqueuse image de la Trinité !... Empêchons cette absurdité. Faisons penser que la chair est par elle-même mauvaise, ou du moins qu'elle n'a rien à voir avec l'esprit !

1. Saint Bernard de Clairvaux, *Sermons sur le Cantique*, XVII, 5-6, « Sources Chrétiennes » 431, p. 78-83.

Cette thèse de la chute envieuse, nul n'en peut nier la valeur explicative. Mais elle reste partielle et ne remonte pas assez loin. Si le livre de la Sagesse dit que *c'est par l'envie du diable que la mort est entrée dans le monde* (Sg 2, 24), il ne dit pas que c'est aussi par elle que la mort est entrée dans le diable. Le livre de Ben Sirac rappelle par ailleurs : *Le commencement de tout péché est l'orgueil* (Si 10, 15). Saint Augustin l'observe : « D'aucuns disent que le démon est tombé des demeures célestes parce qu'il a envié l'homme fait à l'image de Dieu. Mais l'envie suit la superbe et ne la précède pas : l'envie, en effet, n'est pas une raison de s'enorgueillir, mais la superbe est une raison d'envier. » L'envie dont il est question suppose au préalable le refus de respecter le dessein généreux de Dieu. Quand les ouvriers de la première heure sont irrités que ceux de la dernière reçoivent le même salaire, ils refusent d'abord la volonté du maître. Ce refus relève de la superbe : Je veux définir moi-même ce qu'il doit en être du bien.

Enfin, le primat de l'envie permet de penser Satan comme dominateur méprisant les hommes, mais il interdit de le présenter comme un pseudo-libérateur. Or, à ne considérer que ses initiatives récentes, ce serait de l'aveuglement que de ne pas le voir en professeur de dignité, docteur en autonomie, vrai antichrist, par conséquent, ou contre-Messie. Il suggère à chacun de se sauver soi-même. Il l'encourage à se fabriquer son petit ciel privé. Seule la primauté de la superbe sur l'envie autorise à penser cette séduction prodigue : Satan, manager de la suffisance et père de l'utopie.

Comment d'ange on devient démon (II) La parabole des deux fils

J'ai préféré le terme « superbe » à celui d'« orgueil » afin de mieux marquer l'intelligence, le brio, la presque sagesse ou la « vérité moins un » du péché démoniaque. Pour en parler sans le rabaisser avec une superbe comparable, pour l'expliciter un peu comme il le sent, il faudrait affirmer que le démon est CELUI QUI A DIT OUI, ou encore CELUI QUI NE CESSE DE RÉPÉTER : SEIGNEUR ! SEIGNEUR ! Cette définition peut sembler provocatrice. Je ne la risquerais pas si elle ne se trouvait dans la Parole de Dieu. Au reste, l'épître de Jude nous avertit qu'il est périlleux de mépriser le démon : *Même l'archange Michaël, lorsqu'il contestait avec le diable, n'osa pas porter sur lui un jugement insultant, mais il dit : « Que le Seigneur te punisse ! »* Nous devons donc nous efforcer, pour imiter saint Michel, de donner à Satan des noms d'ange plutôt que d'oiseau. Concédons-lui tout le crédit compatible avec sa damnation.

Où sont les versets qui permettent de l'appeler « celui qui ne cesse de répéter : Seigneur ! Seigneur ! » ? Chez Matthieu, à la fin du Sermon sur la Montagne : *Beaucoup me diront en ce jour-là : « Seigneur, Seigneur, n'est-ce pas en ton nom que nous avons prophétisé ? en ton nom que nous avons chassé les démons ? en ton nom que nous avons fait des miracles ? » Alors je leur dirai en face : « Jamais je ne vous ai connus ; écartez-vous de moi, vous qui commettez l'injustice ! »* (Mt 7, 22-23) Pour qui sont ces derniers mots, sinon pour le damné ? Or, s'ils sont pour le damné, ils valent aussi pour le diable. N'est-il pas celui qui commet l'injustice ? N'est-il pas celui que le Christ n'a jamais connu ? Ne lui arrive-t-il pas même de chasser un démon pour en mettre un autre, plus compétent ? Il faut donc en déduire qu'il fait partie de ceux qui, au jour du jugement, répètent : *Seigneur, Seigneur, etc.*

Où sont les versets qui permettent de l'appeler « celui qui a dit oui » ? Chez Matthieu encore, au lendemain d'avoir chassé les marchands du Temple : « *Que vous semble-t-il ? Un homme avait deux enfants et s'approchant du premier il dit : "Va aujourd'hui travailler à la vigne." Celui-ci lui répondit : "Je ne veux pas." Mais plus tard, se repentant, il y alla. S'approchant de l'autre, il dit de même. Et celui-là répondit : "Me voici, Seigneur !", mais il n'y alla pas. Lequel des deux fit la volonté du père ?* » *Ils disent :* « *Le premier.* » *Jésus leur dit :* « *Amen, je vous le dis, les percepteurs et les prostituées arrivent avant vous au Royaume de Dieu !* » (Mt 21, 28-31). Ne pas faire la volonté du Père, c'est le péché même. Mais ce qui le radicalise, c'est d'avoir promis auparavant qu'on l'accomplirait. Comment ne pas penser, si le péché démoniaque est radical, qu'il y va d'un oui sans suite, d'une promesse non tenue, comme tout à l'heure d'une double évocation du Juste (*Seigneur ! Seigneur !*) sans acte de justice ? Mais aussi comment le penser ? Le saint est celui qui a dit non, mais dont le non est devenu un oui, après un repentir. Le malin est celui qui a dit oui, mais dont le oui dissimule un non, sans aucun remords.

Pour mieux l'entendre, il faut souligner les deux mots employés par le second fils. Commençons par le deuxième : *Seigneur.* L'autre fils avait seulement dit : *Je ne veux pas.* Il n'appelle pas son père « Seigneur ». Cet emploi chez le second manifeste une relation moins filiale que servile, fondée sur la crainte plus que sur l'amour. Peut-être sur la raillerie, comme je dirais à ma femme : « Oui, chef ! » Mais voici le premier mot souvent traduit par « Entendu », « J'y vais », « Oui, Seigneur[1] ». Il ne s'agit que d'un pronom grec qu'il n'est pas besoin de traduire : *Ego.* Dans le contexte, il signifie : « Me voici ! à votre service ! » Mais cet O.K. recèle son Good Bye. Ce « Me voici » signifie « voici Moi ». Là se trouve la superbe. Non pas tant dans le refus du service, que dans le désir de servir à sa guise, un peu comme l'esclave de la dialectique hégélienne : il sert de manière à ce que le maître devienne son obligé, et, finalement, le serviteur du serviteur (ce renversement fait toute l'intrigue de *The Servant,* de Harold Pinter : le maître d'hôtel y devient effectivement le maître de son maître, au moyen d'un service qui le circonvient) : « C'est moi, Seigneur, qui viens à ton secours. Je ne suis pas comme mon frère, moi. Moi, je ne dis point non. Laisse-moi donc te servir comme je veux. »

Cela nous permet de pénétrer en retour le sens profond de ce *Je ne veux pas* du fils qui se repent. N'est-ce pas déjà une sorte de confession ? Ne pourrait-on pas lire : « C'est au-delà de mes forces, au-delà de ma volonté » ? Mais voici qu'il va travailler à la vigne. D'où lui vient cette soudaine capacité de faire ce qu'il ne voulait, peut-être ce qu'il ne pouvait pas ? Il y a là comme la secrète effraction d'une grâce. Il reçoit du dehors une force neuve qu'il n'a pas méritée. Il n'a pas à en tirer orgueil : *Cela ne vient pas de vous, c'est le don de Dieu* (Ep 2, 8). Il l'accepte humblement. Il sert non selon ses propres plans, mais selon le dessein de son père.

---

1. Respectivement, la Bible de Jérusalem, la TOB, la Traduction officielle pour la Liturgie.

Comment d'ange on devient démon (III)
Faire le bien d'après ses propres plans

Thomas d'Aquin fait remarquer, contre une erreur commune, que si le démon a désiré être comme Dieu, il n'a toutefois point voulu l'égaler : « Il savait, de connaissance naturelle, que c'était impossible. » De science certaine, il se sait créature et qu'un abîme infini le sépare du Très-Haut. Par ailleurs, précise l'Aquinate, « aucune réalité appartenant à un degré de nature inférieur ne peut désirer un degré supérieur : l'âne ne désire pas devenir cheval, car il cesserait d'être lui-même. Mais il est vrai qu'en ces sortes de choses l'imagination nous trompe. » Changer de nature, fût-ce pour une nature supérieure, équivaut à une destruction de soi. L'âne ne désire pas devenir cheval, mais il désire éventuellement, tout en restant âne, acquérir des qualités chevalines, telles que la vitesse et l'élégance. L'imagination peut faire naître en nous de ces postulations vaines : « Ah ! si j'étais un ange ! » ou plus couramment : « Si j'étais un chien ! » Or le démon n'a pas d'imagination : il est pure intelligence, sans autre défaut que sa cuirasse. Il sait bien qu'on ne peut vouloir changer de nature[1]. Son péché n'est donc pas de convoiter une absurde égalité

1. Aussi l'homme ne devient jamais Dieu, mais il peut être divinisé sans que rien de sa personnalité ne soit aliéné. La grâce ni la gloire n'abolissent la nature humaine pour la transsubstantier en nature divine. Tout au contraire, elles la préservent, la restaurent, l'élèvent et rendent l'homme d'autant plus humain qu'il participe davantage à la divinité – d'autant plus charnel que plus spirituel, aurait dit Péguy.

avec Dieu, mais de vouloir une certaine similitude avec Lui de manière désordonnée.

Mais il sait encore autre chose de plus étrange et moins remarqué : c'est qu'étant ange, par nature, il est messager ou serviteur du Très-Haut. Comment l'ignorerait-il ? Il remplit toujours une fonction dans la grande symphonie de l'univers, ses dissonances mêmes feront partie de la partition, ses attaques seront employées, comme pour Job, à manifester la foi du juste. Aussi est-ce non moins absurde à ses yeux que de prétendre échapper au pouvoir du Tout-Puissant. Le démon ne saurait vouloir lui échapper en tant qu'il est son Créateur. Seulement il le refuse en tant qu'il veut par surcroît être son Époux, car il ne saurait y avoir mariage sans consentement mutuel. Il ne lui rend pas moins toujours service. C'est même un serviteur utile (il n'y a que les saints qui soient des *serviteurs inutiles* – Lc 17, 10 – c'est-à-dire qui sortent de la logique utilitaire, fonctionnelle, pour entrer dans la liberté de l'amour). Son péché n'est donc pas de ne pas servir, mais d'être dans un service sans amour, de travailler à la vigne, sans doute, mais sans accueillir l'ordre surnaturel, ou bien y travaillant comme le Botrytis Cinerea, qu'on appelle aussi « pourriture noble » : un champignon qui par lui-même ne tend qu'à ravager les récoltes, mais qui, dans certaines conditions d'humidité et d'ensoleillement, en buvant l'eau des grains, permet d'y concentrer le sucre et de faire ces grappes d'or et de miel dont on tire le vin de Sauternes.

Mais comment mieux définir ce désordre dans l'élan pour servir Dieu et lui ressembler ? Saint Thomas y emploie des mots qui ont de quoi surprendre. Il appelle cela « posséder sa béatitude dernière par ses propres forces[1] ». N'est-ce pas la vertu primordiale de l'homme rempli de confiance en soi ? Et pourtant, vouloir faire par soi-même son bonheur et celui des autres, c'est nécessairement échanger la providence contre le planning, suivre une routine sans événement, ne pas rencontrer la résistance d'un autre, enfin ne pas accueillir Celui qui vient. Le diable est un faiseur. Et il sait faire la charité tant que c'est pour ne pas en vivre. Il la fait comme on dit aussi « faire l'amour », c'est-à-dire en changeant le lieu d'une dépossession amoureuse en une chaîne d'usinage des plaisirs.

Ses propres forces, c'est-à-dire ses forces naturelles, l'ange les reçoit déjà du Dieu créateur, bien sûr ; mais, une fois qu'il est créé, elles lui sont données par Dieu comme une justice et un dû. Il n'en va pas de même de la grâce : elle n'est pas due à la créature, elle est un don d'amour gratuit. Elle n'exige en retour exactement rien, et c'est bien le plus difficile pour qui se prend pour quelque chose. Elle réclame non pas de faire, mais de laisser Dieu faire en nous. Et nous lui répondons en ne faisant pas obstacle à cet amour libre et divin qu'elle-même en nous suscite. Mais le démon ne veut pas s'abandonner. Il préfère être *self-made-man*. Et je le vois bien ouvrir un cours de développement personnel – devenir le *coach* des *winners*, fournir en oreillers celui qui n'a pas où reposer la tête, euthanasier l'homme de douleurs.

---

1. *Somme de Théologie*, I, 63, 3.

Vrai monologue

– Donne-moi ce qui est dû à ma nature, et pour le reste soyons quitte. Je ne veux pas de cette grâce qui réclame en réponse notre Alliance. Je veux être seul à faire mon bonheur, et encourager les autres à faire leur bonheur par leurs propres moyens, ou du moins à refuser ce bonheur empoisonné que tu proposes, ce don qui, si gratuit soit-il, nous oblige, nous rend redevables à l'infini, impose je ne sais quelle mort à nous-mêmes dans l'offrande de notre vie à Toi comme la vierge offre ses cuisses ouvertes à la déchirure de l'époux. Je veux être, moi, la Vierge inépousée, qui n'est rachetée par personne. Je veux être, moi, le Fils sans père, qui se détache de son origine et ne se trouve bien que dans ce qu'il invente à partir du néant. Je veux être, moi, le serviteur absolu, qui sait apprendre à chacun à ne dépendre de personne. Je veux être, moi, le Verbe qui n'a pas été proféré, la Parole qui ne procède d'aucune écoute, le pur *Monologos*… Et puis cet ordre de la grâce dérange trop l'ordre de la nature : nous, anges, pouvons nous retrouver à égalité avec les hommes ! nous, anges, devrions adorer l'humanité du Christ ! nous, anges, devrions vénérer comme notre reine cette petite youpine : la vierge Marie ! Vierge en quoi, puisqu'elle se laisse incestueusement baiser par l'Esprit du Père et du Fils ? C'est moi, je le répète, la Vierge véritable, la créature qui a le moins de contact avec son Créateur… Et vous voudriez que cette injustice criante nous laisse sans réaction, vous voudriez que nous n'applaudissions pas à l'amertume du fils aîné devant l'accueil du fils prodigue ? Ces noces obscènes de la grâce, cette orgueilleuse communion dans la divinité, nous les refusons. Mais nous disons

« Oui » à la pure nature. Nous répondons « Me voici » à quiconque veut faire son bonheur, non pas sans Dieu-Cause-première, bien sûr, car nous sortons forcément de lui, mais sans Dieu-Époux-ultime, car nous pouvons ne pas lui revenir. Chacun doit pouvoir y arriver tout seul, comme un grand. Chacun, sans être forcé d'accueillir en son sein cette semence du Verbe, comme il est écrit dans son abjecte parabole du semeur ! Enfin, regardez-moi, je suis le vrai serviteur souffrant d'une souffrance éternelle ! Je bosse malgré tout pour le Très-Haut, sans avoir le repos du sabbat ni du dimanche. J'accepte les Job les plus ingrats. Parce que ses gentils saints, qui est-ce qui les décape, les astique, les fait reluire ? Bibi ! Je les tente avec le malheur, je touche à leurs propriétés, pourris leur chair, ronge leurs os, comme le bonhomme d'Uç ; ou bien je les tente avec du confort, j'enrichis leurs propriétés, caresse leur chair, durcis leurs os, comme tous les consommateurs de Cocagne ; mais qu'ils ne succombent pas, qu'ils gardent le goût de la bénédiction, et leur gloire n'en est que plus grande. Croirez-vous que j'en obtienne le moindre remerciement ? Je fais tout cela comme sa machine, sans attendre de récompense. Humble, très humble est mon amour, puisqu'il n'est pas intéressé par sa béatitude ! Pur, très pur est mon amour : un alcool à 100 degrés qui procure une ivresse dont on ne dessoûle jamais ! Comprenez-moi bien. L'autre est désormais dans le Ciel, dans sa splendeur, avec ses anges prosternés et ses plaies dégoulinantes de lumière, alors que moi ? Je suis l'authentique et pure victime sans propitiation. Le Verbe s'est incarné ? Moi je suis tombé comme l'éclair. Et jamais je ne me relèverai… Ma douleur comme mon plaisir sont sans retour…

Ce discours apparaîtra peut-être rempli d'orgueil et d'envie. Le démon appelle cela humilité et justice. Son enchaînement au péché, il le considère comme une émancipation, tandis que la sainteté lui paraît le comble de l'orgueil. Sa haine de Dieu, il la vit comme un redresseur de torts : « Pourquoi n'en est-il pas resté à la nature ? Pourquoi cette surérogation, ce don du surnaturel qui nous met à égalité avec des inférieurs et nous engage à le remercier avec toute notre existence, sans rien de reste pour soi seul ? »

Le diable est amour… propre

Électrisant la transparence de son intelligence, c'est aussi cette haine du surnaturel qui donne au démon un certain instinct des choses divines, une clairvoyance comparable à celle des saints. Cette haine divine comme l'amour. Sa divination est extérieure et superficielle, mais elle n'est pas moins aiguë et détaillée. Il n'y a pas que la mère pour être attentive aux moindres maux de son enfant, il y a aussi l'assassin qui jouit des souffrances de sa victime, ne veut en perdre aucune, et par son travail la met à l'autre monde. Il arrive d'ailleurs, comme avec la *Génitrix* de Mauriac, que la mère et l'assassin soit la même personne étouffante. C'est que toute haine s'enracine dans un amour. Si je n'aimais rien, je ne pourrais rien haïr. Si j'aime quelque chose, je vais haïr tout ce qui est contraire à cette chose aimée. Ainsi le saint aime Dieu, et par conséquent déteste le péché. Et Satan aime aussi, intensément, soi-même et ses propres vues. L'amour de soi n'est pas mauvais, s'il est pour la communion que Dieu donne, – il est même le fondement de l'amour du prochain : j'aime la Vie, aussi je l'aime en moi et désire la communiquer à autrui. Mais cet amour de soi devient pervers dans la mesure où il ne s'ouvre pas à ce qui le dépasse. Il se change en cet amour-propre, dont sainte Brigitte disait qu'on devrait mieux le nommer « haine-propre ». L'avantage de cette appellation habituelle et, pour ainsi dire, impropre, c'est qu'elle signale le masque séduisant sous lequel ce vice s'avance : « Je suis proprement l'amour, et l'autre, celui qui exige l'extase et l'abandon dans les bras d'un autre plus grand, n'est que mépris de soi. »

Dieu est amour, à la bonne heure ! Le diable aussi, mais il est amour-propre. Sa haine ne correspond qu'à cet amour-là et à son désir de le répandre. Cela lui confère comme une vigilance maternelle pour ce mal qui est son bien, ainsi que l'instinct de ce surnaturel dont il veut être vierge. Le surnaturel s'approche-t-il qu'il le reconnaît par tous les pores de sa substance et s'exclame subitement : *Qu'y a-t-il entre moi et toi, Fils de Dieu ? Es-tu venu pour nous tourmenter avant le temps ?* (Mc 5, 7 ; Lc 8, 28). Ce qu'il redoute ici n'est pas la réclusion de l'enfer, puisque c'est le lieu que de toute sa force il a élu pour domicile. Ce qui le fait trembler, ce qui le tourmente, c'est l'approche de la joie, cette joie que Jésus vient par sa croix donner gratuitement. La pression sur lui de ce bien gracieux auquel il s'est fermé pour toujours provoque sa peur et son indignation. Car la joie en question doit déchirer notre contenance en une louange sans fin. Horrible blessure au flanc de l'amour-propre. Face au cri de louange que contient le nom de l'archange Michaël : *Quis ut Deus,* « Qui est comme Dieu ? », il jette plus pour la foule son cri de ralliement : *Quis ut ego,* « Qui est comme Moi seul ? ».

Beaucoup font comme si l'ange mauvais ignorait que Dieu est amour : le pauvre diable, l'ignorant qu'il est ! Ceux-là se contentent de citer sa première éructation : *Jésus de Nazareth, es-tu venu pour nous perdre ?* (Mc 1, 24.) Quelle erreur flagrante : prendre le Sauveur pour celui qui nous perd ! Mais non, voyons ! Il vient nous sauver ! C'est le B.A.-BA du catéchisme ! Impossible, par conséquent, que le démon ne le sache point. Il le sait, en tout cas mieux que ceux qui croient que la Rédemption est une bluette. Son Évangile de la Perdition est plus vrai que celui du confort. Je ne veux pas dire qu'il songe à la géhenne promise aux boucs. Il parle de la charité. Du véritable amour lui-même, celui qui réclame la nuit nuptiale et l'offrande des corps. Il sait que l'amour de Dieu nous perd. Le Christ le dira plus loin : *Qui perd sa vie à cause de moi et de l'heureuse nouvelle, la sauvera* (Mc 8, 35). C'est précisément cette perte de la créature changée en hostie vivante qui scandalise le démon et le fait spontanément se cabrer à son approche. Il veut lutter contre cette perdition-là. Et préfère se sauver… en enfer. Que chacun puisse vivoter, donner au Seigneur sa quittance, le remercier au sens professionnel, comme on congédie un bon serviteur… Mais non ! ce serviteur-là veut rester dans la chambre, et coucher avec moi, et m'arracher ce cri qui m'arrache à moi-même ! Voilà bien la dépravation divine. Pourquoi ne se contente-t-il pas d'un merci cordial ? Pourquoi nous veut-il entièrement dans l'amour livré ?

Ceux qui croient que le démon méconnaît la radicalité de l'amour divin, commettent à son sujet la plus grave erreur, puisque c'est cette radicalité qui le révolte. Non seulement ceux-là l'excusent, mais ils deviennent plus facilement son jouet : rien ne donne plus accès à ses suggestions que de le croire plus bête que nous. Et entre toutes les bêtises qu'on lui impute, celle de le rendre ignorant des conséquences de la charité est la pire, car elle suppose que soi-même on n'en ait pas compris la sublime exigence. Avec le diable, il ne s'agit pas de jouer au plus fort, mais de se reconnaître faible. Il ne s'agit pas de jouer au plus fin, mais de se vouloir plus aimant.

Liturgie du pandémonium

Pour mieux nous faire apercevoir le danger qui nous cerne et qui devient plus terrible quand nous nous croyons à l'abri, Thomas nous rappelle que « le péché de l'ange ne suppose pas l'ignorance, mais seulement *l'absence de considération de ce qui se doit,* c'est-à-dire de l'ordre requis par la divine volonté », et il le compare à « quelqu'un qui décide de prier et le fait sans observer les règles liturgiques instituées par l'Église[1] ». Cet exemple m'a toujours effrayé. Il nous confirme avec rigueur que le démoniaque n'est pas tant de vouloir le mal, que de vouloir faire le bien sans obéir à la source de tout bien, de vouloir faire le bien d'après sa propre règle, dans un don qui prétend ne rien recevoir, dans une espèce de générosité qui coïncide avec le plus fin orgueil. Il y va là non d'une ignorance spéculative, mais d'une ignorance pratique, active, qui s'efforce de ne pas considérer les médiations voulues par le Très-Haut, pour notre communion mutuelle, notre dépendance les uns vis-à-vis des autres. Entend-il parler de règle liturgique, de droit

1. *Ibid.* I, 63, 1.

canon, de magistère, le démon rue dans les brancards : il le fait au nom de son traditionalisme plus vieux que la tradition, ou de son progressisme plus *up to date* que le monde à venir. En tout cas, il prie, nous l'avons vu plus haut, avec une ferveur brûlante : *Je t'adjure* PAR DIEU, *ne me tourmente pas !* (Mc 5, 7). Pourvu que ce soit avec un missel confectionné *ad hoc,* pour son usage personnel, ou pour sa secte du moment, dans une spiritualité oscillant entre le masturbatoire et l'orgiaque.

La liturgie du pandémonium n'a pas la vivante unité de celle de l'Église. Quand elle se veut une, elle fait bloc. Quand elle se veut vivante, elle fait grouillement. La foi des démons n'ayant pas sa source dans la vision du Christ, mais dans l'intelligence naturelle de chacun, il n'y a pas entre eux à proprement parler *une seule foi* (Ep 4, 16), dépendant de l'unique don de Dieu, mais une connaissance partagée, que l'un peut contre l'autre revendiquer comme le fruit de ses propres efforts. Individualiste est leur croyance. Dividualiste même. Cette division mutuelle est en effet compliquée d'une division individuelle : le péché déviant l'élan premier de leur nature vers Dieu, leur libre arbitre se retourne contre leur vocation essentielle, leur volonté *ut voluntas* s'oppose à leur volonté *ut natura,* si bien que « l'âme du pervers est déchirée par les factions[1] ». Le démon ne peut pas se recueillir. Alors il s'éclate.

Quel est le seul principe unificateur de ce règne en miettes, le point de rencontre liturgique au pays de Légion ? La haine du même Ennemi. La philosophie politique de Carl Schmitt s'applique assez bien au

---

1. Aristote, *Éthique à Nicomaque,* IX, 1166 b, trad. Tricot, Vrin, 1990, p. 446.

pandémonium. L'accord du démon avec soi-même aussi bien qu'avec les autres ne s'y réalise qu'à raison de cette haine. Il ne ravaude son être que moyennant sa rage à défaire l'œuvre du Trop-Haut. Pour cela, les diables s'entendent comme larrons en foire, en vue d'une rapine qui exige, par seul souci d'efficacité, d'opérer de conserve. Mais cette association de malfaiteurs se disloque dès qu'il s'agit de se partager le butin. La foire devient d'empoigne.

Jean-Joseph Surin rapporte ainsi que « l'enfer est en continuelle confusion » : tel un P.D.G. obsédé de productivisme, son prince tyrannise les démons subalternes, spécialement « lorsqu'ils ne réussissent pas à faire tout le mal qu'il veut » ; et ceux-ci, qui battent leurs propres inférieurs, « ne lui obéissent qu'à regret, sinon en ce qui est conforme à leur passion qui est la haine de Dieu[1] ». Le violent génie de la petite Thérèse prolonge l'expérience du grand exorciste (Surin fut celui qui lutta contre l'armée démoniaque qui avait pris possession des religieuses de Loudun). Dans une « récréation pieuse », *Le triomphe de l'humilité,* elle montre les querelles liturgiques qui déchirent le pandémonium. Baal-Zéboub y lance à son prince Lucifer : « *Non serviam !...* c'est toi qui m'as donné cette devise et tu crois que je t'obéirai après avoir refusé de m'abaisser devant Dieu... Non, jamais, jamais !... chacun est le maître ici ; c'est pour cela que l'union est si grande, que nos légions sont si admirablement policées, c'est pour cela que nos adorateurs ne cessent de se disputer sur les points de

---

1. *Triomphe de l'amour divin sur les puissances de l'Enfer,* suivi de *Science expérimentale des choses de l'autre vie* (1653-1660), Jérôme Millon, Grenoble, 1990, p. 360.

nos rites sacrés... Tu le sais mieux que personne, vieux serpent rusé, la discorde est la marque de ta royauté... Notre seul point de ralliement est la haine implacable que nous avons vouée aux mortels. Il est vrai que cela ne nous empêche pas de les appeler nos plus chers amis[1]... »

L'exemplarité de Lucifer se retourne contre lui, puisqu'elle se fonde sur la désobéissance. En disant à sa suite : *Je ne servirai pas,* on le sert tout autant qu'on le dessert. Chacun est d'autant plus son esclave qu'il se croit le seul maître. Quand on désobéit à Dieu, on lui obéit. Quand on lui désobéit, on suit encore son exemple, quand même ce serait « à son grand dam », littéralement. Il en a mal pour lui-même, mais il est satisfait contre Dieu. De toute façon, ce qui le met en plaisir ne peut que le faire par ailleurs souffrir. Aussi le Père Bonino a-t-il raison d'écrire : « Il a préféré rester le premier dans un ordre inférieur que devenir un parmi d'autres dans un ordre supérieur[2]. » L'homme qui pèche, comme le disait saint Bernard, devient son sujet : en perdant cette grâce qui l'élève au-dessus de sa nature, il tombe au-dessous de la nature angélique, même viciée. Mais ne dire que cela, c'est perdre de vue ce qui fait la fascination du mal, c'est-à-dire ce « bien négatif » que le péché fournit à n'importe qui. Car si je le choisis résolument, ce n'est certainement pas parce que je veux être sujet de Satan. Derrière cette sujétion, il y a autre chose, comme une espèce de démocratie, disons de libération, serait-elle une chute dans le vide : « Chacun est le maître ici », dit Baal-Zéboub.

1. Sainte Thérèse de l'Enfant-Jésus et de la Sainte-Face, *Théâtre au Carmel,* Cerf-DDB, 1985, p. 252.
2. Serge-Thomas Bonino, *op. cit.,* p. 211.

Pour saisir cette situation, il faut penser le péché de manière métaphysique. Dieu est Cause première de l'être. L'action bonne, c'est-à-dire s'épanouissant dans sa plénitude d'être, nous l'accomplissons donc avec lui, sous sa motion foncière. Par contre, à l'action mauvaise, c'est-à-dire déviée par un manque d'être, le Créateur confère sa part de positivité, mais sa part de négativité, proprement peccamineuse, ne procède que de moi seul, créature tirée du néant, et capable de néantiser l'influx de l'être en moi. Par exemple, la force de mes bras se fonde ultimement sur la bonté du Créateur qui veut que je m'en serve pour aider le pauvre ; mais si je les emploie pour l'égorger, je dévie l'élan de cette force, je ruine son épanouissement en communion (avec Dieu comme avec le prochain), c'est-à-dire en une existence plus dilatée. Et cette déviation, je ne la dois qu'à moi-même. Voilà la délectation que procure le mal : je ne puis être cause première de l'être, mais je peux être cause première du néant. Plutôt que d'être fils dans cet univers à la fois le plus tragique et le plus joyeux, je préfère trôner seul sur un monde factice. Ainsi quand je me sens lésé, que j'accuse les autres et refuse de me réconcilier : je souffre et ne parviens qu'à aigrir ma blessure, mais je jouis de me trouver au centre d'un petit monde illusoire où je me dresse comme le juge suprême. Cela implique sans doute, de par ma nature, une certaine inféodation au diable. Mais même si ce dernier m'a tenté, moi seul suis formellement responsable de la faute (si elle ne procédait pas de ma volonté, je ne serais pas coupable), et il ne peut me retirer cet étroit plaisir de régner sur mes chimères.

Ainsi, en enfer chacun prie de son côté, par soi seul, d'une prière qui prétend savoir exactement ce qu'il lui faut. Et quand on y prie pour les autres (pourquoi pas ?), c'est tels qu'on se les représente et pour leur obtenir le bien qu'on leur a décidé par-devers soi - par exemple loger dans des porcs... Mais il arrive aussi qu'on y prie tous ensemble si c'est pour repousser une offensive du Saint. La liturgie démoniaque est tantôt massive tantôt dispersée. Quand il y est question de s'opposer au Verbe fait Juif, c'est une envoûtante cérémonie de Nuremberg. Quand il s'agit de convoiter son propre bien, c'est une formidable cacophonie. Pulvérisation libertaire dans l'amour-propre, solidification totalitaire dans la haine de Dieu. Impersonnelle orgie en marche, concurrence féroce des individus. Telle est la pulsation infernale.

Jésus contre l'apologétique ?

La foi des démons est-elle une possibilité humaine ? Un homme, par sa seule intelligence face aux miracles ou à la doctrine du Messie, peut-il acquérir la même certitude que les esprits impurs de Capharnaüm ou de Gérasa ? Cette question est décisive. Elle pourrait se rattacher au conflit qui opposa Protestants et Jésuites, disons Luther et Molina.

Le pessimisme de Luther lui fait concevoir l'intelligence humaine comme ruinée : la foi pour nous est pur don de la grâce, et correspond, comme le développera plus tard un Kierkegaard, à un saut dans l'absurde. Aucun argument rationnel, aucun motif de crédibilité ne sauraient étayer l'acte de foi. L'humanisme de Molina le conduit, à l'inverse, à concevoir la foi théologale comme en pure continuité avec la raison : on peut démontrer la crédibilité du christianisme, et produire, comme au terme d'un cours magistral, un acte de foi naturel, raisonnable, que la grâce pourra rendre salutaire. D'un côté, *credo quia absurdum* ; de l'autre, *credo quia rationale.* Ce qui implique deux postures contraires dans l'annonce de la foi : pour le luthérien, les harangues de la prédication et la *sola scriptura* ; pour le moliniste, les démonstrations de l'apologétique et la *prima ratio.*

Or, dans les deux cas, il y a erreur sur les rapports de la nature et de la grâce. Le premier déclare une violente rupture, le second suppose une continuité nivelante, et le diable, comme toujours dans les oppositions stériles, peut se frotter les ailes. La position pessimiste fait de la foi un acte si séparé de l'ordre rationnel, que cette foi tend à devenir aveugle, et rognant peu à peu sur les dogmes, à adorer une Église sans visibilité, un Christ sans objectivité, un Dieu sans visage, modulable au gré de ses caprices. La position humaniste est toutefois plus dangereuse encore : la foi qu'entend produire son apologétique n'est rien d'autre que la foi des démons. On y adhère à la Révélation comme à un fait extérieur, avec son intelligence seulement, et non avec son cœur. Mais ni l'un ni l'autre ne correspondent à la réalité de l'homme. Celui-ci use toujours de sa raison, même dans le domaine de la foi. Mais cette raison ne suffit pas à le rendre croyant en Jésus, même devant de réels motifs de crédibilité. Autrement dit, les motifs de crédibilité sont suffisants pour que l'intelligence donne son assentiment sans que ce soit absurde ; mais ils sont insuffisants pour produire une adhésion forcée, comme, par exemple, devant l'évidence du théorème de Pythagore. Pour que l'assentiment ait lieu, il faut, sous l'impulsion de la grâce, un acte libre et personnel de la volonté.

Ainsi les mêmes miracles, les mêmes paroles suffisent à forcer l'intelligence de l'ange, mais ne suffisent pas à contraindre celles de l'homme. Et pourquoi donc ? Du côté du sujet, cela s'explique aisément : l'intelligence angélique est incomparablement plus perspicace que la nôtre. Mais du côté de l'objet ? Pourquoi Dieu n'a-t-il pas voulu produire pour nous des signes assez forts ? Pourquoi, au moment de la consécration eucharistique, le ciel ne s'ouvre-t-il pas pour faire descendre visiblement Jésus ? Pourquoi la parole de chaque prédicateur n'est-elle pas accompagnée de flammes qui jaillissent de sa bouche ? Et pourquoi le nez de l'hérétique ne s'allonge-t-il pas comme celui de Pinocchio ? Les choses ne seraient-elles pas mieux ainsi ? Et cela ne vaut pas que pour l'ordre de la Révélation, cela vaut aussi pour l'ordre de la nature. Sans doute que la lumière naturelle de notre raison est capable, à partir des choses d'ici-bas, de remonter vers la nécessité d'une Cause première et parvenir à une preuve de l'existence de Dieu. Mais cette preuve n'est pas immédiate et les préoccupations de cette vie, les faiblesses de notre réflexion, les méandres de notre cœur nous en détournent si facilement... Dieu n'aurait-il pas pu nous implanter une oreillette qui répercute sa parole en direct, sonore et convaincante ? N'aurait-il pas pu mieux signer ses œuvres, comme un artiste en vue, afin de faire monter sa cote ? Un petit mot écrit dans chaque fleur (ce qui impliquerait que leur beauté ne suffit pas). Ou du moins un murmure de consolation à chaque fois que l'on souffre et qui nous affirme l'enveloppante tendresse de l'Éternel non point par les pages d'un livre, non plus par la voix d'un rabbin et pas davantage par le sacrement qu'administre un prêtre, mais par vous, Seigneur – aussi évident que l'eau mouille – manifestement par vous ! Combien de guerres de religion évitées ! Combien d'erreurs rendues impossibles ! Pas d'antichristianisme. Pas d'athéisme non plus. Du moins au plan spéculatif. Car au plan pratique…

Nous touchons ici à la condition de possibilité objective de l'incroyance athée ou antichrétienne. Elle relève de cette insuffisance intellectuelle des signes fournis par Dieu. Ceux-ci ne sont pas absolument obscurs. Mais ils ne sont pas assez clairs. Devraient-ils l'être davantage ? Y a-t-il une faute du côté de Dieu ? C'est ce type de signe éblouissant que voulaient encore les grands prêtres au pied de la Croix. Leur raillerie était une requête ; leur incrédulité, une foi sous condition du miracle ultime. J'imagine l'angoisse qui oppresse leur âme à cet instant : « Et si nous nous étions trompés ? Et si celui-là était le Messie pour de bon ? » Alors, pour ne pas perdre la face, ils passent cette prière en contrebande, sous le manteau de la moquerie : *Il en a sauvé d'autres et il ne peut se sauver lui-même ! C'est le roi d'Israël : qu'il descende maintenant de la croix et nous croirons en lui ! Il a mis sa confiance en Dieu ; que Dieu le délivre maintenant, s'il l'aime ! Car il a dit : « Je suis le Fils de Dieu. »* (Mt 27, 42-43). Je ne peux pas entendre ces paroles sans un coup au cœur. C'est la plainte de tous ceux qui vacillent et demandent à Dieu plus de visibilité. Mais ce plus ne serait-il pas un moins ? Si Jésus était descendu de sa Croix pour prouver irréfutablement sa divinité, quelle foi aurions-nous, avec notre bassesse, sinon du démon qui adore ?

Pourquoi Dieu se cache

Tout au long de l'Évangile selon Marc, nous l'avons entrevu plus haut, le Christ exige que l'on taise des exclamations qui déclarent son identité, et que l'on cache des miracles qui attestent sa puissance. S'il réduit au silence les démons qui le désignent comme Fils de Dieu, il avertit *sévèrement* le lépreux qu'il guérit d'une touche : *Attention, ne dis rien à personne, mais va te montrer au prêtre. Et donne pour ta purification ce que Moïse prescrit dans la Loi.* Par là, Jésus signifie sans doute que sa mission est un accomplissement, non un dépassement de la religion juive. Mais cet appel à la discrétion reste étrange. Le lépreux ne parvient pas à tenir sa langue, il répand la nouvelle, *de sorte qu'il n'était plus possible à Jésus d'entrer ouvertement dans une ville. Il était obligé d'éviter les lieux habités, mais de partout on venait à lui* (Mc 1, 44-45). Voilà une assertion folle : il *ne peut plus* entrer ouvertement là même où il serait accueilli avec le plus de succès ! De même, après la résurrection de la fille de Jaïre, chef de synagogue, il *recommande avec insistance que personne ne le sache* (Mc 5, 42). Ne fait-il pas entrave à sa propre révélation ? Et au peuple élu lui-même ! Une opération de publicité plus judicieuse, avec des signes bien sentis, n'aurait-elle pas évité cette blessure de l'histoire qui passe par ma propre famille ? Mais après chaque multiplication des pains, Jésus se fait fuyant : il file illico dans une barque, met entre lui et les autres la barrière de l'eau. Quand ce n'est pas la barrière du rocher : *Les hommes, à la vue du signe qu'il avait accompli, disaient : « C'est vraiment lui le Prophète, celui qui vient dans le monde. » Alors Jésus, sachant qu'ils allaient venir et l'attraper pour le faire roi, se retira de nouveau dans la montagne, tout seul* (Jn 6, 14-15). Quelle occasion manquée ! Combien de catholiques travaillent pour que se réalise le Règne social du Christ, et voilà que celui-ci, en son temps, le refuse ! À quoi donc est-ce qu'il joue ?

Du moins ne saurait-on douter de son innocence : en Dieu, pas d'amusement pervers, de manipulation par « je-t'aime-moi-non-plus », de plaisir pris au supplice de Tantale. Son secret n'est pas cachotterie, de même que son annonce n'est pas exhibition. Il faut donc tenir le paradoxe : cette réticence est une parole. Loin d'étouffer la proclamation, elle la déploie en profondeur. Loin de rejeter son Règne (chaque Notre Père en demande l'avènement), elle l'affirme, mais comme un Règne d'amour, non de force, comme un Royaume pour les misérables qui ont besoin de Miséricorde, et non comme une Monarchie où tous sont fascinés par le spectacle de la performance.

D'une part, du côté de l'objet de la foi, cette réticence empêche le malentendu sur la mission du Christ, qui est une mission d'humilité. Ses miracles peuvent le faire prendre pour un thaumaturge. Ayant à manifester quelque chose de sa puissance divine, ils risquent d'offusquer quelque chose de son divin amour. Or, une fascination devant le Prophète aux cent tours rendrait d'autant plus inadmissible le chemin de sa Passion. La mésaventure d'Hérode le prouve. Il a entendu parler des prodiges, aussi, quand on lui amène Jésus arrêté, il il éprouve *une grande joie* de le voir, *espère qu'il lui montrera une merveille.* Le père avait ordonné le massacre des innocents, le fils espère de l'Innocent un miracle. Mais l'Innocent ne lui répondant rien et se voulant aussi désarmé que ces petits autrefois tués par son père, il finit par se moquer de lui, l'habille d'un manteau comique et le renvoie à Pilate. Plus on réduit le Christ à un faiseur de miracles, moins on peut le reconnaître comme Sauveur sur la Croix. Plus on l'exalte en Roi temporel, comme au jour des Rameaux, moins on le supporte en agneau à l'abattoir, si bien que ceux qui l'avaient acclamé lors de son entrée à Jérusalem se mettent à le huer lors de sa sortie vers le Golgotha. Enfin, que Pierre veuille pour son Maître la couronne d'or plutôt que d'épines, il est qualifié de Satan. Car le Maître n'est pas un Führer. Il va contre la volonté de puissance. Il ne veut pas être un modèle de *struggle for life* et de survie du plus fort, mais d'attention au petit et de *mercy for all*.

D'autre part, du côté du sujet de la foi, cette réticence met une entrave à ce que l'Annonce soit reçue comme une science plutôt que comme une vie. Avec la Révélation, il ne s'agit pas d'une doctrine à transmettre, mais d'une Alliance à consommer. Pour ce qui est de la doctrine, du système de valeurs que contiendrait le christianisme, les démons sont incollables ; pour ce qui est de l'Alliance, ils ne veulent rien savoir. Aussi est-ce leur dada que d'en effacer le mystère nuptial pour la réduire à un moralisme (ou un immoralisme, d'ailleurs), à une dogmatique inerte (ou à un pragmatisme pur), pourvu qu'il ne s'agisse pas d'une rencontre. C'est pourquoi Jésus se révèle à travers un secret : il ne vient pas proposer une théorie parfaite mais extérieure à nos cœurs ; il ne veut pas d'un savoir si éclatant qu'il nous captiverait comme des papillons sur l'ampoule. Nul ne doit l'accueillir comme un sage plus que comme un ami – là est la sagesse la plus haute, enflammée par l'amour. Voilà pourquoi il se laisse chercher. L'Alliance de l'Éternel avec une âme exige ce désir et cette intimité personnelle de la chambre des noces. Le don de la Révélation ne va donc jamais sans un certain retrait, une certaine pudeur. Jésus pouvait faire descendre des armées d'anges plus efficaces que nos meilleurs experts en marketing opérationnel. Mais il n'est pas le Séducteur, justement. On peut forcer une adhésion intellectuelle. On ne peut pas forcer un cœur.

Les signes qu'il donne respectent donc notre intelligence. Ils la préservent du viol de l'absurde, mais ils la protègent aussi contre la violence de la gloire. Si, pour nous, ils ne produisent pas d'évidences si éblouissantes qu'elles nous contraindraient en esclaves, c'est qu'il veut nous libérer en frères. Par cette pénombre, il mendie le surcroît d'un libre consentement. Sa puissance aurait certes pu faire qu'à chaque eucharistie une colonne de feu embrase l'autel, mais qu'en aurait-il été de cette pénombre amoureuse ? Notre adoration eût été extérieure, contrainte, servile, alors qu'en venant sous des espèces pauvres, Dieu nous donne de lui donner notre confiance, Il nous mendie l'amour qu'Il nous insuffle en secret et Il nous entraîne à nous tourner vers les pauvres à notre tour. *Lui, le riche, il s'est fait pauvre à cause de vous, afin de vous enrichir par sa pauvreté* (2 Co 8, 9).

Pascal est le penseur de cette pauvreté qui est notre richesse, de ce retrait qui est un don, de cette obscurité qui permet une lumière plus intime. Il répète sans cesse que cette obscurité des signes et des prophéties ne peut être reprochée à la Révélation. Contre ceux qui regrettent : « Ah ! si Michée ou Isaïe nous avait fourni par avance une indubitable fiche signalétique du Messie », Pascal observe qu'Isaïe et Michée disent précisément qu'il entre dans la vocation messianique de souffrir la méprise : « Que disent les prophètes ? Qu'il sera évidemment Dieu ? Non, mais qu'il est un Dieu véritablement caché, qu'il sera méconnu, qu'on ne pensera point que ce soit lui, qu'il sera une pierre d'achoppement, à laquelle plusieurs se heurteront, etc. Qu'on ne nous reproche donc plus le manque de clarté, puisque nous en faisons profession[1]. » Quoiqu'il ne parle pas de la foi des démons, Pascal laisse entendre que la raison ultime de cette ombre est de nous arracher à leurs ténèbres : « Dieu veut plus disposer la volonté que l'esprit ; la clarté parfaite servirait à l'esprit et nuirait à la volonté. Abaisser la superbe[2]. » Dans un autre fragment il précise : « S'il n'y avait point d'obscurité, l'homme ne sentirait pas sa corruption ; s'il n'y avait point de lumière, l'homme n'espérerait point de remède. Ainsi, il est non seulement juste, mais utile pour nous, que Dieu soit caché en partie, et découvert en partie, puisqu'il est également dangereux à l'homme de connaître Dieu sans connaître sa misère, et de connaître sa misère sans connaître Dieu[3]. » Le Seigneur nous mesure la clarté de ses signes afin de nous préserver de la superbe la plus noire. Dire non dans la lumière est plus ténébreux que le dire dans la pénombre ; mais aussi, dire oui dans la pénombre est plus méritoire que de le dire dans la lumière. Cette demi-obscurité de sa Révélation pour nous, d'un côté nous préserve d'une foi absolument démoniaque, acquise dans l'orgueil ; de l'autre, elle nous fait éprouver notre misère – que notre prière ne soit pas une pose ni un morceau de bravoure, mais un abandon et un cri ; enfin nous rend participants de l'Amour divin, où la gauche ignore ce que fait la droite – où Dieu donne sans se faire voir, et sa Créature rend grâce sans y être forcée.

Mais il est un quatrième motif, découlant des trois autres, qui rend cette ombre bénie : si chacun était un

1. Pascal, *Pensées*, éd. Le Guern, § 213.
2. *Ibid.*, § 219.
3. *Ibid.*, § 416.

« voyant », le Christ n'aurait pas de Corps, je veux dire de Corps mystique. Nous n'aurions pas à le rencontrer l'un par l'autre. Nous ne serions pas membres les uns des autres. En ne se révélant pas immédiatement, Dieu laisse la place à la médiation de ses créatures. Qu'il s'agisse d'une pivoine ou d'un tigre, d'un clochard ou de l'archevêque, chacun dans son ordre, il leur accorde la dignité d'être ses porte-parole, sa voix qui crie dans le désert. Ainsi nous ne pouvons pas aller vers lui sans aller vers les autres, en sorte que sa sainte pudeur n'est pas que pour notre alliance avec lui seul, séparément, mais pour que cette alliance nous oblige à nous accueillir dans une communion, chacun étant pour l'autre le témoin du mystère.

Par cette disposition miséricordieuse, l'Éternel prend un risque : l'athéisme ou l'achristianisme ou l'hérésie deviennent possibles. Mais cette incrédulité des hommes irait-elle jusqu'à en faire des persécuteurs demeure moins grave que la foi sans faille des démons. Elle a l'excuse de l'ignorance. Elle est due à la lourdeur de notre raison et à la résistance de nos cœurs. Mais c'est de cœur, au moins, qu'il est question. La foi des démons est due à la célérité de leur intelligence, et le cœur n'y est pas, n'y sera jamais. Entre la méconnaissance de celui qui garde son cœur ouvrable et la certitude de celui qui l'a pour jamais fermé, la seconde est infiniment pire.

Dieu se cache donc assez pour que l'homme le cherche avec désir, et le cherche à travers ses frères, c'est-à-dire aussi bien dans sa belle-mère que dans un rouge-gorge. Pour ouvrir son attention aux petites choses. Pour lui donner l'espace de risquer son propre pas. Que, par rapport à son intelligence, sa volonté ne soit pas dans un retard fatal. Cette pensée que la réserve est ici le lieu d'une offrande n'est pas éloignée du *tsimtsoum* de la mystique juive : Dieu crée le monde comme l'océan fait apparaître la terre, en se retirant. Elle trouve sa plus belle expression dans cette histoire d'un petit-fils et de son grand-père, le Rabbi Baroukh, lui-même petit-fils du Baal-Shem-Tov : « Yehiel, le petit-fils de Rabbi Baroukh, jouait un jour à cache-cache avec un autre petit garçon. Il se trouva une fameuse cachette, s'y fourra et attendit que son camarade vînt l'y découvrir. Mais ayant longuement attendu, il finit par s'en extraire et ne vit nulle part son petit camarade. Il s'aperçut alors que l'autre ne l'avait nullement cherché et ce furent des larmes et des larmes. L'enfant courut, toujours sanglotant, vers son grand-père pour se plaindre à grands cris du mauvais camarade, de ce méchant garçon qui n'avait pas voulu le chercher quand il était si bien caché ! Et c'est à grand-peine que le Tsaddik parvint lui-même à retenir ses larmes : — C'est exactement aussi ce que dit Dieu, dit-il, "Je me cache, et personne ne veut me chercher"[1]. »

À quoi Dieu joue ? Il joue à cache-cache. Peut-être est-ce un sens de l'essentielle parole : *Amen, je vous le dis, celui qui n'accueille pas le Royaume de Dieu comme un petit enfant, sûr qu'il n'y entrera pas !* (Mc 10, 15). Dieu nous donne juste ce qu'il faut de signes pour que nous voyions bien qu'il est invisible. Ainsi pouvons-nous avec lui jouer à ce cache-cache à la fois tragique et espiègle comme la musique juive : son esprit d'enfance nous préserve de l'esprit impur.

---

1. Martin Buber, *Récits hassidiques,* trad. Armel Guerne, Éditions du Rocher, 1978, p. 157-158.

DEUXIÈME PARTIE

NOTRE PÈRE DU MENSONGE

ou comment la foi des démons féconde les erreurs des hommes

Comme telle, la foi des démons nous est inaccessible. Trop faible est notre raison. Trop mobile notre cœur. Ils s'efforcent donc de nous pousser vers des équivalents divers. Puisqu'ils ne peuvent profiter de notre volonté et de notre intelligence, ils profiteront de notre ignorance et de notre faiblesse. Angélisme sot, bestialité en bas de soie, athéisme aveugle et sourd, religion dure et criarde, ils nous taillent une perversité à notre mesure. Ils cherchent à nous guérir, ces bienfaiteurs, des brûlures du Feu dévorant. Grégoire le Grand rapporte la rencontre de saint Benoît et d'un de ces spirituels, Purgon : « L'homme de Dieu se rendait un jour à l'oratoire Saint-Jean situé au sommet de la montagne. L'antique ennemi vint à sa rencontre sous les traits d'un vétérinaire qui portait cornue et trépied. "Où vas-tu ?" demanda le saint. Le diable répondit : "Je vais chez tes frères, leur donner la médecine[1]." » Benoît étant saint

1. *La Vie et la Règle de saint Benoît,* trad. E. de Solms, Téqui, 1994, p. 111.

patron de l'Europe, on peut en inférer combien cette médecine a pu s'appliquer – s'applique encore – au Vieux Continent…

C'est la part de vérité que contiennent les très fausses théories du complot. Elles prétendent localiser ultimement le mal dans les ourdissages secrets, avérés ou imaginaires, de quelque communauté humaine : Protocoles des sages de Sion ou Franc-maçonnerie, Opus Dei ou Al-Qaïda… Quelle candeur ! Elles oublient de remonter à une conspiration plus secrète encore et plus tentaculaire, c'est-à-dire angélique. Une conspiration qui sait jouer des factions opposées, coordonner pour la destruction les entités les plus contraires : le progressisme et l'intégrisme, le capitalisme et le communisme, le satanisme brut et l'irénisme mièvre, telle armada démocratique et telle organisation islamisante, l'américanisme belliqueux et l'anti-américanisme pacifiste, les pro-IVG militants et les *pro-Life* féroces… Des accords sont passés par-dessus les têtes des hommes qui se haïssent. Des guerres sont déclarées par-dessous les cœurs qui se flagornent. L'essentiel, pour cette conspiration à la fois plus haute et plus basse, c'est de cultiver la haine aussi bien que les complaisances qui pourvoient à la damnation.

Cela ne retire pas leur responsabilité aux hommes. Cela nous retient seulement de leur imputer une responsabilité si originelle, et certaine, et irrévocable, que nous pourrions ne plus nous sentir responsables de leur repentir et du nôtre. Car c'est la propension des temps qui ne croient plus au diable que de diaboliser n'importe qui sans peine et de dresser des bûchers flambant neufs au nom de l'humanité. Nous nous imaginons que ce sale type et sa méchante idéologie mis hors d'état de nuire, nous en aurons fini pour jamais avec le crime. Mais voici : nous découvrons à nos dépens qu'avec la zizanie nous avons arraché le bon grain, et pour n'avoir pas mené aussi le *djihad* contre notre propre malignité, nous l'avons laissée nous envahir. Plutôt que le juste équilibre de la balance, nous favorisons le retour de balancier. Et plutôt que le combat contre le véritable « empire du mal », nous promouvons des paix léonines et des guerres injustes. La moindre attention devrait pourtant le faire sauter à nos yeux : nos bêtises qui s'opposent, s'orchestrent selon une intelligence qui nous dépasse ; nos bassesses qui se cajolent, contribuent à une horreur qui nous anéantit.

Comprendre le concert infernal de nos erreurs et de nos rages contraires, c'est essayer de ne plus contrecarrer ni l'excès par le défaut, ni la séparation par la confusion, ni la paille dans l'œil d'autrui par la poutre dans le sien. Non pas se couler dans une prudence si précautionneuse qu'elle tourne à la démission, mais s'efforcer vers une mission à la fois plus pugnace et plus miséricordieuse. Plus pugnace, parce que, à la suite de Paul, il s'agit de *faire du pugilat sans frapper dans le vide* (1 Co 9, 27). Plus miséricordieuse, parce que, comme l'explique saint Augustin, il n'y a que les ennemis angéliques qui soient sûrement et définitivement ennemis. Pour ce qui est des hommes, écrit-il, « que [la famille rachetée de Dieu] se souvienne que ses ennemis cachent dans leurs rangs plusieurs de ses futurs concitoyens, de peur qu'elle ne croie stérile à leur égard la patience de les supporter comme ennemis, en attendant la joie de les recevoir comme confesseurs ! Qu'elle se souvienne aussi que pendant son pèlerinage en ce monde, plusieurs lui sont unis par la communion des sacrements qui ne lui seront pas associés dans l'éternelle félicité des saints[1]. »

Inutile de dire que ces derniers participent davantage du complot le plus obscur, puisqu'ils manœuvrent au sein même de la lumière. La conspiration la plus occulte n'est pas celle qui opère à l'extérieur, mais au milieu de nous. Qui sait, dès lors, si nous ne sommes pas ses plus insidieux instruments ? Moi-même, je ne me soupçonne pas trop. L'Ennemi ne saurait mieux faire, par conséquent, que de me prendre petit à petit, presque à mon insu, pour son secret agent… On comprend pourquoi le dernier office monastique, avant le grand silence de nuit, répète cette exhortation de Pierre : *Soyez sobres, veillez. Votre adversaire, le diable, tourne à l'entour comme un lion rugissant, cherchant qui engloutir. Résistez-lui, fermes dans la foi, sachant que les mêmes souffrances sont imposées à vos frères dans le monde* (1 P 5, 8). Il est dommage que, dans le bréviaire, la citation soit tronquée avant la fin de la phrase (cette fin fut-elle dévorée par le lion en question ?). Car elle le dit admirablement : par rapport à l'instrumentalisation diabolique, l'opposition entre ceux qui sont dans le monde et ceux qui en sont retirés ne joue plus, si bien qu'à travers la lutte contre cette instrumentalisation, se déploie une fraternité plus large.

1. Saint Augustin, *La Cité de Dieu*, L. I, c. XXXV, trad. L. Moreau, Éd. du Seuil, coll. « Points-Sagesses », 1994, p. 74.

PREMIÈRE LEÇON

Extension du domaine de la lutte

Celui-là était homicide dès l'origine, et dans la vérité il ne s'est pas tenu, parce qu'il n'y a pas de vérité en lui. Quand il profère le « pseudo », *il puise dans son propre fonds. Parce qu'il est menteur et son père.*

Jn 8, 44.

La tentation au Jardin

« C'est pas moi qui ai commencé ! » Voilà devant son censeur comment le petit enfant se justifie. Et le vieux terroriste ne fait pas mieux. Avec un tel argument, on le sait, la bonne conscience peut perpétrer des génocides. Après tout, qui peut dire qu'il n'a rien auparavant subi, qu'il n'est en rien l'offensé, qu'il n'a pas souffert avant de faire souffrir ? L'agression la plus manifeste peut donc arguer de la légitime défense. Et les bourreaux se concurrencent sous prétexte qu'ils furent d'abord, plus que les autres, victimes. À qui cela profite-t-il le plus ? À celui qui, pour le mal, commença pour de bon.

Bien avant les tentations au désert, il y eut la tentation au Jardin. Dans l'Éden, le Serpent commence (de ce commencement qui est, en vérité, une manière d'en finir). Après quoi, commence aussi pour nous la mauvaise foi. L'homme : « C'est pas moi qui ai commencé, Seigneur, *c'est la femme que tu as mise auprès de moi !* » La femme : « C'est pas moi qui ai commencé, Seigneur, *c'est le serpent qui m'a séduite !* » Ève est plus près de la vérité qu'Adam. Aussi la réponse de ce dernier, plus évasive, signifie de sa part une faute redoublée : après avoir désobéi à Dieu, il rejette son péché sur sa voisine. Mais l'épouse fait aussi comme si la séduction ne lui avait laissé aucune liberté. Tels sont nos premiers mensonges.

Comment en sommes-nous arrivés là ? Autant relire le passage toujours inouï de la première séduction. Originelle, elle doit avoir quelque chose de structurel. Voir comment le rusé s'y est pris avec la femme, c'est voir aussi comment il s'y prend avec nous, et comment nous nous laissons piéger tout bêtement parce que nous prétendons lui répondre par nous-mêmes. On se souvient de l'épître de Jude, citant le livre de Zacharie : *L'ange du Seigneur dit au Satan : « Que le Seigneur te réprime ! »* (Za 3, 2). N'est-ce pas ainsi que la femme aurait dû répondre au serpent, en l'envoyant au diable, c'est-à-dire en se recommandant à Dieu ? Mais non, elle veut avoir l'initiative, et ce qu'elle donne au lieu d'une réponse, c'est une réplique. Voilà d'emblée le premier faux pas et la racine du paradisiaque déracinement.

Une parole de Jésus nous en avertit dans l'Évangile selon Jean. Mais cette parole est rarement traduite avec son ambivalence significative. Jésus y renvoie explicitement à la faute originelle. Il parle de celui qui fut *homicide dès l'origine*. Et il le qualifie de cette étrange manière (je traduis le plus littéralement possible) : *Quand il dit le mensonge, c'est à partir de ce qui lui est propre qu'il dit, parce que menteur il est et le père de lui* (Jn 8, 44). Ce « lui » dont il est le père (*pater autou*), c'est à « mensonge » qu'en général les traducteurs le rapportent : le diable est « menteur et père du mensonge ». Mais ce mensonge – quel étonnement ! – le verset nous dit qu'il correspond à la sincérité la plus grande. Que veut dire, en effet, « parler à partir de son propre fonds » (*ek tôn idiôn*), sinon « être sincère » ? La sincérité consiste à dire ce que l'on pense, c'est-à-dire ce qu'on a au fond de soi. Plus spécifiquement ici, à dire ce que l'on pense par soi-même. Ainsi le menteur par excellence peut-il être le sincère par principe. Il ne se contente pas de dire le faux. Il *est* faux, quand bien même il lui prendrait de dire la vérité. Et quelle est l'essence de cette fausseté ? Une sincérité absolue qui réfère ultimement la vérité à soi, plutôt qu'à la Vérité même. C'est en ce sens qu'il faut lire l'expression « père de lui ». Le génitif ne se rapporte pas à « mensonge », mais à « menteur ». Le diable est père du menteur qu'il est. Ce qui qualifie radicalement son mal, c'est très exactement cette prétention à être *père de soi-même* plutôt que fils de Dieu, à parler à partir de son propre fonds plutôt qu'à partir de la Parole.

Pour le dire autrement : Satan aime le don de soi. Tel est son orgueil le plus subtil : le don de soi jusqu'à vouloir donner sans avoir reçu, jusqu'à parler sans avoir écouté, mais à partir de ce qui ne viendrait que de soi seul, et n'importe si, par voie de conséquence, on ne donne que le néant. Or la femme, en écoutant le serpent, tombe tout droit dans ce travers. Elle veut se défendre *ek tôn idiôn*, par elle-même, seule comme une grande, sans Dieu ni prochain (pourquoi n'en appelle-t-elle pas non plus à Adam ?), et c'est ainsi qu'elle se laisse atteindre.

Mais détaillons le procès de cette atteinte en reprenant le double monologue (il ne peut s'agir d'un dialogue véritable) qui frappe les trois coups de toutes les tragédies à venir : *Le serpent était le plus rusé de tous les animaux des champs que IHVH Élohim avait faits. Il dit à la femme : « En plus, Élohim a dit : "Vous ne mangerez d'aucun arbre du jardin" ? » La femme dit au serpent : « Nous pouvons manger du fruit des arbres du jardin. Mais du fruit de l'arbre au milieu du jardin, Élohim a dit : "Vous n'en mangerez pas et vous n'y toucherez pas, sinon vous mourrez." » Le serpent dit à la femme : « Mourir, vous ne mourrez pas ! Mais Élohim sait que, le jour où vous en mangerez, vos yeux s'ouvriront et vous serez comme Élohim, qui savent le bien et le mal. » La femme vit que l'arbre était bon à manger et agréable à voir, et désirable, cet arbre, pour acquérir la clairvoyance. Elle prit de son fruit et mangea. Elle en donna aussi à l'homme, qui était avec elle, et il mangea* (Gn 3, 1-6).

Le serpent est « le plus rusé », d'un adjectif qui peut se lire aussi comme « le plus nu ». Ce double sens fait image, dirait le poète : on voit dans ce seul terme le reptile sinueux et qui souvent change de peau. Mais quelle est cette rouerie qui est aussi dénuement ? L'intelligence séparée de la grâce, dirait le théologien. S'il sait faire avec virtuosité des entrechats et des ronds de jambe, enfin s'il est flexueux et contractile, le serpent cependant n'est jamais gracieux. Le fait qu'il soit rangé parmi les animaux des « champs » peut en donner confirmation : même s'il fut fait par « IHVH Élohim », il vient d'abord des « champs », non pas de la terre vierge, telle que gracieusement sortie des mains de Dieu, mais de la terre travaillée, transformée par quelque artifice. Le premier mot du serpent explicite cette obsession industrieuse : *En plus (af)*. Avec lui, nous sommes toujours du côté de l'artifice, de la surcharge, de ce plus qui est en vérité un moins, puisqu'il n'a pas été voulu par Celui qui est. Qu'est-ce, en effet, qu'un supplément qui refuse le don originaire ? Le mirage d'une oasis pour lequel on refuse la fontaine véritable. Mais le plaisir est que ce mirage, c'est moi qui le fabrique avec mon petit projecteur.

Puis vient le mensonge énorme : *Élohim a dit : « Vous ne mangerez d'aucun arbre du jardin.* » Telle est l'amorce. Sa grossièreté même trahit sa subtilité double. Première subtilité : ne manger d'aucun arbre, d'aucune nourriture matérielle, c'est le fait d'un pur esprit comme lui. Déjà s'attestent ici son mépris de la chair et son amour de la « spiritualité ». *En plus, vous ne mangerez pas,* il se peut que ces mots veuillent dire : « En gros, vous serez des anges comme moi. » Ils transpirent l'avantage d'un spiritualisme pur, loin de toute dépendance à l'égard d'un verger, loin de la bovinité de toute manducation. Voilà ce que suggère d'emblée son propos, alors même que la tentation semble prendre le chemin inverse d'un encouragement à la mangeaille. Mais n'est-il pas normal pour le démon que de savoir manier des phrases à double sens ?

La première femme, bien en chair, forcément, ne peut entendre le sous-entendu. Elle ne comprend que le sens obvie de l'affirmation, c'est-à-dire, « vous n'avez le droit de manger d'aucun arbre ». Comment le serpent peut-il avancer une chose aussi stupide ? Est-il aveugle en plus d'être sourd ? Ne voit-il pas ces lèvres encore luisantes d'une pêche ou même d'une pomme juteuse ? C'est ici sa subtilité seconde : il fait exprès d'être grossier. D'y aller avec de gros sabots champêtres. Il est si évident que l'animal raisonnable doit manger pour vivre ! Madame, en face, peut donc se trouver intelligente. Elle peut se sentir sûre d'elle-même. La Femme savante saura se défendre seule…

Sainte-Nitouche, proto-pécheresse

L'auteur de la Genèse emploie l'ironie avec une légèreté stupéfiante. La réponse qu'il met dans la bouche de la femme ressemble au commandement divin ; elle a le goût du commandement divin, mais ce n'est déjà plus le commandement divin. Elle contient une soustraction et une addition (un « en-plus » déjà du diable). La femme affronte le serpent, sans aucun doute, mais elle s'est déjà laissé entraîner sur son propre terrain : *Nous pouvons manger du fruit des arbres du jardin. Mais du fruit de l'arbre au milieu du jardin, Élohim a dit : « Vous n'en mangerez pas, etc.* » Après avoir affirmé la licence de manger de tous les arbres, elle oublie de rappeler la disponibilité centrale de l'arbre de vie, puis elle renchérit sur l'interdit qui concerne l'arbre de la connaissance. Que nous avait dit le chapitre précédent[1] ? IHVH Élohim planta *l'arbre de vie au milieu du jardin, et l'arbre de la connaissance du bien et du mal* (Gn 2, 9). L'arbre de la connaissance n'est pas exactement situé. On peut supposer qu'il pousse à côté de l'arbre de vie. Mais, absolument parlant, c'est l'arbre de vie qui se tient au milieu du jardin et non l'arbre de la connaissance, comme la femme le

1. Pour l'exégèse qui suit, ma dette la plus grande est à l'endroit du très beau livre de Jacques Cazeaux, *Le Partage de minuit : essai sur la Genèse,* Éd. du Cerf, 2006.

prétend. À moins qu'elle n'imagine que la défense porte sur l'arbre de vie ? Là se produit son premier écart de parole : de manière subreptice – rampante – le négatif devient plus central que le positif, l'interdit l'emporte sur le don de l'Éternel.

N'aurait-elle pas dû répondre au serpent exactement le contraire, sans rien ajouter d'autre : « Et nous pouvons même manger du fruit de l'arbre au milieu du jardin » ? Se focalisant sur la connaissance plutôt que sur la vie, elle paraît incliner déjà vers l'enflure du serpent, dont l'intelligence est en retard sur l'amour. Évoquant le fruit défendu au lieu du fruit offert, l'interdit au lieu du don, elle semble déjà déchoir de la mystique à la morale.

Car c'est encore pour le défendre, cet interdit, avec quel zèle ! Sans Adam, sans le Nom divin (l'invocation du Tétragramme n'est pas dans sa réplique), elle s'estime assez forte pour être le défenseur de la défense divine, l'avocate du Paraclet, l'oie blanche capable de protéger la Colombe. Et voilà le second écart : IHVH Élohim avait seulement dit : *Tu ne mangeras pas de l'arbre de la connaissance,* et la femme déclare : *Élohim a dit : « Vous n'en mangerez pas* ET VOUS N'Y TOUCHEREZ PAS*…* » Elle rajoute un interdit ! Elle se fait littéralement sainte-nitouche !

Qui fut assez mauvais lecteur et plus encore mauvais bougre pour penser que le premier péché ressortissait à la luxure ? Le *vous-n'y-toucherez-pas* le montre assez, ce péché relève plutôt d'un orgueil puritain. Si, pour beaucoup de chrétiens cette évidence passe encore inaperçue, elle est depuis toujours rappelée parmi les Juifs. Aux yeux de Rabbi Hiya, sage du Talmud, ce rajout est le premier mensonge de l'homme et son vrai point de basculement. Ainsi commente *Midrach Rabba* : « Il est écrit : *Ne rajoute rien à Ses paroles, de peur qu'Il ne te réprimande et que tu ne sois trouvé menteur* (Pr 30, 6). Rabbi Hiya a enseigné : "Ne fais pas la haie plus importante que la souche, et tu éviteras que la première en tombant arrache le plant. Le Saint, béni soit-il, avait dit 'car le jour où tu en mangeras, tu mourras', or ce n'est pas ce qu'a répété la femme, mais : 'Élohim a dit : Vous n'en mangerez pas et vous n'y toucherez pas.' Dès que le serpent vit Ève passer devant l'arbre, il la saisit et la bouscula contre ce dernier. Vois, s'écria-t-il, tu n'es pas morte ! Tu n'es pas morte en le touchant, tu ne mourras pas en le mangeant[1] !" » C'est ainsi que la sainte-nitouche se transforme en libertine. On lui montre que ce qui fait sa grande frayeur n'est pas si mauvais qu'elle se le figure. Tout son petit système s'effondre. Facile, après cela, de la précipiter dans le vide. Puisque l'interdit inventé n'avait pas lieu d'être, elle peut croire que l'interdit divin ne vaut guère mieux. Ne nous étonnons plus de voir des engoncées culbuter dans le dévergondage. Le jour où elles s'aperçoivent à raison que leur excès moralisateur est invivable, elles se mettent à juger à tort que même la vraie morale va contre la vie.

Le serpent peut donner le coup de disgrâce. Son premier argument était grossier, le second est d'un raffinement extrême. Dans le premier récit de la Création, celui des sept jours, il est parlé de l'homme à l'image et la ressemblance d'Élohim (Gn 1, 26-27). Rien de tel dans le deuxième récit, celui de l'Éden. Sinon dans la bouche bifide. Seul le serpent y parle d'être à l'image de Dieu.

---

1. *Midrach Rabba,* t. I, *Genèse Rabba,* trad. B. Maruani et A. Cohen-Arazi, Verdier, Lagrasse, 1987, p. 215.

Seul, il y propose la ressemblance attestée par Élohim lui-même dans le récit précédent : *Vous serez comme Élohim, sachant le bien et le mal.* Tandis que, dans sa première réplique, il faisait semblant de commettre une énorme erreur, il s'appuie, dans celle-ci, sur une vérité essentielle. Tout à l'heure, il disait quelque chose qui n'était point ; à présent, il invite à quelque chose qui est déjà. Tout à l'heure, il outrait le commandement négatif ; à présent, il use du commandement positif. Car Adam et sa femme savent déjà le bien et le mal, lesquels justement se distinguent à travers le respect ou le mépris de l'interdit portant sur l'arbre. Et ils sont déjà comme Élohim, par nature et par grâce, même s'ils ont le devoir de l'être davantage jusque dans la gloire.

Il est courant d'admettre que la phrase du tentateur sous-entend une jalousie, un mensonge de Yahvé : « Il vous a fait croire que vous mourrez, l'avare, c'est qu'il ne veut pas vous communiquer son bien. Aussi vous maintient-il dans une cécité d'esclave. Mangez, et vos yeux s'ouvriront. » Mais n'est-ce pas plutôt que, comme avec Jésus au désert, le diable prend la parole divine à son compte et joue seulement sur l'interprétation ? *Mourir, vous ne mourrez pas,* c'est-à-dire « vous mourrez » doit s'interpréter « vous ne mourrez pas ». En effet, Dieu est tout bon, il veut votre bien : cette mort dont il parle est un passage vers une vie plus haute. Mais il veut aussi que vous ayez l'esprit d'initiative. Il *sait que le jour où vous en mangerez, vos yeux s'ouvriront,* et vous serez enfin comme lui, avec lui… Le serpent ne peut pas pousser la femme à une transgression trop patente : la conscience de celle-ci la surprendrait en flagrant délit et retiendrait sa main. Il y va tout doucement. Il ne nie pas l'épreuve de l'arbre. Mais il en inverse le sens. Et cette manière est bien digne d'une intelligence aussi déliée que déchue. Il s'agit bien d'une séduction : la femme se réfère toujours au commandement divin, mais ce n'est plus à partir de la vivante Parole divine, c'est à partir d'elle et de l'autorité usurpée du premier glosateur, Satan. Elle désire la béatitude promise par Dieu (devenir comme Élohim), mais c'est désormais par ses propres forces, en s'imaginant que Dieu ne lui avait pas tout dit. Elle se figure peut-être même que son « vous mourrez » signifie « vous mourrez à vous-mêmes et vous entrerez dans ma Vie », tant l'orgueil est habile à se forger des prétextes d'humilité.

La suite témoigne d'une dernière série de renversements. La femme voit *que l'arbre était bon à manger et agréable à voir, et désirable, cet arbre, pour acquérir la clairvoyance.* Au chapitre évoquant la création du Jardin, les choses étaient écrites dans un ordre inverse : *IHVH Élohim fit pousser du sol tout espèce d'arbres agréables à voir et bons à manger* (Gn 2, 9). La contemplation précédait l'action. Maintenant, c'est le monde à l'envers (le « de-mon » en verlan), l'action précède la contemplation. On mange d'abord, on voit ensuite. Manger n'est pas mal en soi, ni regarder. Le mal n'est pas dans la chose, il est dans l'usage que l'on en fait, dans la priorité qu'indûment on lui accorde. Or, si l'on prend avant d'accueillir, l'action se change en prédation, et la contemplation n'est plus qu'un digestif.

Vient le comble : le mot « arbre » est répété pour nous préciser ce que la femme recherche dans sa consommation, à savoir *la clairvoyance.* Le terme est celui qu'emploiera le psalmiste pour désigner la vertu propre à celui qui cherche Élohim : *Des cieux, le Seigneur se penche pour voir s'il en est un de clairvoyant, un qui cherche Dieu*

(Ps 13, 2) ; *Donne-moi la clairvoyance, et j'observerai tes commandements* (Ps 118, 73). La femme désire encore, à l'instant même de sa faute, la clairvoyance qui fait observer les commandements de Dieu ! Il n'est pas d'ironie plus tragique. Une fois de plus, ce n'est pas la chose visée qui est mauvaise, mais la manière de l'atteindre. Le verbe employé *(laqakh)* peut se traduire par « prendre », « acquérir », « s'emparer ». Or, pour la vraie clairvoyance, qu'elle procède des oreilles d'une foi aimante, ou des yeux d'une âme béatifiée, il ne s'agit pas de prendre ni même de lâcher prise. Il s'agit de se laisser prendre par la grâce. Le même verbe se retrouve, en effet, sur les lèvres d'Abraham : *L'Éternel, le Dieu du Ciel,* M'A PRIS *de la maison de mon père et du pays de ma famille* (Gn 24, 7) Il s'entend aussi à travers le buisson ardent : *JE VOUS PRENDRAI pour mon peuple, je serai votre Dieu, et vous saurez que c'est moi, l'Éternel, votre Dieu, celui qui vous fait sortir des corvées des Égyptiens* (Ex 6, 7). Il y va d'une grâce du Seigneur contre les corvées de Pharaon : c'est la Vérité qui vient par bonté nous prendre, et non pas nous qui la prendrions par force. Parce que cette Vérité est celle de la rencontre et de la communion, non pas celle de la prouesse et de l'indépendance. Et puis, le fruit que nous parvenons à saisir par nous-mêmes n'est jamais qu'à la mesure de nos petites mains, tandis que le fruit que Dieu donne est à la mesure de son immensité. C'est la différence qu'il y a entre prendre un verre d'eau et prendre la mer.

La faute d'Adam, ou la compassion pervertie

La femme prend, mange, et elle en donne à l'homme. N'est-ce pas surprenant ? Son premier acte après la faute est un don. Non pas une avarice, mais une générosité. Don de la contamination, sans doute, générosité dégénérative, mais partage quand même. N'a-t-elle pas été créée comme son aide ? Elle vient donc à son aide encore, comme un aveugle et sourd aiderait un petit enfant à traverser. Car il est beau de donner, bien entendu, mais encore faut-il faire attention à ce que l'on donne, et veiller à ce que cela ne gâte pas et que cela ne soit pas poison.

Que nous est-il dit d'Adam ? *Il était auprès d'elle, et il mangea.* Long fut le procès de la femme avant sa chute. Celui de l'homme est immédiat. La faute de notre premier père, la faute capitale qui rejaillit sur toute sa descendance, tient dans ces quelques mots, pas même un verset, juste une demi-phrase. *Elle donna aussi à l'homme, qui était avec elle, il mangea.* Pourquoi si peu pour un tel désastre ? L'auteur sacré n'aurait-il pas dû nous en dire plus ? Il faut croire qu'il en dit assez. L'absence de développement suffit à signaler la gravité du geste : péché sans séduction préalable et donc sans excuse, pire que celui de la femme. La présence de la préposition « avec » suffit à spécifier la faute : elle concerne l'« être-avec », la communion même (il sera d'ailleurs une autre communion où il s'agira de manger pour être avec).

Que veut dire cette situation de l'homme *auprès* ou *avec* la femme ? Tout à l'heure elle était seule, et voilà maintenant qu'Adam est avec elle. Il ne s'agit pas que de voisinage, mais de conjugalité. L'union de l'homme et de la femme est l'unique sacrement de l'Éden. Leur mariage est à l'image d'Élohim, le signe sensible et agissant de la divine communion. Saint Jean ne dit-il pas que le Verbe était *auprès de Dieu* (Jn 1, 1) ? Ainsi Adam est *auprès de* son épouse. C'est par là que le Serpent va l'atteindre. Tenter directement cet Adam qui avait entendu Dieu en direct, la chose paraissait infaisable. Il disparaît donc de la scène, mais c'est pour mieux le frapper à travers sa propre côte, la chair de sa chair, l'os de ses os, jusqu'au cœur. Après avoir inversé le sens de l'épreuve, il inverse le sens de la communion. Le *sacramentum Dei* devient *instrumentum diaboli.* L'assistance mutuelle se déforme en mutuelle adulation.

L'homme, par fidélité à la femme — mais une fidélité soudain pire que tout adultère — mange ce que la femme lui donne. Ce n'est plus seulement le rapport à la Loi qui est perverti (*tu ne mangeras pas* - Gn 2, 17), c'est le rapport à l'Amour (*ils feront une seule chair* - Gn 2, 24).

De façon plus précise, alors que la femme a dévié la relation à la Vérité, l'homme dévie la relation à la Miséricorde. Car, à présent, c'est une misérable qui se tient devant lui. Sa communion avec elle doit désormais passer par une commisération : « Ma pauvrette, ma seulette, mon petit namour, que t'est-il arrivé ? Mais ne crains rien. Je prends sur moi ton malheur et je m'enfonce avec toi. » Cela ne nous rappelle-t-il pas quelque chose ? Adam aurait dû être ici l'*Agnus Dei.* Celui qui porte le péché du monde, le monde étant pour lui cette femme. Mais, au lieu de porter, il lâche, il cède, il verse dans une compassion qui tient de la complicité.

Sa pseudo-miséricorde est une caricature de la Rédemption. Adam est *avec elle,* le Seigneur est avec nous. Mais le Verbe descend dans notre chair pécheresse pour nous sortir de notre péché. Adam descend vers sa femme pécheresse pour dans son péché se complaire. Communion sans l'être, cène de ménage, eucharistie de malheur. Il prend le fruit défendu, et c'est comme s'il célébrait le don de sa souillure, comme s'il ordonnait à tous ceux qui sortiront de lui : *Prenez et mangez-en tous*… Péchons l'un après l'autre pour être proches. Comme si le péché ne repliait pas sur soi. La compassion d'Adam se regarde elle-même ; c'est une descente narcissique, une descente satisfaite de ses abaissements pour l'autre et qui oublie entre-temps que le but n'est pas de se traîner avec lui dans la boue, mais de l'en relever.

Voilà le double orgueil originel – le degré suprême de la parodie : croire que l'on peut défendre Dieu sans Dieu, croire que l'on peut sauver l'homme sans grâce. Et comment ne pas admirer la maestria avec laquelle le serpent a mené son entreprise pour ainsi dire à bien ? La séquence est comme d'une seule coulée : la feinte d'une erreur grossière provoque une riposte excessive ; la riposte, un déséquilibrage à partir de son excès ; le déséquilibrage, un renversement dans l'ordre des biens ; le renversement, une consommation ruineuse de l'arbre ; la consommation ruineuse, une compassion fausse ; la compassion fausse, une caricature achevée de l'image de Dieu. On peut dire qu'il a réussi son coup. Alors, nous-mêmes, comment pourrait-il nous rater ?

Fleurs du mal et enfer du progrès

Dans la Tentation au désert, Satan offre à Jésus *tous les royaumes du monde avec leur gloire* (Mt 4, 8), et le Seigneur ne conteste pas qu'il détient pareil empire. Celui qui est *jeté dehors* (Jn 12, 31), c'est celui que le Verbe lui-même ose nommer encore *le prince de ce monde*. Et saint Paul, à la suite du Maître, peut l'appeler sans sacrilège : *Le dieu de ce siècle* (2 Co 4, 4). Or c'est précisément parce qu'il est vaincu que le démon ne décolère pas. *Malheur à vous, la terre et la mer, car le diable est descendu chez vous, frémissant de colère et sachant que ses jours sont comptés* (Ap 12, 12). Déjà perdu, il n'a plus rien à perdre. Il a surtout à ne pas perdre de temps.

Ceux qui disent, comme une objection au christianisme, que l'Incarnation n'a pas rendu le monde meilleur devraient au moins reconnaître qu'il a permis que le monde devînt pire. L'histoire s'est accélérée, la Bonne Nouvelle a rendu possible, pour ceux qui désormais la refusent ou la confisquent, des nouvelles plus insidieuses chaque fois et chaque fois plus odieuses, croissance colossale de l'ivraie qui profite de cette terre fumée pour le bon grain. L'Apocalypse en témoigne : c'est la victoire même de l'Agneau qui *jette sur la terre l'énorme Dragon, séducteur du monde entier, et ses anges avec lui* (Ap 12, 9). *Furieux contre la Femme,* dit saint Jean, *le Dragon s'en alla guerroyer contre le reste de ses enfants, ceux qui gardent les commandements de Dieu et possèdent le témoignage de Jésus* (Ap 12, 17). À travers la Bête, il lui est donné *de mener campagne contre les saints et de les vaincre ; pouvoir sur toute race, peuple, langue et nation* (Ap 13, 7), c'est-à-dire aussi étendu que la rédemption opérée par l'Agneau, *rachetant pour Dieu, au prix de son sang, des hommes de toute race, langue, peuple et nation* (Ap 5, 9).

Cet article de foi n'est plus à la mode, même dans l'Église. Les Lumières de l'industrie l'ont renvoyé au diable vauvert. Baudelaire le devinait : un tel « remerciement » ne pouvait avoir de soubassements qu'infernaux. Le satanisme n'est pas toujours le mieux là où il se rend le plus visible, parmi des adolescents de cuir noir avec pentacles et têtes de mort : leur satyre à cornes rouge n'est jamais qu'un Père Noël de la révolte. Quand on ne croit plus à un Dieu avec barbe, il faut s'attendre à des diables sans queue. Le poète écrit dans son journal intime : « La plus belle ruse du Diable est de nous persuader qu'il n'existe pas. » Aussi la possession la plus diabolique n'est-elle pas l'hystérique, mais la sentimentale : « Voyez George Sand. Elle est surtout, et plus que toute autre chose, une *grosse bête ;* mais elle est *possédée.* C'est le Diable qui lui a persuadé de se fier à *son bon cœur* et à *son bon sens,* afin qu'elle persuadât les autres de se fier à leur bon cœur et à leur bon sens[1]. » On ne saurait mieux interpréter le péché d'Ève. Quant à celui d'Adam, Baudelaire ne l'entend pas moins : là, la plus diabolique possession n'est pas la moyenâgeuse, mais la progressiste : « Se livrer à Satan, qu'est-ce que c'est ? Quoi de plus absurde que le Progrès, puisque l'homme, comme cela est prouvé par le fait journalier, est toujours semblable et égal à l'homme, c'est-à-dire toujours à l'état sauvage. Qu'est-ce que les périls de la forêt et de la prairie auprès des chocs et des conflits quotidiens de la civilisation[2] ? » Se livrer à Satan, selon Baudelaire, c'est croire qu'on en a fini avec lui et que l'on s'en tirera bien tout seul grâce à ses bons sentiments et ses puissantes machines : « Nous périrons par où nous avons cru vivre. La mécanique nous aura tellement américanisés, le progrès aura si bien atrophié en nous la partie spirituelle, que rien parmi les rêveries sanguinaires, sacrilèges, ou anti-naturelles des utopistes ne pourra être comparé à ses résultats positifs[3]. »

---

1. Charles Baudelaire, *Mon cœur mis à nu,* XVI, *Œuvres complètes,* Robert Laffont, coll. « Bouquins », 1980, p. 411.
2. *Fusées,* XIV, *op. cit.,* p. 397.
3. *Op. cit.,* XV, p. 399.

L'ambition d'extirper soi-même ici-bas tout le mal est une ambition elle-même maléfique. Après avoir négligé le diable (meilleure manière de l'intéresser), elle méprise la liberté humaine comme la divine, ignore la réalité de la concupiscence et de la grâce, rejette le tragique de notre condition. Ses « résultats positifs » impliquent donc un aplatissement de notre vocation spirituelle et charnelle. Ils procèdent de ce désir dont on a vu qu'il faisait l'essence du péché démoniaque : faire le bien par ses propres forces, planifier un bonheur sans surprise. Alors plutôt que ce satanisme larvé, Baudelaire lance la contre-opération *Fleurs du Mal*. Elle vient rappeler aux croyants de la Démocratie et du Progrès que celui qu'ils ne voient plus au-dehors n'en est que davantage au-dedans : « La France traverse une phase de vulgarité. Paris, centre et rayonnement de bêtise universelle. Malgré Molière et Béranger, on n'aurait jamais cru que la France irait si grand train dans la voie du *Progrès*. [...] Le Diable. Le péché originel. Il est plus difficile d'aimer Dieu que de croire en lui. Au contraire, il est plus difficile aux gens de ce siècle de croire au Diable que de l'aimer. Tout le monde le sert et personne n'y croit[1]. » Alors, parce que le mal qui se connaît vaut mieux que le mal qui s'ignore, il est opportun d'entonner un bon coup, en vrai chrétien, les « Litanies de Satan » :

1. « Projet de Préface aux *Fleurs du Mal* », *op. cit.*, p. 132. On remarquera que les deux phrases sur la difficulté d'aimer Dieu plus grande que d'y croire, et la difficulté de croire au Diable plus grande que de l'aimer, se situent en plein dans notre problématique : la foi démoniaque consiste à croire à Dieu sans l'aimer, et par là, sans s'en apercevoir, à aimer le Diable en imitant sa foi.

Toi dont la large main cache les précipices
Au somnambule errant au bord des édifices,

Ô Satan, prends pitié de ma longue misère !

Toi qui poses ta marque, ô complice subtil,
Sur le front du Crésus impitoyable et vil,

Ô Satan, prends pitié de ma longue misère[1] !

En vrai chrétien, je dis, parce qu'au moins ça réveille. Ça nous tire de nos petites berceuses, de nos gentils cantiques, de nos blasphèmes étroits. Ça nous fait sentir, par contraste, combien le vrai *Miserere* nous est nécessaire.

Comme le disait Léon Bloy à propos des *Chants de Maldoror*, le monde de l'efficience et du spectacle a besoin de cette « Bonne Nouvelle de la Damnation ». Nous ne l'écouterions pas qu'elle se proclamerait d'elle-même. Le XXe siècle, qui crut si peu au diable, les plus mécréants confessent son diabolisme aigu, mais ils ne parviennent pas à faire le rapprochement, et ils en restent à une vision grossière qui leur blanchit les mains. Parce qu'il y eut Hitler et Staline, bien sûr. Mais il y eut aussi les Alliés, et cette date merveilleuse qui conviendrait parfaitement à une journée mondiale du Démon (sous le patronage de l'Unesco) : le 8 août 1945. C'est le jour où le tribunal militaire de Nuremberg a juridiquement codifié la notion de crime contre l'Humanité. Le surlendemain d'Hiroshima. La veille de Nagasaki. En sorte que ceux-là qui dénonçaient le grand crime étaient aussi ceux qui, ayant sous les yeux les

1. *Les Fleurs du Mal*, CXX, *op. cit.*, p. 92-93.

effets de la première, larguaient la deuxième bombe… Le 8 août, c'est aussi la fête de saint Dominique. Un jour, un religieux lui demanda : « Maître Dominique, ces grands malheurs ne finiront jamais ? » Il ne répondit qu'après un long silence : « Certainement, elle finira, cette méchanceté… elle finira, mais le terme est lointain. Beaucoup verseront leur sang dans l'intervalle. »

Là-haut, une armée combat pour moi

Faut-il désespérer de notre condition ? Saint Paul met le ring un peu haut : *Notre combat n'est pas contre le sang et la chair, mais contre les Principautés, contre les Puissances, contre les Cosmocrates des ténèbres, contre les esprits de méchanceté dans les cieux supérieurs* (Ep 6, 12). Au passage, l'Apôtre déchire un gros cliché : le combat n'est pas tant contre la chair que contre les esprits. Sous ce rapport, le christianisme est un anti-spiritualisme. Mais que peuvent des hommes contre des anges ? Ceux-ci, aussi bien les mauvais que les bons, ont pouvoir sur tout ce qui leur est inférieur en nature, à savoir, non pas notre esprit, mais notre chair, justement : ils peuvent travailler les corps, jusqu'à les plier en des contorsions improbables ; ils peuvent agir sur l'imagination, y composant des images fallacieuses ou troubles, propres à parasiter la raison ou à émouvoir la volonté.

Ainsi d'un ennemi qui aurait des intelligences à l'intérieur de la cité dont il fait le siège. Ses attaques sont d'autant plus captieuses qu'elles viennent de notre propre fonds. Elles semblent parfois même faire corps avec notre être, si bien qu'on en ignore la provenance étrangère, et que l'aiguille qui nous perce passe pour notre propre fibre. L'esprit mauvais use de notre chair, bonne par nature mais blessée à l'origine, et pour cela plus docile à ses manipulations. C'est pourquoi celui qui entre dans le combat spirituel peut commettre cette erreur : lutter contre sa propre chair sans voir la main qui a tenu le manche ; penser qu'il est lui-même fichu, mauvais, irrécupérable, à cause des passions qui l'envahissent ou des images qui l'accusent.

Maxime le Confesseur insistait sur la difficulté d'une telle lutte : « De même que pécher en pensée est plus facile que pécher en acte, le combat contre les souvenirs est plus dur que le combat contre les choses[1]. » Les psychanalystes reconnaîtraient la pertinence clinique de ces propos. Mais la zone des combats s'étend plus loin que l'inconscient psychique : « Par les pensées, ce sont les démons qui nous font la guerre, et cette guerre est plus dure que celle qu'ils nous font par les réalités extérieures[2]. » Les choses adverses, je peux les fuir de mes jambes, leur clore mes paupières, rentrer en moi et là trouver refuge. Mais que puis-je contre les images intérieures ? Partout elles me suivent, et fermerais-je mes yeux que plus forte serait leur hantise. Le diable est plus portable qu'un téléphone, plus implanté qu'un *pacemaker*. Lui aussi sait entrer toutes portes closes : les sectaires qui croient que la souillure n'est qu'à l'extérieur, ne font que le mieux recevoir dans leur cercle fermé.

Le combat, dès lors, n'est-il pas trop disproportionné ? Saint Thomas d'Aquin pose lui-même l'objection : « Ce n'est pas une juste condition que d'exposer

1. *Centuries sur l'amour*, I, § 63, *Philocalie des Pères neptiques*, 6, trad. J. Touraille, Abbaye de Bellefontaine, 1985, p. 26.
2. *Ibid.*, § 91, p. 30.

à la guerre le faible contre le fort, l'ignorant contre le rusé. Or les hommes sont faibles et ignorants, tandis que les démons sont puissants et pleins d'astuce. Donc Dieu, qui est l'auteur de toute justice, ne doit pas permettre que les démons attaquent les hommes. D'ailleurs, pour exercer la patience de ces derniers, le combat que leur font la chair et le monde suffit déjà amplement[1]. » La Providence ne serait-elle pas vacharde ? N'avons-nous pas à lutter déjà contre les préoccupations du monde et les faiblesses de la chair ? Pourquoi rajouter cet ennemi insaisissable et qui manie les unes et les autres comme un habile lanceur de couteaux ? Enfin, comment nous autres, pesants mammifères, aurions-nous le dessus face à de si aériennes créatures ?

À eux les chars et les chevaux, dit le psalmiste, *à nous le Nom du Seigneur notre Dieu.* Ce Nom, paraît-il, suffit à nous rendre beaucoup plus sages et puissants. Pour le manifester à Madiân et Amaleq, forts d'une centaine de milliers de soldats, l'Éternel réduit l'armée de Gédéon de vingt-deux mille à trois cents hommes, et lui donne de vaincre l'adversaire *aussi nombreux que les sauterelles* avec pour seules armes… des cruches ! Eh bien, n'avons-nous pas une cruche auprès de nous ? Ne suis-je pas assez cruche moi-même ? Au moins, je puis y aspirer, tant il est vrai qu'une cruche pour servir un verre d'eau avec charité est plus puissante que toutes les coalitions ténébreuses. « Pour que la condition de la lutte ne soit pas inégale, explique Thomas d'Aquin, l'homme reçoit en compensation principalement le secours de la grâce divine, secondairement la garde des anges. C'est pourquoi Élisée dit à son serviteur :

1. *Somme de Théologie,* I, 114, 1, 2-3.

Ne crains pas : nous avons avec nous plus d'alliés qu'eux (2 R 6, 16) » Et Géhazi, effrayé des légions araméennes qui encerclent la ville, voit soudain qu'*autour d'Élisée la montagne est couverte de chevaux et de chars de feu.*

Chaque âme est ainsi l'enjeu d'un combat invisible entre anges et démons. Nous verrions en face ce qui se trame au-dessus de la permanente d'une concierge que nous serions écrasés bien plus que par la plus grande superproduction hollywoodienne, et même que par une quatrième guerre mondiale. Qui est le plus falot quidam, en effet ? Un christ en puissance, une humanité de surcroît pour le Seigneur. Aussi d'incalculables milices angéliques s'affrontent comme d'autres pour l'or ou le pétrole : les anges savent, eux, que là se trouve la véritable richesse. Et l'ange gardien, plus spécialement que tout autre, veille à ce que la tentation ne dépasse jamais les forces de celui dont il a la garde, ou du moins, comme celui de Doña Prouhèze dans *Le Soulier de Satin,* à ce que nos péchés servent encore à quelque chose. Mais, plus profondément encore, c'est la grâce qui nous protège tout en nous exposant. La vie divine en nous, pour peu que nous l'accueillions, à la fois attire et repousse les assauts démoniaques. Elle les attire et les incite à redoubler de rage, parce que c'est à cette vie que les démons veulent nous arracher. Elle les repousse et les laisse impuissants, parce que le moindre degré de grâce est plus grand que tout le bien de la nature, serait-elle angélique. La valeur a raison du nombre. Mais il faut en nous la laisser agir.

Thérèse d'Avila fait souvent état de ce retournement de situation qui rend la cruche plus offensive qu'une bombe, et les mains jointes plus fortes que celles qui tiennent un canon : « Lorsqu'en des temps d'agitation et de zizanie suscitées par le démon, alors qu'il semble entraîner tous les hommes derrière lui, aveuglés par les apparences d'un beau zèle, Dieu envoie quelqu'un qui leur ouvre les yeux et leur révèle qu'un brouillard leur cache le chemin (grandeur de Dieu pour qui un seul homme ou deux qui disent la vérité sont plus forts que tous les autres ensemble !), ils retrouvent peu à peu la route, et le Très-haut leur donne du courage[1]. » Une seule terreuse créature, une petite fille même peut être redoutable à toute la meute des esprits mauvais, parce qu'elle recueille en son âme la charité divine. C'est la raison pour laquelle il ne nous est pas possible d'invoquer la puissance de cette meute comme une perpétuelle excuse. Le « laisser-aller trop facile à prétexter quelque sollicitation démoniaque[2] » ne saurait trouver dans les réalités ici entrevues une quelconque justification. Mais ces réalités nous gardent aussi de proférer contre quiconque ici-bas une accusation absolue. Le combat n'est pas premièrement contre la chair et le sang. *Accusateur de nos frères* est un nom du démon (Ap 12, 10).

Que rien n'est diabolique en soi mais que tout est à reconquérir

Rien n'est en soi diabolique. Satan est le prince de ce monde, mais il serait faux d'en conclure que les choses de ce monde sont mauvaises. Lui-même voudrait nous

---

1. *Le Chemin de la perfection,* chap. XXI, 9, *Œuvres complètes,* trad. M. Auclair, DDB, 1964.
2. *Foi chrétienne et démonologie, Osservatore Romano* (en français) du 4 juillet 1975.

le faire accroire : confondant le mal et l'être nous pourrions haïr l'univers sorti des mains du Créateur, et nous réfugier dans nos petits arrière-mondes privatifs. Le mal étant une privation, ce sont l'irréel, le virtuel, le factice, le désêtre et le désagir qui sont du domaine privé du Malin. Aucune réalité n'appartient en propre à sa malfaisance. Qu'on fasse l'inventaire des choses qu'on lui associe, chacune peut être rappelée à un ordre bienfaisant.

– Prenez la parole : *Vous serez comme des dieux* (Gn 3, 5). N'est-ce pas la phrase satanique par excellence ?

– Peut-être, mais un psaume met dans la bouche du Seigneur même : *Je l'ai dit, vous êtes des dieux, des fils du Très-Haut, vous tous !* (Ps 81, 6).

– Et le nombre 666 ? C'est le chiffre de la Bête, dans l'Apocalypse (13, 18).

– C'est aussi le nombre des fils d'Adoniqam, dans le livre d'Esdras (2, 13). Ceux-là quittèrent l'exil à Babylone et retrouvèrent la Terre promise. *Adoniqam* signifie d'ailleurs : « Mon Seigneur s'est levé ».

– Mais le serpent ? Vous ne pourrez pas dire que le serpent n'est pas un symbole du diable et le diable en personne dans la Genèse !

– C'est aussi un symbole traditionnel du Crucifié. Au désert, Moïse fabrique un serpent de bronze, et les Hébreux qui le regardent sont délivrés de la morsure des serpents brûlants (Nb 21, 6-9). Jésus lui-même s'y identifie : *De même que Moïse éleva le serpent au désert, ainsi faut-il que le Fils de l'homme soit élevé, afin que tous ceux qui croient en lui aient la vie éternelle* (Jn 3, 14).

– Mais les boucs, tout de même ? Toute une iconographie représente le diable sous une forme de bouc. D'ailleurs Jésus déclare qu'au Jugement *le berger séparera les brebis et les boucs* (Mt 25, 32).

– Pardonnez-moi de vous faire devenir chèvre, mais là encore, le bouc, le fameux bouc émissaire est une figure du Christ. Il est écrit dans le livre des Prêtres : *Prenez un bouc en sacrifice pour le péché* (Lv 9, 3). Enfin, avant que vous ne me parliez du grand méchant loup, laissez-moi vous dire que le loup aussi, emblème de Satan, peut être symbole de lumière et de fécondité, comme la louve de Rome ou le loup blanc d'Apollon (cet Apollon-Soleil qui « eut l'honneur d'être assimilé allégoriquement à Jésus-Christ par l'Église occidentale des premiers siècles[1] »).

– Vous ne me laisserez même pas le crapaud ? Le crapaud, s'il vous plaît, symbole de la luxure…

– Le crapaud est très utile aux jardins. Il en dévore les vers parasites. Dans son *Dictionnaire d'archéologie chrétienne,* Dom Leclercq va jusqu'à laisser entendre qu'avec la grenouille il fut un « symbole de la résurrection ». Le passage du têtard aquatique à la grosse bête amphibie fournissait, en effet, une sorte d'image. Mais j'ai dit que le crapaud mangeait les vers rongeurs : je ne voudrais pas que vous vous fassiez une idée maléfique de ces derniers. Le Messie en personne s'assimile à leur pauvre espèce : *Et moi, je suis un ver, non pas un homme* (Ps 21, 7).

– Cette fois-ci, vous ne m'aurez pas : la croix renversée… ça, c'est le bijou des satanistes, de la perversion pure !

– Le blason même du premier pape ! Le signe du martyre de saint Pierre qui, par humilité, ne voulut pas être comme son Maître crucifié à l'endroit !…

---

1. Louis Charbonneau-Lassay, *Le Bestiaire du Christ,* Albin Michel, 2006, p. 307.

— Alors le pentacle, cette étoile à cinq branches qui s'oppose à l'étoile de David...

— On voit des pentacles dans certaines églises. Cinq, du reste, c'est le nombre de pains que Jésus multiplie pour en faire cinq mille (Mt 16, 9). Et c'est aussi celui qui correspond à une récompense du peuple qui suit les commandements de Dieu : *Vous poursuivrez vos ennemis qui tomberont devant votre épée. Cinq d'entre vous en poursuivront cent...* (Lv 26, 7-8).

— Et les cornes, je vous en prie, les cornes ?

— Celles du bélier envoyé par Dieu et qui sauve Isaac de l'immolation (Gn 22, 13).

— Et la queue, *qui balaye le tiers des étoiles* (Ap 12, 4) ?

— Du bélier sacrifié, Moïse, à l'Éternel, offre aussi la queue (Lv 8, 25).

— Et le soufre puant ?

— *Le souffle du Seigneur, comme un torrent de soufre* (Is 30, 33)...

Le théorème : aucune chose n'appartient en propre à la malfaisance, implique aussi ce corollaire : n'importe quelle chose, hormis Dieu et ses saints, peut être détournée. Le sabre, le goupillon, une icône de la Sainte Vierge, un tabernacle changé en coffre-fort, le retable de l'Agneau mystique devenu retape du séjour touristique... Prince de ce monde, malgré tout. Que le rituel propose un exorcisme jusque sur l'eau montre que même la matière qui lave peut lui servir à souiller.

Mais tout cela qui a été détourné, le juste doit le retourner. De nouveau, le mal moral n'est pas une chose, *malum non est aliquid,* comme disent les scolastiques, il est un certain usage désordonné des choses. Nous l'avons observé dans le récit de la chute : là où les choses sont belles à voir, puis bonnes à manger, le regard se brouille, et le fruit devient d'abord bon à manger (lui qui n'était, seul entre tous, que beau à voir, et sans doute même agréable à toucher). La faute ne produit rien de réel. Seulement elle ne suit pas l'ordre requis. Elle n'appartient pas à la création, mais à la décréation. Cette insistance est nécessaire. Elle nous évite ce commun travers de diaboliser telle ou telle réalité en elle-même.

Ce que le magistère appelle « culture de mort » n'est pas un ensemble d'objets malins. C'est un usage pervers des mêmes objets que ceux dont la « culture de vie » fait bon usage. Un *dvd* de basse pornographie peut être utile à caler une commode (de même qu'un film dégoulinant de sentimentalisme). Une grosse bible liturgique peut s'employer comme une arme contondante pour battre à mort son prochain. Sans doute qu'un tel *dvd* fait une cale médiocre et que la bible fait un meilleur moyen de sagesse : l'un et l'autre furent conçus pour un autre usage qu'ils contiennent tendanciellement et qui nous incite sur sa pente. Mais rien n'empêche, une fois qu'ils existent, de détourner l'une par force ou de retourner l'autre par douceur. Prenons deux autres exemples, peut-être plus neutres et plus éclairants. Le diagnostic prénatal fut inventé par le professeur Lejeune afin de soigner l'enfant handicapé le plus tôt possible, mais on s'en est servi pour l'éliminer *in utero,* parce qu'on est désormais trop sensible pour l'étouffer en le regardant en face. La *Recherche* de Proust est un fleuron des *gay & lesbian studies,* mais je peux l'arracher à cette réduction ségrégative et rouvrir les pages du livre à la lumière tragique d'un temps retrouvé pour se perdre encore. Mille *autodafés* ne feraient pas un seul acte de foi. Mieux vaut une relecture critique. Un feu qui purifie plutôt qu'un feu qui consume. D'autant plus qu'il est des œuvres sulfureuses qui cachent des diamants sous leur gangue, et des ouvrages fleurant l'encens qui n'enfilent que de la verroterie. *Éprouvez toutes choses* (panta), *retenez ce qui est bien* (1 Th 5, 21). Considérant cette épreuve du feu, *L'Antéchrist* de Nietzsche est potentiellement plus chrétien que tout ce qu'on pourra jamais tirer d'un catéchisme des années 70.

Être catholique, c'est être universel. Malheur à celui qui arguerait de ce titre pour détruire quoi que ce soit qui est : sa mission, comme la lumière chasse les ténèbres, est de dissiper l'illusion de ce qui n'est pas. D'user de chaque chose, comme dirait l'Ecclésiaste, à sa place et en son temps. Le diable triomphe chaque fois que nous méprisons une parcelle de la création, parce qu'à travers elle, c'est le Créateur qu'on insulte. Aussi n'est-il pas jusqu'au démon lui-même dont on ne puisse détourner l'attaque et la réemployer comme dans ces fabliaux où les fesses brûlantes d'un diablotin sont utilisées pour faire bouillir la marmite : « Il n'était certes pas dans l'intention des tyrans que par leurs persécutions rayonne la patience des martyrs », mais la grâce sait faire servir à sa vie propre cela même qui veut la tuer - sans quoi elle ne serait plus la souveraine grâce. Avec elle, rien donc - *a priori* - n'est à rejeter. Tout reste à recueillir.

Entre l'égarement et l'orgueil : le diable partagé

Le diable est, par étymologie, celui qui se jette en travers. Il rompt le lien, dresse l'obstacle, divise ce qui était uni. Nous avons entrevu quel désordre régnait dans le pandémonium, et nous avons dit qu'il n'avait d'unité que dans sa haine commune. Mais, à vrai dire, il est très probable qu'il soit aussi divisé dans sa stratégie de combat contre les hommes. Deux tactiques concurrentes se présentent à lui : celle qui nous pousse à l'erreur et se sert de notre faiblesse, celle qui nous pousse à l'orgueil et se sert de notre force. Car si la haine des hommes l'incite à les rabaisser très au-dessous de lui-même, la haine de Dieu l'entraîne à les rendre aussi rebelles que lui. Sa révolte nous exalte quand son envie nous écrase. Si, d'un côté, il nous roule dans la fange, de l'autre, il fomente nos relèvements superbes. Induisant là en errance, incitant ici à la trahison, on le verra tantôt inhumain, tantôt humaniste, tantôt professeur d'angélisme, tantôt fauteur de bestialité. Ou bien il fait de l'homme sa chose par la possession, ou bien, par la flatterie, il en fait son émule. Le Christ, on s'en souvient, l'appelle à la fois *menteur et père du menteur* (Jn 8, 44) : s'agit-il d'une redondance ou de la distinction de ces tactiques adverses, de cette division interne du faux qui veut ou bien que nous ayons faux, ou bien que nous soyons faux ? Le démon veut que nous soyons trompés, toutefois il ne dédaigne pas que, dans l'écume de son sillage et comme justifiant sa trace, nous soyons lucidement trompeurs. Menteur, il nous dupe et exerce sur nous sa domination, mais aussi, et là se trouve la contre-performance, il nous octroie des circonstances atténuantes, l'ignorance et la faiblesse diminuant la gravité du péché. Père des menteurs, il ne nous ment pas nécessairement, mais il nous invite à mentir comme lui, à être comme lui faux dans la vérité même, ce qui est un plus sûr chemin vers la damnation. Le voici donc tiraillé. Piétine-t-il l'homme pour soulager sa jalousie, il s'interdit par là de l'enorgueillir. L'élève-t-il au contraire pour le piéger dans son orgueil, il s'empêche alors de soulager son envie.

« Les démons, écrit saint Augustin, induisent en erreur par zèle de tromper, et par une intention jalouse selon laquelle ils mettent leur joie dans l'égarement des hommes[1]. » L'extrémité de cet égarement semble se trouver dans la possession. L'homme quitte alors son bon sens et devient comme la salle de jeux d'une pléthore maligne. Le voici parlant des langues qu'il n'a jamais apprises, dévoilant des choses lointaines et cachées, cabrant sa colonne vertébrale en des prouesses d'acrobatie, enfin blasphémant et gesticulant en singeries sacrilèges. Tout ceci peut faire un film qui donne la chair de poule. Mais cela ne donne pas encore l'esprit du démon, car, pour ce qui est du démoniaque, cela relève encore de l'enfantillage. Le pauvre bougre n'est qu'un pantin. Les diables le chevauchent au point qu'il est hors de lui et n'est presque pour rien dans les turpitudes qui s'accomplissent avec son corps. Il n'est que la victime d'un viol angélique. Le mieux, le pire, serait qu'il devienne bourreau.

Dans cette perspective, la possession est une voie moins idéale qu'une certaine philanthropie. Dostoïevski fait dire au diable qui apparaît à Ivan Karamazov sous les traits d'un gentleman « parasite » : *Satanas sum et nihil humani a me alienum puto*[2]. C'est la célèbre devise de l'humanisme qu'il ne faut pas s'étonner de rencontrer ainsi travestie. Satan n'est pas sans générosité : il

---

1. Saint Augustin, *De divinatione dæmonum,* ch. VI, 10.
2. *Les Frères Karamazov,* L. XI, chap. IX : « Je suis Satan et j'estime que rien de ce qui est humain ne m'est étranger. »

veut ainsi qu'à son instar chaque homme soit, non pas possédé, mais seul maître de soi, sans compte ni grâces à rendre. Il propose alors non plus de ces convulsions affreuses que l'on voit dans *L'Exorciste,* mais, ce qui est bien plus terrible, des cours de développement personnel, de confiance en soi seul, de prise rapide de la parole, pourvu qu'on ne se laisse pas prendre par elle. Il devient moins possesseur que défenseur des propriétaires. Il nous invite à un péché lucide et donc luciférien : plutôt que de régner sur l'univers en obéissant à Dieu, n'obéir qu'à soi-même, me servir des choses de Dieu pour mon propre compte, et par là me couronner satrape schizophrène d'un monde de strass et de stress, fantomatique et autonome. Jules Michelet a bien senti cette vérité, lui qui dans les ténèbres de son Moyen Âge voit le prince des ténèbres comme un précurseur des Lumières : « Satan est le grand proscrit, et il donne aux siens la joie des libertés de la nature, la joie sauvage d'être un monde qui se suffit à lui-même[1]. » Être un monde qui se suffit à soi-même : nulle expression ne dit mieux ce qui nous tente, ce qui nous fascine dans le péché. Pour y parvenir, il faut avoir toute sa tête, et l'avoir même grosse.

Le démon possède mieux l'homme en ne le possédant pas, mais en l'entraînant dans cette suffisance planétaire. Celle-ci peut d'ailleurs prendre des formes mièvres et d'apparence bénigne. Baudelaire le remarquait à propos de George Sand, lorsqu'elle prétendait par « bon cœur » que « les vrais chrétiens ne croient pas à l'Enfer » : « Je ne puis penser à cette stupide créature sans un certain frémissement d'horreur. Si je la rencontrais,

1. Jules Michelet, *La Sorcière,* VIII, GF, 1966, p. 99.

je ne pourrais m'empêcher de lui jeter un bénitier à la tête[1]. »

Entre la tentation et l'épreuve : le diable exaspéré

Autre chose écartèle le démon. L'histoire de Job le lui apprit. Ainsi que toutes ses mésaventures avec ces allumés de saints. L'oublierait-il qu'il pourrait le lire chez Thomas, ou même à présent dans cette page (page qu'il a pu lire avant tout lecteur, avant l'éditeur lui-même et presque avant moi – mais certes pas avant le *Salvator* en personne). Et voici cette chose qui l'exaspère : ce qu'il instruit comme une tentation pour perdre, la providence le rattrape comme une épreuve pour sanctifier. « Au sujet des attaques des démons, nous devons considérer deux choses : les attaques elles-mêmes et leur rôle dans le plan divin. L'attaque elle-même procède de la malice des démons, qui, par envie, s'efforcent d'empêcher le progrès des hommes, et qui, par orgueil, singent le pouvoir divin : de même que les anges de Dieu sont envoyés comme ministres pour le salut des hommes, ils se députent eux-mêmes comme ministres désignés pour leur perte. Mais ces attaques sont finalement soumises à l'ordre de Dieu, qui, selon ses desseins, sait se servir du mal, en l'ordonnant au bien[2]. »

Ce que le diable perpètre par malignité, Dieu le permet par amour. En sorte que celui-là se trouve malgré lui l'instrument de celui-ci. Par sa querelle, il punit le pécheur, et donc sert la justice ; et il éprouve le

1. Charles Baudelaire, *Mon cœur mis à nu*, XVI, *op. cit.*, p. 411.
2. Saint Thomas d'Aquin, *Somme de Théologie*, I, 114, 1.

saint, et donc sert la miséricorde : celui-ci n'en a que plus de mérite et sa grâce en devient plus éclatante. Ainsi du roi Achab et de Job le juste. Dans l'histoire du premier, le démon sert malgré lui une correction : *Et Michée dit : « Écoute donc la parole de l'Éternel ! J'ai vu l'Éternel assis sur son trône, et toute l'armée des cieux se tenant auprès de lui, à sa droite et à sa gauche. Et l'Éternel dit : "Qui séduira Achab, pour qu'il monte à Ramoth en Galaad et qu'il y périsse?" Ils répondirent l'un d'une manière, l'autre d'une autre. Et un esprit vint se présenter devant l'Éternel, et dit : "Moi, je le séduirai." L'Éternel lui dit : "Comment ? – Je sortirai, répondit-il, et je serai un esprit de mensonge dans la bouche de tous ses prophètes." L'Éternel dit : "Tu le séduiras, et tu en viendras à bout ; sors, et fais ainsi !"* » (1 R 22, 19-22). Dans l'histoire du deuxième, Satan sert malgré lui une épreuve : *L'Éternel dit à Satan : « As-tu remarqué mon serviteur Job ? Il n'y a personne comme lui sur la terre ; c'est un homme intègre et droit, craignant Dieu, et se détournant du mal. Il demeure ferme dans son intégrité, et c'est bien en vain que tu m'incites à l'engloutir* » (Jb 2, 3). Dans cette mesure où l'aïkido de la providence emploie la force de l'Adversaire en dépit de ses intentions, le mal qu'il fait aux autres lui fait mal au cœur. Comment n'en serait-il pas exaspéré ? Cela dans les deux sens du terme : sa tâche est rendue plus pénible et sa rancune plus âpre.

Au livre du Deutéronome, le chapitre 13 (précisément le chiffre porte-malheur changé en porte-bonheur) commence avec cet étonnant passage : *S'il surgit au milieu de toi un prophète ou un visionnaire qui t'annonce un signe ou un prodige, et que le signe ou le prodige qu'il t'avait promis se réalise, et s'il dit : « Suivons et servons d'autres dieux, des dieux que tu ne connais pas », tu n'écouteras pas les paroles de ce prophète ou les visions de ce visionnaire ; car c'est votre Dieu qui vous tente de cette manière, afin de manifester que vous aimez l'Éternel votre Dieu de tout votre cœur et de toute votre âme* (Dt 13, 2-4). La tentation du diable est ainsi doublée par une tentation de Dieu : l'esprit mauvais l'opère pour prendre en faute, l'Esprit Saint pour reprendre en grâce, et cela signifie, de ce dernier point de vue, que le faux prophète, le contre-messie lui-même est une bénédiction. L'athéisme nous tente, l'hérésie cherche à nous séduire, le confort à nous encoconner, la persécution à nous décourager, tout voudrait nous embrigader pour *d'autres dieux* ; mais c'est aussi le moyen dont l'Éternel se sert pour que sa créature temporelle puisse se dégrossir, comme le visage dans le marbre qui s'affine à coups de burin.

Tertullien commence sa *Prescription contre les hérésies* avec des mots qui inscrivent les hérésies dans la salutaire ordonnance : « La condition des temps présents m'oblige encore à rappeler qu'il ne faut pas nous émouvoir de ces hérésies, aussi bien de leur existence – puisque leur venue a été prédite – que du fait qu'elles renversent la foi de quelques-uns – puisqu'elles n'ont d'autre fin que d'éprouver la foi en l'exposant à la tentation. C'est donc sans raison et faute de réfléchir que la plupart se scandalisent de voir les hérésies prendre une pareille influence. » Non qu'il ne faille combattre leurs séductions, bien au contraire. Mais le combat n'est pas tant pour la destruction du mal que pour la croissance du bien. À travers lui, notre foi superficielle, peut-être même un tantinet démoniaque – foi de tête et de tripes – doit se creuser, descendre dans l'intelligence et le cœur, devenir cette foi que la charité brûle assez pour qu'elle puisse traverser les flammes.

Le diable sans le vouloir sert à chasser le diabolique (ou bien à mieux l'ancrer en nous, puisqu'il s'agit d'une épreuve). Et c'est bien l'attention d'un Dieu de tendresse qui en dispose ainsi, non l'amusement d'un génie dramaturge. Car on pourrait croire, à la manière d'un Sénèque, que le Seigneur se donne un spectacle et prend plaisir à damer des pions. Ce serait le confondre avec l'Adversaire. Dieu ne manipule personne. Sa providence n'est obscure qu'à force de lumière. En elle, point de ténèbres. Seulement, par un don sans repentance, il a voulu des créatures libres et capables de mérite : que ces créatures s'adonnent volontairement au mal, il n'y peut rien, mais il fait tout pour que ces maux puissent se corriger l'un l'autre (tandis que l'Adversaire fait tout pour que, l'un l'autre, ils s'excitent) : les cailloux ternes et tranchants qu'on secoue dans un sac finissent par se polir et devenir brillants et lisses.

Satan nous roule donc dans la misère, et c'est l'occasion pour Dieu de prodiguer sa miséricorde. *Felix culpa,* la faute est en soi satanique, mais, le Très-Haut nous y arrachant par pure grâce, elle sert à sa gloire, à notre humilité, et contribue dans nos gorges à nouer et dénouer la louange. Le diable n'en enrage que mieux. Il redouble de ruse. Il change d'apparence. Il n'en a jamais fini de nous rouler. Et son exaspération monte sans fin du fait que plus il nous enfonce, plus notre relèvement risque d'être glorieux. Il connaît bien la parabole : *Que vous semble-t-il ? Si un homme a cent brebis et que soit égarée l'une d'elles, ne laisse-t-il pas les quatre-vingt-dix-neuf autres sur les montagnes, pour aller chercher l'égarée ? Et s'il parvient à la trouver, amen je vous le dis, il se réjouit pour elle plus que pour les quatre-vingt-dix-neuf qui ne se sont pas perdues. De même, ce n'est pas la volonté de votre Père qui est dans les cieux qu'il se perde un seul de ces petits* (Mt 18, 12-14). Autant il égare la brebis, autant, si elle se laisse retrouver par le Seigneur, il coopère à sa joie. Et pas seulement celle de Dieu. Celle de ses rivaux directs, puisque Luc parle de la joie du Ciel tout entier, et plus spécialement de la joie des anges (Lc 15, 10). On peut comprendre son amertume. On peut deviner tous les efforts de son intelligence pour que la brebis devienne introuvable. Pour qu'elle se métamorphose en loup. Définitivement.

DEUXIÈME LEÇON

Un orchestrateur des débats

« Son rire ! voici l'arme du prince du monde. Il se dérobe comme il ment, il prend tous les visages, même le nôtre. Il n'attend jamais, il ne fait ferme nulle part. Il est dans le regard qui le brave, il est dans la bouche qui le nie. Il est dans l'angoisse mystique, il est dans l'assurance et la sérénité du sot… »

Georges Bernanos, *Sous le soleil de Satan.*

Du tremblement de terre au tremblement de ciel

1755, 1er novembre, les très catholiques habitants de Lisbonne fêtent la Toussaint lorsqu'un énorme tremblement de terre secoue par trois fois la ville : s'effondre la cathédrale Sainte-Marie, tombent les basiliques São Paulo, Santa-Catarina et São Vincente de Fora, s'écrase l'église de la Miséricorde. Les fidèles sont broyés net alors qu'ils chantent *Seigneur, prends pitié.* Des failles de cinq mètres s'ouvrent dans le sol sans se préoccuper du tracé des rues ni des édifices. Les femmes et les enfants d'abord ! Ceux qui réchappent au gouffre s'enfuient vers la mer qui reflue : derrière eux, leurs maisons dévalent avec leurs proches ; devant eux, remontent les vieilles épaves maritimes. Mais les vagues enfuies reviennent d'un seul coup toutes ensemble et c'est un immense raz-de-marée qui emporte les survivants. La terre avait englouti son content d'hommes, l'eau venait d'engloutir le sien : comment le feu n'aurait-il pas réclamé sa part ? Les chutes de cheminée dispersent les flambées domestiques puis peu à peu partout rallient leurs flammes pour former des incendies qui exerceront pendant cinq jours leurs ravages. L'*Opera Phoenix,* flambant neuf, flambe pour de bon : il ne renaîtra jamais de ces cendres. Le Palais Royal s'embrase avec les 70 000 volumes de sa bibliothèque ; des toiles de Corrège, Titien, Rubens, servent de petit bois. L'Hôpital de Tous les Saints, le plus grand hôpital du monde, se consume avec plusieurs centaines de ses patients. C'est plus de 60 000 personnes qui meurent au total, les grands avec les petits, les gentils avec les méchants, désormais répartis en quatre catégories : les aplatis sous les décombres, les avalés par le sol, les noyés dans les flots, les carbonisés par les flammes… Il est des horreurs qui trouvent des coupables. Mais là, comment faire ? La violence est telle que ni justice ni injustice n'apparaissent à niveau humain. Et en même temps le déchaînement de l'horreur s'enchaîne avec un acharnement si raffiné, une torture si subtile… Qui accuser alors ? Dieu ? Le destin ? Quel fado pourrait être à la hauteur de la plainte ? La secousse se propage à travers la pensée européenne et sa sombre fracture va se loger au plus profond de la pensée des Lumières.

« Le tremblement de terre de Lisbonne, commente Adorno, suffit à guérir Voltaire de la théodicée de

Leibniz. » Ce qui vient d'ébranler la terre ébranle sa vision du Ciel. Son *Poème sur le Désastre* en témoigne (avec des alexandrins dont rien n'ébranle, cependant, la très plate assiette) :

> Philosophes trompés qui criez : « Tout est bien » ;
> Accourez, contemplez ces ruines affreuses,
> Ces débris, ces lambeaux, ces cendres malheureuses,
> Ces femmes, ces enfants l'un sur l'autre entassés…

Devant le séisme, la théologie rationaliste connaît le même collapsus que les édifices de Lisbonne. Le mal est d'une obscurité irréductible à la lumière de l'esprit humain. Et Voltaire, dans la préface à ses vers, écrit ces lignes étonnantes : « La révélation seule peut dénouer ce grand nœud, que tous les philosophes ont embrouillé. » Mais déjà il précise que ses critiques contre Leibniz et Pope ne vont pas dans le même sens que celles des théologiens qui leur opposent la doctrine du péché originel : non, la nature humaine n'est pas si blessée, la chute n'est pas le véritable épicentre de toutes les catastrophes. Le pessimisme voltairien se double sur ce point d'un étrange optimisme. Et voici bientôt que, pour résoudre des questions plus politiques, Voltaire endosse la posture des philosophes qu'il dénonce et adjoint à son poème sur le désastre un autre poème, beaucoup moins vibrant, sur la *Loi naturelle.* Adieu la Révélation ! Il prétend désormais « établir l'existence d'une morale universelle et indépendante, non seulement de toute religion révélée, mais de tout système particulier sur la nature de l'Être suprême ». À quoi s'ajoute un *Candide* qui raille à ce point la théodicée qu'il favorise une athéodicée tout aussi outrecuidante. Les larmes de 1755 sont essuyées dans un ricanement.

Comment comprendre cette transigeance ? Dans toute sa critique, Voltaire n'a pas fait la part du diable. Aussi va-t-il de plus en plus attribuer le mal à la providence elle-même, non pour le meilleur des mondes possibles, mais pour le pire, dans lequel il n'y a plus qu'à cultiver son jardin. Rousseau l'explique en ses *Confessions :* « Voltaire, en paraissant toujours croire en Dieu, n'a réellement jamais cru qu'au diable, puisque son Dieu prétendu n'est qu'un être malfaisant qui, selon lui, ne prend plaisir qu'à nuire[1]. » Oublier le diable pour penser le mal, c'est finir, sans le savoir, par ne plus croire qu'en lui.

Si je rappelle cet événement et sa marque dans une pensée, c'est qu'il manifeste une séquence admirable où s'aperçoit la griffe de l'expert. Le démon est derrière le cataclysme. Mais il était aussi derrière la théodicée. Et il sera encore derrière la négation de cette dernière. C'est lui qui suggère une justification rationaliste de Dieu telle qu'elle ne demande plus qu'une résignation intellectuelle et ne s'ouvre plus sur l'abîme de la Croix. C'est lui, encore, qui coordonne la fureur des éléments et les petites négligences humaines pour aboutir au désastre dit naturel, lequel vient contredire la justification précédente. C'est lui, enfin, qui poussant à congédier toute foi en une providence engage l'homme à se charger entièrement de son salut. Optimisme de la théodicée, pessimisme de l'anti-théodicée, progressisme athée (ou encore rationalisme déiste, fidéisme irrationnel, rationalisme incroyant), le choc de l'horreur et de l'erreur lui permet de jouer sur tous ces tableaux.

---

1. Jean-Jacques Rousseau, *Les Confessions,* Livre neuvième, Gallimard, coll. « Folio », 1973, p. 182-183.

Ce qui suit voudrait nous mieux faire entrevoir comment cette grande machination s'opère. Non pas au plan strictement pratique – comment une série de nos irresponsabilités communes sont combinées ensemble pour produire une exceptionnelle catastrophe – car la chaîne entremêlant les actions visibles et invisibles est faite de maillons trop singuliers. Mais, là où l'enchaînement plus abstrait et général se rend plus saisissable, au plan spéculatif ou idéologique : comment des erreurs contraires sont orchestrées pour s'entretenir l'une l'autre et contribuer à notre confusion réciproque et notre mutuelle destruction.

De la Bêtise à la Bête

Les grandes guerres et les grands désastres procèdent de factions qui se dressent l'une contre l'autre et qui néanmoins se tressent l'une avec l'autre. Frères ennemis : le capitaliste et le communiste, le relativiste et le dogmatique, le puritain et le libertin, etc. Nous observons ainsi des bêtises antagonistes qui rivalisent, renchérissent, montent aux extrêmes, comme dirait Clausewitz, enfin s'engrènent l'une dans l'autre ainsi que les rouages d'une concasseuse gigantesque et supérieurement intelligente : elle enrôle de pauvres types et les broie de telle sorte qu'accusant toujours une moitié de l'étau, cela relance la moitié de derrière, et c'est reparti pour un tour !

Cette machine à concasser les hommes, le magistère récent l'appelle une « structure de péché ». L'expression est souvent reprise, mais comprise rarement dans ses implications. La première, c'est qu'une telle structure n'est pas le fruit d'une seule décision, même commune.

Elle ne correspond pas à une simple institution humaine, car elle déborde ses acteurs. Ce débordement peut s'imputer à la perte de visibilité et de responsabilité qu'implique la division bureaucratique du travail. Mais cela va plus loin encore. La structure de péché fait fonds sur un ensemble d'institutions adverses, un emboîtement d'intentions contraires, des conflits qui se coordonnent et nous embringuent pour pousser à la faute le brave zigoto. L'effet pervers qui en résulte dépasse la perversité des hommes qui y concourent. Ceux-ci apparaissent alors comme des « innocents coupables », jamais tout à fait innocents, mais pas non plus entièrement coupables. Et c'est là peut-être la réussite majeure d'une telle structure : favoriser des crimes massifs, mais l'air de rien, sans haine, par hygiène et par mécanique, en sorte que les consciences ne sont pas trop troublées. Chacun peut se croire dans son bon droit. Chacun peut avoir le sentiment qu'il combat l'erreur opposée. Et chacun pourra plaider, plus tard, en n'ayant tort qu'à demi : « Ce n'est pas ma faute, je ne savais pas, j'ai été dupe, etc. »

Voilà donc un complot dont les conspirateurs ne se sont pas concertés et se dénoncent même l'un l'autre. Voilà une bêtise multiforme qui anticipe mieux que le plus fin stratège et sait ajuster un piège avec un génie qui excède ses protagonistes. Fable des abeilles où dans une demi-conscience les intérêts individuels et divergents convergent non pour produire le miel, mais une fantastique amertume. Comment comprendre cette serre invisible ? Selon Bernanos, un tel phénomène peut fonder une démonstration par l'absurde de l'existence d'un Malin Génie plus malin que le cartésien : « Ou l'Injustice n'est seulement que l'autre nom de la Bêtise

– et je n'ose y croire – car elle n'arrête pas de tendre des pièges, mesure ses coups, tantôt se redresse et tantôt rampe, prend tous les visages, même celui de la charité. Ou elle est ce que j'imagine, elle a quelque part dans la Création sa volonté, sa conscience, sa monstrueuse mémoire. Si vous voulez bien réfléchir, vous conviendrez qu'il n'en peut être autrement, que j'exprime en mon langage une vérité d'expérience. [...] Ainsi l'Injustice appartient à notre monde familier, mais elle ne lui appartient pas tout entière. La face livide dont le rictus ressemble à celui de la luxure, figée dans le hideux recueillement d'une convoitise impensable, est parmi nous, mais le cœur du monstre bat quelque part, hors de notre monde, avec une lenteur solennelle, et il ne sera jamais donné à aucun homme d'en pénétrer les desseins[1]. »

Ce n'est pas pour rien que ces lignes sont écrites sous le feu de la guerre d'Espagne. Les exactions commises par les républicains contre les catholiques poussèrent de nombreux catholiques à opter franchement pour le camp adverse, celui des fascistes. Pour repousser le diable rouge, on embrassait le démon brun. Mais il y avait aussi, compliquant la donne et servant aux deux autres de repoussoir, le blanc succube du pacifisme. Comment éviter une trappe sans tomber dans l'autre ? Comment franchir ce détroit où sont non seulement le gouffre de Charybde et les dents de Scylla, mais aussi les douces torpeurs de Calypso ? Bernanos fut protégé par son sens du démoniaque. Il évita de tomber ici ou là dans le triple panneau (ce qui le brouilla pour

1. Georges Bernanos, *Les Grands Cimetières sous la lune,* I, III, in *Essais et Écrits de combat,* I, Gallimard, coll. « Bibliothèque de la Pléiade », 1971, p. 405-406.

toujours avec sa famille d'*Action française*). Maritain aussi devinait l'angélique entourloupe. Il voulut y aller franco sans prendre parti pour Franco : il en perdit l'amitié du grand dominicain Garrigou-Lagrange et, bien qu'oblat de l'abbaye Saint-Pierre, devint à Solesmes *persona non grata.*

Le raisonnement de Bernanos remonte de la bêtise humaine à la Bête de l'Apocalypse. C'est l'image et l'œuvre de cette Bête que l'on retrouve derrière nos bêtises concurrentes et complices. Mais ce raisonnement ne fournit pas de vraie démonstration. Il relève de ce qui, en théologie, s'appelle un argument de convenance. Il y va là de la foi, car, si l'on s'en tient à la raison naturelle, on peut croire que le processus est immanent. C'est cette voie qu'emprunte l'apologétique de René Girard : « Le Satan des Évangiles synoptiques, écrit-il, et le diable de l'Évangile de Jean signifient le mimétisme conflictuel, mécanisme victimaire compris[1]. » La rivalité mimétique, la concurrence victimaire suffiraient à expliquer cette machinerie sans ingénieur (de même que le darwinisme suffirait à saisir une sélection sans sélectionneur ?). La grande orchestration dont nous essaierons d'appréhender les principes peut, en effet, s'entendre sans qu'on repère le chef d'orchestre. Mais c'est se livrer au double péril : 1° de réduire à un mécanisme ce qui est toujours plein d'invention ; 2° de répondre à ce mécanisme par les finesses d'une logique, là où il faut le déjouer par l'ardeur d'un amour.

1. René Girard, *Je vois Satan tomber comme l'éclair,* Grasset, 1999, Livre de Poche, p. 66.

L'hérésiarque dogmaticien

Pas un dogme, avons-nous dit, dont le démon ne sache l'exacte vérité. Or c'est précisément cela qui le rend habile à suggérer des hérésies sans nombre. La connaissance d'une chose fait aussi connaître sa privation : un bon grammairien sait comment induire toutes sortes de fautes d'orthographe ; un informaticien spécialiste des anti-virus sait comment fabriquer des virus implacables. La foi du diable lui permet de nous suggérer une variété indéfinie d'impiétés. En froid dogmaticien, il sait comment s'inspire ou plutôt s'expire, par des glissements insensibles, des écarts infinitésimaux, telle ou telle déviation chez l'homme persuadé de sa supérieure droiture. Il se fait ainsi l'hérésiarque des hérétiques les plus hostiles entre eux. Il profite d'ailleurs du combat contre l'hérésie - c'est sa spécialité - pour en attiser une autre de sens contraire. Et s'il éprouve la ténacité de notre orthodoxie, il lui reste encore sa meilleure carte : nous entraîner dans une fidélité aussi stricte que la sienne, c'est-à-dire aussi dénuée de charité.

On aperçoit ce que Paul veut dire lorsqu'il affirme que Satan est non seulement le prince de ce monde, mais *le dieu de cette ère* (2 Co 4, 4) : tout est mêlé, les avocats de la foi sont si mauvais qu'ils font le lit de l'infidélité, les infidèles montrent une intelligence et parfois même une humilité que les rendent attirants, et derrière, modérateur immodéré, animateur des animateurs, chef d'orchestre de l'humain brouhaha, l'Adversaire favorise des débats sans dialogue et se rit du spectacle de nos empoignades.

Thomas Browne, dans cette grande somme du XVIIe siècle anglais intitulée *Pseudodoxia epidemica, ou examen de nombreuses idées reçues et de vérités généralement admises,* consacre deux chapitres du premier livre à celui qu'il appelle le « dernier et commun promoteur des fausses opinions ». Après avoir évoqué « les infirmités de l'humaine nature », soulignant qu'« Adam, abandonné à ses propres principes, aurait très bien pu pécher tout seul[1] », il insiste sur le fait qu'il existe « aussi au-dehors un Agent invisible et promoteur secret dont l'activité reste inaperçue et qui se joue de nous dans les ténèbres : il s'agit du premier ourdisseur de l'erreur et de l'ennemi avéré de la Vérité, le diable ». Et il ajoute modestement : « Tenter de dresser la liste de toutes ses ruses est une arithmétique trop difficile pour l'homme. » Prétendre qu'on l'a tout entier percé à jour serait devenir le ludion de son activité plus cachée : on serait vain, on ignorerait que cet ange fuyant et hyperactif ne cesse d'inventer de nouvelles ruses et prolifère plus vite qu'on ne saurait le dénombrer. Le diable n'est pas un doctrinaire. Il n'est pas attaché à une tromperie ou à un système spécifique. Il est d'une souplesse telle qu'il aime à orchestrer des erreurs contraires. C'est sa signature illisible, au plan de l'affectivité comme au plan de l'intelligence, que de jouer de tous les côtés de la table de poker. Browne parle ainsi de « l'étrange façon dont il nous remplit d'erreurs et nous incite par la tromperie à des faussetés contradictoires ». Et parmi ces faussetés, notre Anglais en recense cinq qu'il estime

---

1. Thomas Browne, *Pseudodoxia epidemica,* L. I, chap. X, trad. B. Hœpffner, José Corti, 2004, p. 79. La faute morale impliquant formellement la volonté, on pèche toujours tout seul en dernier lieu, et c'est cela, avons-nous dit, qui fait la fascination solitaire du mal.

majeures et qui s'irritent entre elles : « Qu'il n'y a pas de Dieu ; Qu'il y en a un grand nombre ; Que lui-même est Dieu ; Qu'il est inférieur aux Anges ou aux hommes ; Qu'il n'est rien du tout[1]. »

Pourquoi ce pentagone d'erreurs ? Pourquoi n'y en a-t-il pas sept ou huit, comme dans cette parabole que les éditeurs intitulent « retour offensif de l'esprit impur » ? Pourquoi pas 666 comme dans l'Apocalypse ? Pourquoi pas même 6 826, comme dans une légion ? Y a-t-il une logique qui conduise à ce chiffre ? Ne devrait-on pas, en sériant les questions puis en suivant Aristote dans son *Éthique,* le réduire à deux ? Car, après tout, il y a là trois questions : l'une sur l'existence de Dieu, l'autre sur celle du diable, la troisième sur sa nature, avec à chaque fois deux erreurs opposées : il n'y a pas de Dieu/il y en a plusieurs ; le diable n'est pas/le diable est un absolu ; le diable est moins qu'un homme/le diable est plus qu'un ange (la quatrième et la sixième erreur se recoupant, nous arrivons au nombre de 5). Quelle que soit la prolifération de l'erreur, son principe semble être d'abord la dualité. Les deux fragments de la vérité scindée deviennent adversaires et, par la suite, du fait de leur instabilité, se fragmentent à leur tour, et ainsi de suite, en chaîne, comme dans la fission nucléaire.

Le vrai sous tension

Le philosophe constate qu'à chaque vertu s'opposent deux vices, l'un par excès, l'autre par défaut. Le courageux est celui qui n'est ni lâche ni téméraire ; le libéral,

1. *Id.,* p. 88.

ni avare ni prodigue ; le chaste, ni insensible ni luxurieux. Ainsi les vices vont par deux, comme les disciples envoyés en mission, mais où ceux-ci sont deux témoins qui s'effacent et se corroborent, ceux-là sont deux ennemis qui s'excusent et s'excitent. Car l'un peut toujours prendre l'autre pour alibi : « Je ne suis pas comme l'autre prodigue », explique l'avare, et le luxurieux : « Je ne suis pas comme ces bégueules. » Contre cette double descente, le juste milieu de la vertu apparaît comme une ligne de crête, et donc comme un point d'équilibre et de tension. Les deux disciples qui portent la même annonce forment un attelage tendu car ils doivent à chaque fois s'accorder entre eux et à la Vérité même. Cette unité réclame plus d'énergie que toute division. La division est agitée, sans doute, son chaos peut donner l'apparence d'une animation plus forte : le cadavre qui se décompose grouille davantage que l'homme vivant. Mais c'est l'homme vivant, surtout s'il est en prière, à genoux et immobile, qui se tend sous l'énergie la plus haute.

Il en va de même pour la Vérité telle qu'elle est saisie par notre intelligence. Pour nous, elle est toujours tendue (je veux dire à la fois offerte et réclamant, avec notre attention, une certaine tension dans l'énoncé). Alors que l'ange connaît les choses de manière complète dans une seule intuition, notre intelligence doit laborieusement s'avancer vers le vrai, à travers les voies raboteuses du jugement et du raisonnement. « L'intellect humain, écrit Thomas, n'obtient pas dès la première appréhension la connaissance parfaite d'une réalité ; il en connaît d'abord quelque chose, par exemple la quiddité qui est l'objet premier et propre de l'intellect, puis les propriétés, les accidents, les manières d'être qui entourent l'essence de cette réalité. Et à cause de cela, il est nécessaire à l'intellect d'unir les éléments connus [par l'affirmation], ou de les séparer [par la négation], et ensuite, de cette composition ou division, de passer à une autre [par exemple par déduction ou induction], ce qui est raisonner[1]. » Cette démarche discursive est de longue haleine, nous en avons la preuve à travers ces pages qui, pour cerner cette seule réalité qu'est la foi des démons, sont obligées de se multiplier, de tirer des conséquences, d'apporter des nuances, de contrebalancer certaines assertions trop massives. Parvenir à la vérité sur un sujet (je ne parle pas de la saisir confusément) réclame du temps et de l'étude, et ne peut qu'être réfractaire à l'instantanéité du slogan.

Aussi l'énoncé d'une vérité simple en soi est pour nous toujours complexe, et d'autant plus complexe que cette vérité est plus simple, puisqu'elle n'est pas faite d'éléments divers que notre intelligence pourrait composer ou diviser selon son habitude. Cette complexité correspond à une tension entre des extrêmes. Par exemple, l'homme est un animal raisonnable : je dois tenir ensemble son animalité et sa rationalité, sa chair et son esprit, et articuler l'un avec l'autre sans les confondre ni les séparer. Or cette tension devient plus forte à mesure que nous touchons à des réalités plus simples. Les énoncés de la foi catholique sont là pour faire adhérer à la Vérité simplissime de Dieu (comme divers traits sont là pour nous faire connaître l'unique et indécomposable visage d'une personne). Mais ils sont en eux-mêmes multiples et tendus au maximum : Dieu est un et trine, le Christ est vrai Dieu et vrai homme,

1. Thomas d'Aquin, *Somme de théologie,* I, 85, 5.

Marie est rachetée et immaculée, l'Église est sans péché mais non pas sans pécheurs, etc.

L'hérésiarque dogmaticien sait très bien cela. Son malin plaisir est de profiter de notre faiblesse pour défaire cette tension. Il nous y incite par un double attrait.

Le premier attrait relève de l'angélisme : atteindre la vérité simple de manière simple, à la façon des anges, comme ce serait bien ! Que cela nous épargnerait d'efforts, de rectificatifs et même d'erreurs ! (oui, car, comme l'homme pris de vertige sur une route escarpée, c'est une certaine crainte de l'erreur qui nous précipite). Ce mode angélique, intuitif de connaître n'est pas humain, et le malheur ici aussi, bien sûr, est que « qui veut faire l'ange fait la bête ». En réduisant la tension, on diminue le mystère, et celui-ci nous échappe au moment même où l'on croyait le saisir d'une prise à notre mesure.

Le second attrait relève de l'autonomisme : choisir la part de vérité qui nous convient et puis laisser l'autre, avoir le bonheur de construire soi-même son petit système. C'est le sens même du mot « hérésie ». Le grec *hairésis,* en effet, désigne l'action de prendre un parti, de faire un choix. Je choisis tel aspect du dogme — Jésus est Dieu — mais je rejette tel autre — il n'est pas le Dieu de l'Ancien Testament (cas du marcionisme). On a l'impression d'être plus libre. En vérité, on ne sort pas du supermarché.

De la première lettre de la Bible, ou le deux entre le duo et le duel

Le commencement de la Bible est le mot « commencement ». En hébreu, *Béréchit.* Si bien que la première lettre de toute l'Écriture sainte est la lettre *Beth* (ce qui, en français, fait justement homonymie avec la Bête, princesse du faux-semblant). Or le caractère initial de ce *Beth* est riche de significations nombreuses. Les rabbins du Talmud se sont ainsi posé la question : « Pourquoi le monde fut-il créé avec la lettre *Beth* ? » C'est la deuxième lettre de l'alphabet, le commencement commence avec ce qui est second : n'aurait-on pas été mieux inspiré d'inscrire ici la première, *Aleph*, laquelle est d'ailleurs au début d'Élohim ? Il eût suffi de permuter les mots du premier verset et d'écrire simplement : *Élohim au commencement créa le ciel et la terre.* Mais avec cet ordre conforme à ce qui est premier pour nous, et non à ce qui est premier en soi, nous aurions perdu le sens de la transcendance. Les rabbins le rappellent non moins qu'Aristote : ce qui pour nous est premier, c'est ce qui est second en soi. Nous n'avons pas d'accès direct à Dieu, à l'Être premier absolument. Il nous faut passer par la médiation des créatures et de la Torah. La graphie de cette lettre en donne l'indice : « Le *Beth* est fermé de tous côtés et ne s'ouvre que vers l'avant, dit Rabbi Yona au nom de Rabbi Lévy [Rabbi Yona lui-même, notons-le, parle en second]. Tu n'es pas autorisé à demander : Qu'y a-t-il au-dessus, au-dessous du monde, avant et après lui ? Tu t'interrogeras uniquement sur ce qui est postérieur au jour de la création du monde. » Mais à ne parler que de ce qui est postérieur, n'y a-t-il pas ici risque d'agnosticisme ? On ne devrait rien dire du Créateur. La suite du Midrach repousse cette interprétation : « Commentaire de Bar Qappara : *Sonde les premiers jours qui t'ont précédé, à partir du jour où Élohim les a créés* (Dt 4, 32)[1]. » Il s'agit de rappeler que

1. *Midrach Rabba*, *op. cit.*, p. 44.

le Très-Haut nous dépasse et que notre connaissance, qui ne l'approche qu'à partir de ses effets, le vise mais ne le comprend pas. Notre position est toujours seconde. D'entrée de jeu, cette première lettre de la Genèse nous invite à l'humilité.

Mais elle possède encore deux autres sens qui se répondent et répondent à notre réflexion. *Beth,* c'est le chiffre deux. Et *Beth,* en hébreu, c'est aussi la maison. Seul l'Éternel est absolument Un. La création est donc du côté de ce qui sort de l'Unité absolue. Le deux est notre demeure. Mais comment comprendre ce deux ? Que signifie habiter la Maison du Deux ? Est-ce le chiffre du couple ou de la dualité ? De la duplicité ou du dialogue ? Nous retrouvons dans la Bible ce que nous avons déjà perçu philosophiquement. Le deux vient sceller la tension d'une épreuve.

Le très célèbre chapitre trois de l'Ecclésiaste conçoit ce dédoublement comme celui du temps humain : *Il y a moment pour tout et un temps pour toute chose sous le ciel. Un temps pour enfanter, et un temps pour mourir ; un temps pour planter, et un temps pour arracher le plant ; un temps pour tuer, et un temps pour guérir*… La sagesse ici consiste à prendre conscience que notre condition n'est pas la même selon les âges de la vie, qu'une seule et même attitude, fût-elle des plus olympiennes, ne suffit pas à l'existence, et que le présent est toujours ouvert sur un avenir radical, où peut advenir la rechute impensable ou la rémission inespérée. Cela renvoie encore à cette autre interprétation talmudique du *Beth* inaugural : « Il y a le monde présent et le monde à venir[1]. » La Genèse commence par le deux parce que notre habitation est

---

1. *Ibid.*

double : la passagère et l'éternelle. Et l'écart entre l'une et l'autre est le temps de la grâce offerte. Vouloir tout dès maintenant ou reporter tout sur l'avenir, être trop sûr de son salut ou bien trop certain de sa perte, c'est prétendre à une unité qui n'est pas nôtre, et c'est – présomption ou désespoir qui viennent geler la source – refuser la surprise de Ce qui vient. N'est-ce pas le péché de l'ange ? Plutôt que de recevoir, après un moment d'épreuve, la béatitude divine, il a préféré se donner un bonheur immédiatement accessible, et forcément plus bas.

Le deux est autrement explicité dans le livre de Ben Sirac. Il s'y montre à double sens. Au chapitre 33, c'est celui de la dualité : *Vis-à-vis du mal il y a le bien, vis-à-vis de la mort, la vie. Ainsi vis-à-vis de l'homme pieux, le pécheur. Contemple donc toutes les œuvres du Très-Haut, toutes vont par paire, en vis-à-vis* (Si 33, 14-15) Or ce dernier verset est repris au chapitre 42, comme un refrain, mais, cette fois, c'est pour affirmer la conjugalité : *Toutes les choses vont par deux, en vis-à-vis, et il n'a rien fait de déficient. Une chose souligne l'excellence de l'autre, qui pourrait se lasser de contempler sa gloire ?* (Si 42, 24-25.) Dans le premier cas, il s'agit de ne pas confondre ce qui est réellement contraire, par exemple la justice et l'injustice ; dans le second, de ne pas séparer ce qui est réellement conjoint, par exemple la justice et la miséricorde. Et dans ce dernier cas, il est souligné que *l'un souligne l'excellence de l'autre,* c'est-à-dire que l'un ne saurait sans l'autre aller.

La vérité consistant à tenir ces deux ensemble, elle est donc toujours trinitaire : il y a l'un, l'autre, et leur relation. C'est le deux du duo. Mais le diable rapplique pour que la relation soit rompue et que l'un contre l'autre se dresse. C'est le deux du duel. Ainsi, le chiffre deux est-il celui de l'épreuve : ou bien l'on va vers moins que deux, dans la séparation ou la confusion (mais comme l'Un en soi nous est refusé, ce moins que deux vaut pour un morcellement indéfini) ; ou bien l'on va vers plus que deux, dans l'ouverture à un insaisissable tiers. Car, qu'est-ce que cette relation qui peut unir les choses les plus diverses, mais aussi réunir le pieux et le pécheur ? Ou plutôt qui réalise cette relation ? Ben Sirac parle des *œuvres du Très-Haut* ou encore de *sa gloire*. Cela signifie que ce qui réalise en dernier lieu l'union dans la diversité, c'est précisément celui qui est le mystère en personne, l'Esprit créateur et rédempteur de l'univers. Or, ce mystère ne permet pas que l'on en reste à la simple connaissance. Il exige que l'on passe à la reconnaissance, c'est-à-dire à ce qui tient des retrouvailles et de l'action de grâces. La raison ultime des choses n'est pas une raison, mais un amour. Les êtres tiennent leur existence et leur communion d'un don absolument gratuit, sans autre motif que lui-même.

Voilà pourquoi le diable s'attaque à cette relation. Il la trouve intenable. Elle lui suggère que tout est grâce, aussi bien dans l'ordre naturel que dans l'ordre surnaturel (grâce au sens strict). Elle lui intime une infinie gratitude. Or, selon sa propre logique, il faudrait que tout soit conquête. Et il suffit de se sentir quitte. Comment, dès lors, comme sur un agneau l'aigle gypaète, ne piquerait-il pas contre ce qui fait la relation ultime entre les choses ? Non pas tant pour la rompre absolument, que pour la falsifier : en faire une prise plutôt qu'un accueil, un objet de connaissance plutôt qu'un sujet de reconnaissance.

Comment les vertus deviennent folles

Que la reconnaissance du Tiers se perde, et les vertus s'éparpillent et deviennent haïssables. Le mal le plus spécieux ne se trouve pas dans le vice reconnu. Le vice en tant que vice n'a pas la force de nous séduire. Notre volonté ne peut vouloir le mal pour le mal. Il faut, pour la mouvoir, une certaine apparence de bien. Nous touchons ici à l'envers du pessimisme de La Rochefoucauld. Ses maximes ont toujours la forme restrictive : « A n'est que B », où B est un vice, et A, une vertu. L'épigraphe de ses « réflexions morales » annonce clairement cette structure génétique de tout ce qui va suivre : « Nos vertus ne sont, le plus souvent, que des vices déguisés. » Or, à partir du même constat, la pénétration du métaphysicien retourne le soupçon moraliste. Au lieu de la formule restrictive : « Ceci n'est que cela », il lui faut employer la formule expansive : « Cela est plus que cela, et dépend de ceci. » Le mal n'est rien en soi de bon, il doit toujours, pour nous attirer, emprunter au bien ses dehors, si bien que La Rochefoucauld, en dévoilant le mécanisme de notre hypocrisie ou de notre orgueil, dénonce la faiblesse ontologique du vice : il lui est nécessaire, afin de nous fasciner, de se parer des plumes du paon, de se prétendre supérieur, enfin de se déguiser en vertu. Et ce déguisement est d'autant plus facile qu'il ne consiste pas à feindre vertu, mais, pour que nous restions persuadés de notre bon droit, à séparer une vertu de sa vertu conjointe, à briser l'attelage où *l'un souligne l'excellence de l'autre*.

Ce qu'avait bien vu Chesterton. De lui, dans nos milieux, se répète fréquemment cette phrase : « Les idées modernes sont des idées chrétiennes devenues folles », phrase qui, tirée de son contexte, déformée dans son contenu, tourne à la rengaine et s'affole elle-même. On a oublié, dans l'entre-temps, le principe de cette folie idéale : le démembrement de la structure trinitaire du vrai, la dislocation de l'organisme des vertus connexes. Voici le passage d'*Orthodoxie* d'où notre phrase est extraite : « Le monde moderne n'est pas méchant ; à certains égards, il est beaucoup trop bon. Il est rempli de vertus farouches et gaspillées. Quand un certain ordre religieux est ébranlé – comme le christianisme le fut sous la Réforme – les vices ne sont pas seuls à se trouver libérés. Certes, les vices sont libérés et ils errent à l'aventure et ils exercent des ravages. Mais les vertus aussi sont libérées et elles errent, plus farouches encore, et elles font des ravages encore plus terribles. Le monde moderne est envahi des vieilles vertus chrétiennes devenues folles. Les vertus sont devenues folles pour avoir été isolées les unes des autres, contraintes à errer chacune en sa solitude. Nous voyons des savants épris de vérité, mais leur vérité est impitoyable ; des humanitaires uniquement soucieux de pitié, mais leur pitié – je regrette de le dire – est souvent mensongère[1]… »

Ces lignes puisent en profondeur dans les derniers versets du psaume 61 :

Dieu a dit une chose,
et j'en ai entendu deux :
Ceci : que la force est à Dieu,
à toi, Seigneur, la grâce !
Et ceci : tu rends à chaque homme
selon ce qu'il fait.

---

1. G. K. Chesterton, *Orthodoxie,* trad. Anne Joba, Gallimard, coll. « Idées », 1984, p. 43-44.

L'unique parole divine, nous l'entendons toujours dans la Maison du Deux, à travers un couple d'énoncés qu'il faut tenir ensemble. Ici, la miséricorde (*à toi, Seigneur, la grâce !*) unie à la justice (*tu rends à chaque homme selon ce qu'il fait*). Mais le monde comme il ne va pas, selon Chesterton, introduit le divorce dans ce ménage difficile, et voici chaque vertu d'autant plus sûre d'elle-même qu'elle est plus adultère. Le duo se change en duel. La complémentarité se brise en contrariété. Le génie diabolique, nous l'avons vu, n'est pas tant de rejeter le bien que de l'accaparer pour son compte (prier sans respecter l'ordre divin, disait Thomas). Aussi détourne-t-il notre désir même de faire le bien en isolant ces bontés que la vérité relie : la justice sans miséricorde, qui vire à la cruauté, face à la miséricorde sans justice, qui vire au laxisme ; l'humilité sans magnanimité, qui vire à l'effacement paresseux, face à la magnanimité sans humilité, qui vire au vaniteux activisme… enfin la vérité sans amour, qui est la foi des démons, face à l'amour sans vérité, qui est la philanthropie du diable. Nous courons après ces vertus partielles qui sont des vices complets, et le monde peut périr de nos empressements.

Le principe de Chalcédoine sextuplicité de l'erreur et plus…

Mais il n'y a pas que le coup de la séparation. Souvenons-nous des citations de l'Ecclésiaste et de l'Ecclésiastique : il y a aussi le coup de la confusion, plus trouble, moins repérable, qui correspondrait d'ailleurs à la troisième tentation au désert, après la chair sans esprit et l'esprit sans la chair, un esprit diminué dans une chair mondaine… Le chrétien qui entend qu'il ne faut ni séparer ni confondre, mais plutôt distinguer pour unir, peut se souvenir de Jacques Maritain (*Distinguer pour unir* est le premier titre de son grand livre *Les Degrés du savoir*), mais il doit se rappeler d'abord ce qui pourrait se nommer le principe de Chalcédoine, et qui est comme une version surnaturelle du principe de contradiction.

Le 22 octobre 451 est pour la pensée une date des plus décisives. C'est le jour où le Concile de Chalcédoine publie une profession de foi qui explicite celles de Nicée et de Constantinople, notamment sur le mystère des deux natures du Christ. Son préambule parle de « fermer la porte à toute machination (*mékhanè*) contre la vérité ». Or, quelle est la clef qui ferme à cette machinerie des erreurs ? Il semble qu'on la puisse trouver dans cette deuxième définition : « Nous confessons un seul et même Christ, Fils, Seigneur, l'unique engendré, reconnu en deux natures, sans confusion, sans transformation, sans division, sans séparation, la différence des natures n'étant nullement supprimée à cause de l'union, la propriété de l'une et l'autre nature étant bien plutôt gardée et concourant à une seule hypostase, un Christ ne se fractionnant ni se divisant en deux personnes, mais un seul et même Fils, unique engendré, Dieu Verbe, Seigneur Jésus-Christ, selon que, depuis longtemps, les prophètes l'ont enseigné de lui, que Jésus-Christ lui-même nous l'a enseigné, et que le Symbole des pères nous l'a transmis. »

La nature humaine et la nature divine sont unies dans la personne du Verbe sans confusion ni séparation. Non seulement l'une et l'autre sont sauves, sans diminution ni dénaturation d'aucune sorte, mais l'une contribue à l'excellence de l'autre : le Verbe est d'autant plus divin lorsqu'il s'incarne ; Jésus est d'autant plus humain d'être encore Dieu. Mon ami Thierry Paillard m'a fait remarquer combien ce principe chalcédonien était un principe nuptial : l'union des deux natures humaine et divine dans l'unique personne du Christ trouve son premier symbole dans l'étreinte conjugale de l'homme et de la femme. C'est d'ailleurs ce que dit saint Paul lorsqu'il parle du mariage : « *L'homme quittera son père et sa mère et il s'attachera à sa femme, et les deux seront une seule chair* ». *Ce sacrement est grand – je le dis – dans le Christ et dans l'Église* (Ep 5, 31-32). Les noces de l'homme et de la femme dans la chambre commune signifient les noces de la divinité et de l'humanité dans le Verbe fait chair. Et là aussi, l'un n'absorbe pas l'autre, mais, dans la relation, relève son identité : la femme est d'autant plus féminine d'être unie à l'homme, et, d'être uni à la femme, l'homme est d'autant plus viril.

Pour revenir à la définition des deux natures en une seule personne divine, ce ne sont plus deux erreurs génériques, mais bien six qui déboulent lorsque l'on quitte l'équilibre nuptial de la vérité. Trois dérivent de la séparation, selon que l'on choisit l'un ou l'autre des séparés, ou qu'on choisit leur juxtaposition sans jointure véritable : le Christ n'est qu'un homme, il n'avait qu'une apparence divine ; le Christ n'est qu'un Dieu, il n'avait qu'une apparence humaine ; le Christ est à la fois Dieu et homme, mais en deux personnes distinctes sous une chair schizophrène. Trois dérivent de la confusion, selon que, dans le mixage, on diminue l'une ou l'autre ou bien les deux natures : le Christ, c'est Dieu qui se diminue pour rentrer dans la nature humaine ; le Christ, c'est un homme sans âme, mais dont l'âme est remplacée par l'Esprit de Dieu, ou dont l'humanité est dissoute comme une goutte de miel dans l'océan de la divinité ; enfin, le Christ, c'est un demi-homme demi-dieu, réduction et mélange des deux en une seule nature inédite. Bien sûr, cela n'est pas tout. Sous ces erreurs génériques peuvent se ranger de multiples variantes.

Que pour exercice, et moyennant les aménagements nécessaires à un autre sujet, le lecteur essaye cette formule sur la relation de l'homme et de la femme, de l'âme et du corps, de la personne et du bien commun, de l'action et de la contemplation, de la nature et de la grâce, de la justice et de la paix, etc. Il pourra fabriquer son petit hexagone d'erreurs contraires et s'apercevoir comment, dès que l'on quitte les noces du vrai, elles s'interpellent l'une l'autre comme sur un trottoir où l'on racole.

Ces erreurs, répétons-le, sont dans un rapport d'incitation réciproque. S'opposer à l'une risque toujours de nous faire tomber dans l'autre. Dans la préface d'un ouvrage polémique, Gustave Thibon précise de manière opportune : « La santé biologique, morale ou sociale n'est qu'une ligne de faîte souvent très étroite entre deux versants également dangereux. Rien ne serait donc plus contraire à notre pensée que de considérer comme des prises de position absolues et inconditionnelles la plupart des attaques ou des mises en garde qu'on trouvera dans ces pages. Quand nous attaquons un excès, c'est pour rétablir l'harmonie et non par amour de l'excès contraire. Le médecin qui lutte de toutes ses forces contre l'insomnie ou la fièvre n'est pas pour autant partisan de la léthargie ou de l'algidité[1]. » Ce

1. Gustave Thibon, *Retour au réel*, H. Lardanchet, Lyon, 1943, p. XII.

qui n'empêcha pas son ouvrage – hélas ! – d'être récupéré par des idéologues de Vichy...

Mais à ce risque polémique s'en ajoute un autre, pédagogique (n'avons-nous pas déjà vu combien pédagogue était Satan ?) : le désir de simplifier la vérité, de la rendre plus humainement accessible, d'attraper mieux la clientèle des chercheurs de sens. Ajuster des dogmes acceptables pour l'intelligence moyenne des hommes. Favoriser une adhésion naturelle, comme une lettre à la poste. Mais comment le message serait-il encore divin ? Ainsi ce bon Sabellius croit-il servir ses paroissiens en leur expliquant que la Trinité est une manière de dire qu'il n'y a pas trois personnes dont la communion fait un seul Dieu-Amour, mais un seul Dieu qu'on appelle Père en tant qu'il crée le monde, Fils en tant qu'il sauve le monde, Esprit en tant qu'il glorifie le monde racheté. Voilà qui facilite le catéchisme. Mais c'est confondre ce qui est plus simple à nos yeux et ce qui est plus simple en soi. D'ailleurs, cet effort pour ramener la foi théologale à l'effet d'une apologétique ne réussit qu'à la réduire, quant à son mode, à la foi des démons.

Pourquoi les fils de ce siècle sont plus habiles

Dans une parabole propre à Luc, Jésus semble louer l'escroquerie d'un intendant habile et infidèle. Son maître constatant qu'il dissipe ses biens, lui annonce sa destitution prochaine. Comme il ne se sent ni de mendier ni de travailler la terre, il profite du délai qui lui reste pour remettre aux débiteurs du domaine une partie de leur dette, afin de s'en faire des amis pour l'heure où il sera à la rue : – Combien dois-tu ? – Cent barils d'huile. – Prends tes reçus, assieds-toi et vite écris cinquante. – Et toi, combien dois-tu ? – Cent mesures de blé. – Prends tes reçus et écris quatre-vingt... *Et le maître loua le gérant malhonnête, car il avait agi avec habileté. Car les fils de ce siècle sont plus habiles que les fils de la lumière envers leur propre génération. Et moi, je vous dis : Faites-vous des amis avec la Richesse d'injustice, afin que, celle-ci disparue, ils vous reçoivent dans les tentes éternelles* (Lc 16, 8-9). L'interprétation de ce passage est difficile et l'on se contentera ici d'en dégager un sens qui prolonge notre réflexion.

Pourquoi les fils de ce siècle sont-ils plus habiles, plus prudents, plus sages mêmes (autant d'approximations du terme *phronimos*) que les fils de la lumière ? Le verset ne parle pas d'une supériorité absolue, mais relative au siècle, à la *génération* à laquelle ces fils appartiennent. À cela peuvent se donner trois raisons. La première, c'est que les fils du siècle ne proposent au siècle que des choses à son niveau, le grattent où ça le démange, le prennent dans le sens du poil. Ils ne parlent jamais de l'éternel, ce qui leur épargne le balbutiement et le porte-à-faux. Deuxième raison : ils ne connaissent pas les limites morales des fils amoureux de leur prochain. Pour l'avoir, ce dernier, tous les moyens sont bons. Point d'état d'âme. S'ils ont des scrupules, car ils ne manquent pas d'en éprouver d'innombrables, c'est seulement du point de vue pragmatique, rapport à tel manque d'efficacité ou tel échec commercial. Troisième raison, laquelle reconduit à nos précédentes remarques : les fils de ce siècle se sentent bien de rompre la tension de l'énoncé véridique. Ils peuvent lancer des slogans, des mots d'ordre simplistes, des appels d'autant plus forts qu'ils sont plus relâchés dans leur contenu, sans nuance ni profondeur. Si l'intimité du mystère se dissipe dans la propagande et la publicité, les clichés mondains s'y lustrent, les raccourcis révolutionnaires s'y amplifient.

Alors ça roule pour eux, les fils de ce siècle, tandis que les fils de la lumière sont, comme Jacob au sortir de son combat avec l'Ange – boiteux. Saint Paul compare leur condition à *des vases d'argile qui portent un trésor*. Ce sont des hommes comme nous, petits, obscurs, et ils sont néanmoins fils de la lumière. Ce sont des fabricants de tentes, des charpentiers, des percepteurs, de vieilles prostituées, des pêcheurs pécheurs, et ils nous annoncent pourtant la vie éternelle. Aussi ont-ils quelque chose d'équivoque, de gauche, de clownesque, de pieds-dans-le-plat, je dirais même de faux, à cause de la disproportion entre ce qu'ils sont et ce dont ils témoignent. Ils sont, comme chez Platon, les rescapés de la Caverne : par bonté, ils y redescendent pour délivrer leurs anciens compagnons, mais leurs yeux, désormais accoutumés au plein jour, ne savent plus trop y voir parmi les ombres ; ils n'ont plus de discernement pour les fantômes, plus de répartie pour les affaires qui agitent le monde inférieur. Ils apparaissent dès lors comme des niais ou comme des hypocrites. Des tortionnaires même, puisqu'ils proposent une vérité qui nous arrache à nos opinions confortables. Ils veulent nous tourner vers le soleil, mais, à nous, amis de la pénombre, les rayons font trop mal, c'est comme s'ils voulaient nous crever les yeux.

Mais que peut bien vouloir dire le Verbe, quand il commande : *Faites-vous des amis avec le Mammon d'injustice* ? Il ne faut pas servir Mammon, nous est-il dit plus loin. Ce qui ne veut pas dire qu'il ne faut pas s'en servir. En vue de quoi ? Non pas de Mammon lui-même, mais de l'amitié. Voici comment peut s'interpréter ce précepte en lien avec notre propos : dans le combat contre l'injustice et l'erreur, vous pouvez vous servir de certains moyens du siècle, mais attention, le but n'est pas d'être le plus efficace, car l'efficacité de ces moyens n'est absolue que pour ce siècle, autrement dit pour Mammon lui-même. Le but est au passage de *se faire des amis,* c'est-à-dire, combattant avec les richesses d'injustice, de ne jamais abandonner la charité.

Car il est une fausseté pire que la sextuple erreur. Une fausseté qui est la septième merveille du démon, le sabbat des sorcières, le retour massif du malin une fois que l'on a bien nettoyé son intelligence : *Lorsque l'esprit impur est sorti de l'homme, il traverse des lieux arides en quête de repos, et, ne trouvant pas, il dit : « Je vais retourner dans ma demeure, d'où je suis sorti. » Ainsi, de retour, il la trouve balayée et rangée. Alors il s'en va et prend avec lui sept autres esprits plus mauvais que lui, et, une fois entrés, ils habitent là. Et l'état final de cet homme devient pire que le premier* (Lc 11, 24-26). Quel est cet état bien pire que d'être possédé et qui suppose même que l'on ait au préalable chassé son premier diable ? Ne doit-on pas admettre qu'il est décrit comme postérieur à la conversion ? Et ne faut-il pas affirmer, en outre, qu'il suscite de lui-même les sept autres diables, qu'il conforte les six erreurs *plus* la fausseté identique à la sienne ?

Cette fausseté, on l'aura compris, n'est pas dans la connaissance mais dans les actes. Elle consiste à défendre la vérité sans amour, disons même la vérité sans vérité, illusion la plus redoutable de toutes : l'erreur s'y trouve sans erreur, la défaillance sans faille qui la signalerait à l'intelligence clairement. Le contenu est vrai, mais la manière est fausse. La connaissance est là, mais elle est sans reconnaissance. Si bien que cela excite, en face, tous les contenus faux, dont la manière peut être un peu plus vraie. C'est que la vérité se déclare nuptiale et tendue non seulement dans son énoncé, mais aussi dans son mode, et dans sa finalité. Pour le dire en aristotélicien, la communion n'est pas que du côté de la cause matérielle (l'énoncé véridique), mais encore du côté de la cause formelle et de la cause finale, parce qu'elle est la cause efficiente. Celui qui est, en lui-même est communion. Source de la vérité, la communion doit apparaître dans l'énoncé vrai, mais elle doit aussi se déployer dans la manière de le communiquer et comme but de cette communication. L'annonce de la vérité s'accomplit dans un amour divin du prochain, spécialement du pécheur, non pas pour avoir raison, mais pour être avec lui – communiant. Il s'agit moins de donner une leçon que d'accueillir un frère. Ôtez cet élan de communion, si orthodoxe que soit votre parole, elle procède d'un souffle impur, elle possède un fond démoniaque. Et vous vous serez fait des ennemis avec la Richesse de Justice.

C'est contre cette fausseté sans erreur que, dans l'Épître aux Corinthiens, saint Paul chante une hymne à la charité : *Quand je parlerais les langues des hommes et des anges, si je n'ai pas la charité, je ne suis plus que bronze creux et sonore, ou cymbale retentissante. Quand j'aurais la prophétie et connaîtrais tous les mystères et toute la science,* QUAND J'AURAIS LA FOI TOTALE AU POINT DE TRANSPORTER LES MONTAGNES, SI JE N'AI PAS LA CHARITÉ, JE NE SUIS RIEN. *Quand je partagerais en nourriture toutes mes richesses et que je livrerais mon corps aux flammes, si je n'ai pas la charité, je ne sers à rien* (1 Co 13, 1-3). Le mot grec, *oudeis,* traduit ici par « rien », se décompose étymologiquement en *ou-de-heis,* ce qui signifie le non-un plutôt que le non-être (ou néant). L'absence de charité conduit à la négation de l'union. Et cette hymne à laquelle il est courant de donner des accents roucouleurs, nous apparaît soudain terrible : je peux parler la langue des anges, avoir une foi « totale », partager mes biens et livrer mon corps aux flammes, si je n'ai pas la charité, tout cela vient du Malin. Le diable ne répond-il pas trait pour trait aux trois situations décrites par saint Paul ? Il parle les langues des anges ; il est assez spirituel pour que les montagnes ne soient pas un obstacle à sa foi ; il ne possède aucun bien matériel et ne cesse de se livrer à ces flammes où, mieux qu'un martyr, il se sent chez lui.

TROISIÈME LEÇON

La grande combine : athéisme et pharisaïsme

De Screwtape, sous-secrétaire de l'État satanique, à son « neveu » Wormwood, démon subalterne : « … Aussi voulons-nous que l'Église reste petite, non seulement pour que le moins possible d'hommes apprennent à connaître l'Ennemi, mais *surtout* pour que ceux qui se tournent vers lui se mettent dans cet état d'exaltation maladive et de pharisaïsme agressif caractéristique d'une société secrète ou d'une clique. »

C. S. Lewis, *Tactique du diable.*

Origine et valeur de l'athéisme au point de vue démoniaque

Du Christ, les attaques les plus cinglantes ne sont pas contre des athées, mais contre des scribes et docteurs de la Loi. Forcément, dira-t-on, c'est en raison du contexte historique : *in illo tempore,* il y avait des faux-jetons, mais point d'athées en vue, du moins pas à la manière moderne, qui affirmeraient que Dieu n'existe pas. Ce serait toutefois mépriser la puissance divine que de croire que le Verbe, si cela eût été nécessaire, n'aurait pu s'incarner en un autre temps ou bien prêcher en un autre lieu. Rien n'empêchait au Père d'envoyer son Fils en mission visible auprès d'athées notoires. N'y avait-il pas, çà ou là, quelques disciples de Démocrite, Protagoras ou Épicure ? Ne pouvait-il pas, choisissant une époque où sa venue, selon certains ecclésiastiques, eût été autrement salubre, maudire en direct tel indigène de la planète Marx ? Sans problème. Mais il ne l'a pas fait. Pourquoi cette démission apparente ? Pourquoi cet acharnement sur les croyants ? À cela, j'avancerai deux motifs. Le premier est que l'athéisme moderne est une hérésie chrétienne ; il fallait donc que le christianisme soit proclamé pour que cette hérésie ait lieu. Le second est que l'athéisme spéculatif n'est pas le pire des maux ; les démons savent que Dieu existe, que les Juifs forment le peuple élu, que Jésus est le Messie, ils n'en sont pas moins diabolique, au contraire…

Le premier motif dérive du processus que nous avons observé tout au long de la leçon précédente. Dans un essai qui s'intitule *La Fin des Temps modernes,* Romano Guardini montre combien la modernité est déloyale : elle pioche ses principes dans les notions chrétiennes pour les retourner contre le christianisme lui-même. La consistance du monde créé, la réalité du libre arbitre, le sens de l'histoire, l'affirmation d'une laïcité, la gloire de la chair, la dignité du travail manuel… tout cela n'est qu'une ombre dans le paganisme et ne trouve sa consistance que sous la lumière judéo-chrétienne. Mais, du XVIe au XVIIe siècle, on glisse de l'humanisme dévot à l'humanisme athée, de l'optimisme chrétien au progressisme rationaliste. La foi dans le Sauveur avait rendu confiance en l'homme ; on pouvait s'essayer à croire en l'homme tout court, chercher une morale naturelle, sans référence à la Révélation, *etsi Deus non daretur,* selon le mot de l'apologiste Grotius (*comme si Dieu n'existait pas*). D'autant que les débauches et forfaits commis par des croyants et autres ecclésiastiques rendaient difficile la foi dans les vertus immédiates du baptême.

Cette logique de récupération déloyale n'est toutefois pas propre aux Temps modernes. Elle est de toutes les époques, elle appartient à toutes les errances : le démon nous fait jouer un excès contre l'autre et pousse ses tentacules à partir des tronçons de la vérité morcelée. Sous ce rapport, on pourrait dire que le Moyen Âge fut déloyal, par exemple en ne sachant pas faire sa place à l'Israël de la chair, alors qu'il héritait de son esprit. Et que les temps de la Contre-Réforme furent déloyaux, par exemple en ayant tendance, par réaction au protestantisme, à mettre les grandeurs du sacerdoce au-dessus des grandeurs de sainteté. Bref, il n'y aura que dans l'éternité que nous trouverons une époque absolument loyale… Pour ce qui est de notre histoire, le bon grain pousse avec l'ivraie, le balancier pendule, les déviances s'interpellent, si bien que la séparation de l'Église et de l'État fut précédée par leur collusion louche, que le cléricalisme suscita la réaction de l'anticléricalisme, et que le molinisme, à mesure qu'il proposait une apologétique plus rationalisante, provoquait en même temps, à sa droite, le fidéisme protestant, à sa gauche, le rationalisme athée.

Pour ce qui est du second motif, il peut s'expliciter par la question suivante : notre athéisme est-il ce qui comble le mieux les démons ? Pierre Bayle prétendait le contraire en affirmant que « les démons aiment mieux l'idolâtrie que l'athéisme » : « La raison de cette conduite est, à mon avis, celle-ci : c'est que les athées ne rendent aucun honneur au démon, ni directement, ni indirectement, et nient même son existence ; au lieu qu'il a tant de part aux adorations qui sont rendues aux faux dieux que l'Écriture sainte déclare, en divers endroits, que les sacrifices offerts aux faux dieux sont des sacrifices offerts aux diables[1]. » La thèse est intéressante mais se fonde sur deux très contestables suppositions : d'une part, que l'athéisme n'est pas une idolâtrie ; d'autre part, que les athées ne rendent pas, même indirectement, un culte au démon. Or l'idolâtrie consiste à rendre à une créature l'honneur dû à Dieu seul (c'est-à-dire à en faire le principe premier de son existence), et plus spécifiquement à adorer l'ouvrage de ses mains : qui peut dire que l'athéisme en ce sens n'est pas idolâtre ? Grâce à lui, nous divinisons l'argent, la technique, la raison close (bien pire que la maison close), la pose du désespoir (pas assez désespérée pour se déchirer en prière). Quant à l'hommage rendu aux démons, l'athéisme promeut, pour ainsi dire, un culte occulte. Nous avons déjà lu Baudelaire le notant avec plus de perspicacité que Bayle : « Il est plus difficile d'aimer Dieu que de croire en lui. Au contraire, il est plus difficile pour les gens de ce siècle de croire au Diable que de l'aimer. Tout le monde le sert et personne n'y croit. Sublime subtilité du Diable[2]. » Revendiquer son autonomie absolue, croire au progrès par l'industrie, vouloir

1. Pierre Bayle, *Pensées diverses sur la comète,* § 113, GF Flammarion, 2007, p. 255-256.
2. Voir note 1, p. 125.

onanistement se faire à la force du poignet, c'est aimer le diable sans y croire, parce que c'est imiter sa forclusion. Pas de messe noire, parce qu'on s'en lave les mains, mais notre cœur sert d'hostie profanée, et les fumées de nos usines peuvent fournir un suffisant encens.

Mais de quel athéisme parlons-nous ? Un athéisme militant, qui lutte contre la croyance en Dieu ? Ou bien un athéisme mou, une sorte de confort agnostique et qui se situe en deçà de la foi et de l'anti-foi ? Lequel des deux est le meilleur au point de vue démoniaque ? Sur cette question, dans *Les Possédés*, l'évêque Tikhone se prononce en souriant devant le maléfique Stavroguine. Là où Baudelaire parlait d'aimer le diable sans y croire, Dostoïevski évoque la possibilité de ne pas croire au point d'être tout proche de la vraie foi : « L'athéisme total est plus respectable que l'indifférence mondaine [...] L'athée parfait se tient sur l'avant-dernier degré avant la foi parfaite (qu'il franchisse ce degré ou non), alors que l'indifférent n'a aucune foi, à part une mauvaise peur[1]. » L'athée virulent est obsédé par Dieu. Il est dans l'a-théologie, qui est une théologie en négatif. Et si son athéisme se fonde sur un sens aigu du mal irrécupérable dans le monde, dans l'Église et dans son propre cœur, alors il n'est pas loin du retournement. Simone Weil parle d'« athéisme purificateur ». Mais il vaudrait mieux parler ici de purification de l'athéisme : afin d'aller jusqu'au bout de son entreprise, d'être le plus pur possible, l'athée ne doit pas faire de son athéisme une religion nouvelle, de son propre jugement un dieu ; aussi se dispose-t-il à la

1. F. Dostoïevski, *Les Démons (deuxième partie)*, trad. Markowicz, Actes Sud, Babel, 1995, p. 499.

vraie transcendance, à l'accueil de ce qui est par-delà le bien et le mal trop humains… Les démons ne sauraient trop l'aimer, cet athéisme-là. S'ils l'attisent, c'est pour, très vite après, modérer son feu, et le ramener à cette tiédeur vomie par l'Éternel, à cette indifférence qui croit à la vérité de la neutralité, se fabrique un monde où Dieu devient une option plutôt que le secret de toutes choses.

Pour les démons, cette indifférence est une incontestable réussite mondaine. Elle conduit à un monde en trompe-l'œil, où le divertissement tient lieu de liturgie cosmique. Mais est-ce bien une réussite infernale ? Est-ce avec cela que l'on augmente la natalité des damnés ? L'opposition entre réussite mondaine et réussite infernale correspond au partage, dans l'esprit diabolique, entre l'envie et l'orgueil. À travers notre indifférence, son envie triomphe, puisqu'elle nous avilit, retire Dieu du champ de notre désir aussi bien que de nos préoccupations. Mais son orgueil n'est pas satisfait. Sa rébellion n'a fait école que superficiellement. Il n'est pas assuré que ces cœurs qui l'ignorent détestent vraiment la grâce. Non, si cette ignorance est involontaire, si elle vient d'un bourrage de crâne subi depuis l'enfance, le diable ne gagne pas sur toute la ligne. Il se peut même qu'il perde à la fin : c'est un plaisir que l'homme ici-bas passe à côté de la vérité et vive sous un ciel bas de plafond, mais si cet homme est humble, s'il met en pratique le peu qu'il sait de la justice, s'il a de la reconnaissance pour l'être reçu, quand même il n'aurait pas la connaissance du Donateur, malheur ! il est sauvé malgré tout. Il aura peut-être vécu un enfer durant sa carrière terrestre, mais à quoi bon, s'il est perdu pour l'enfer qui n'en finit pas ?

L'athéisme involontaire de celui qui rejette une Église sur laquelle il se trompe, et qui l'accueille dans son cœur sous d'autres noms, n'est pour les démons qu'une victoire d'apparat. Cela leur donne d'enténébrer la terre, pas de peupler l'abîme. Paraphrasant le Christ, Satan pourrait s'en plaindre : « Ce n'est pas en disant : "Ni Dieu ni maître", qu'on descendra dans ma Principauté d'en-bas, mais c'est en faisant sa propre volonté séparée, comme moi, qui jouit dans la géhenne. Beaucoup me diront en ce jour-là : "Satan, Satan, n'est-ce pas en ton nom que nous fûmes athées ? en ton nom que nous avons chassé les chrétiens ? en ton nom que nous avons commis bien des persécutions et plus de flatteries encore ?" Alors je leur montrerai mon derrière en disant : "Jamais je ne vous ai possédés entièrement. Hélas ! vous vous éloignez de moi, vous qui n'avez pas pratiqué la justice des pharisiens !" » Les hommes sont pleins d'incohérences : ils peuvent prétendre que Dieu n'existe pas et cependant vivre dans la foi en une certaine bonté. C'est pourquoi l'athéisme du charbonnier ne peut satisfaire entièrement le pauvre diable. Il faudrait qu'il s'y ajoute du contentement, un refus de la Communion comme telle, une certaine participation à la mauvaise foi démoniaque.

Au damné, il n'a manqué aucune connaissance, aucune grâce pour pouvoir dire oui à Dieu. C'est par choix qu'il se refoule loin du Ciel, et l'enfer possède à ses yeux assez de charmes pour avoir sa prédilection. Quand même après sa mort il recevrait les connaissances qu'il n'avait pas, il ne ferait que persister dans son refus. De même que pour être à la suite du Messie, il suffit que son cœur, ne fût-ce qu'au dernier moment, ne refuse pas la petite lueur de vérité que l'on entrevoit et qui implicitement contient la Vérité tout entière, il faut que son esprit s'enorgueillisse contre ce que l'on entrevoit de la Miséricorde et qui recèle la Miséricorde tout entière, pour se précipiter à la suite de Satan. Le suprême intérêt de ce dernier est que je me glorifie en moi-même. C'est là sa libéralité. Et sa suprême victoire est de coopérer en nous à ce refus lucide semblable au sien. Il s'agit pour lui non pas d'empêcher toute connaissance de Dieu, mais toute reconnaissance ; non pas de saper toute foi, mais la *foi énergumène par charité* (Ga 5, 6). L'athéisme spéculatif n'est pour lui qu'un bien relatif, utile tout au plus. Ce qui est beaucoup mieux, c'est l'athéisme pratique : une gnose qui enfle, contre l'*agapè* qui édifie (1 Co 8, 1).

Dans une de ses *Chroniques angéliques,* Vladimir Volkoff raconte l'histoire d'un savant russe qui aurait découvert une preuve simple et accessible à tous de l'existence de Dieu. Lorsque la police des Soviets l'appréhende, il s'attend à la Sibérie, mais le chef de la Tchéka l'accueille à bras ouverts. Il prépare même une conférence de presse pour diffuser sa preuve sans tarder : « Les braves gens feront des pèlerinages en guise de gymnastique, ils chanteront des cantiques au lieu de l'Internationale, ils adoreront des icônes plutôt que de lire des tableaux muraux ? En quoi cela nous gênera-t-il ? Nous nous serons reconvertis plus vite qu'eux. Vladimir Illitch ici présent se sera fait élire patriarche… » Nous sommes là comme avec le Grand Inquisiteur des *Frères Karamazov* : il ne faut pas détruire la foi, mais la récupérer : « Ne comprenez-vous pas que, si nous prouvons Dieu, nous récupérons l'organe de la foi, comme on récupère une usine de machines lourdes, qu'on adapte pour fabriquer des canons[1] ? » On se souvient du démoniaque de Capharnaüm et de son *Je sais qui tu es.* Il affirme Dieu. Mais cette preuve de son existence sert à s'éviter l'épreuve de son amour.

Si Satan expulse Satan, ou le péché irrémissible

Notre question : « Qu'est-ce qui chez nous le mieux réjouit le diable ? » peut autrement se formuler : « En quoi consiste le péché irrémissible que l'on appelle aussi blasphème contre l'Esprit Saint ? » Pierre Lombard en distingue six espèces qui seront reprises par la Tradition : le désespoir, la présomption, la lutte contre la vérité connue, l'envie des grâces accordées à nos frères, la résolution de ne pas faire pénitence, l'obstination complaisante dans des biens médiocres[2]. Pas besoin de cornes ni de soufre : il suffit de réussir dans l'une de ces six catégories pour obtenir son brevet de satanisme aigu. Elles ont en commun de désigner des fautes qui résistent à la miséricorde et ne relèvent ni de l'ignorance ni de la faiblesse, mais de la malice à l'état pur : on connaît la vérité, mais pour n'en avoir aucune reconnaissance ; on maîtrise ses passions, mais pour être à soi seul son maître. La grâce divine est toujours là qui s'offre (Dieu est si simple d'Esprit qu'il ne sait pas faire autre chose), on préfère toutefois lorgner dans la sébile de son voisin, se plaindre de n'avoir pas une telle chance : *Voici tant d'années que je te sers sans avoir jamais transgressé tes ordres, et jamais tu ne m'as donné un*

1. *Chroniques angéliques,* « La preuve », éditions de Fallois, 1997.
2. Voir Thomas d'Aquin, *Somme de Théologie,* II-II, 14, 2.

chevreau pour que je festoie avec mes amis. Mais que ton autre fils vienne, celui qui a mangé ton bien avec des prostituées, et pour lui tu tues le veau gras (Lc 15, 29-30). Le frère aîné jalouse le prodigue de retour, et se ferme à ce qui était pour lui seul destiné. Regretter de n'avoir pas le sort d'autrui, ou bien, prenant exprès son contrepied, se faire excentrique, c'est renoncer à devenir original : on cherche à être singulier par comparaison aux autres, à partir de sa propre toise, au lieu d'être unique par communion avec l'Unique, à l'aune de son origine absolue.

Tout cela correspond au péché du mauvais ange. Mais c'est aussi celui du bon scribe. Revient-on à la source évangélique, à ces versets qui, les premiers, énoncent ces notions de *faute éternelle* et de *blasphème contre l'Esprit Saint*, la découverte est rude. Le diabolisme ici pointé ne renvoie pas à l'autre, l'ignorant, le faible, mais s'apparente à notre parfaite orthodoxie. On le trouverait à cette heure chez des chrétiens qui lisent un livre sur la foi des démons et qui, par zèle, la dénoncent en autrui (« Tu le connais, lecteur, ce monstre délicat, / Hypocrite lecteur, - mon semblable, - mon frère ! »). Nous avons observé comment le combat contre l'hérésie peut engendrer l'hérésie contraire, comment Satan feint sans trêve d'expulser Satan afin de le mieux confirmer sous d'autres formes…

Ainsi les gardiens de la Loi déclarent : « *C'est par l'archonte des démons qu'il expulse les démons.* » *Et [Jésus], les ayant appelés auprès de lui, leur dit en paraboles : « Comment Satan peut-il expulser Satan ? Si un royaume est divisé contre lui-même, ce royaume ne peut pas être maintenu ; et si une demeure est divisée contre elle-même, cette demeure ne peut pas être maintenue. Et si Satan se dresse contre lui-même et qu'il soit divisé, il ne peut pas tenir, mais il touche à sa fin. Cependant personne ne peut entrer dans la maison du fort et piller ses affaires s'il n'a pas d'abord ligoté le fort ; alors il pillera sa maison. Amen, je vous le dis, tout sera pardonné aux enfants des hommes, les méchancetés et tous les blasphèmes qu'ils blasphémèrent. Mais celui qui a blasphémé contre l'Esprit Saint, il reste sans pardon à jamais, car il est coupable d'une faute éternelle. » Cela parce qu'ils disaient : « Il a un esprit impur »* (Mc 3, 23-30).

– Oh ! mais nous ne sommes pas comme ces scribes : si Jésus aujourd'hui faisait un miracle devant nous, nous le reconnaîtrions tout de suite, nous le porterions en triomphe, parce que nous ne sommes pas comme nos pères, nous n'assassinons pas les prophètes, nous, mais nous les célébrons, nous leur élevons des églises…

– *Vous dites : « Si nous avions vécu à l'époque de nos pères, nous n'aurions pas été leurs complices pour verser le sang des prophètes. » Ainsi vous témoignez contre vous-mêmes : vous êtes bien les fils de ceux qui ont assassiné les prophètes. Eh bien, vous achevez donc ce que vos pères ont commencé !* (Mt 23, 30-32.)

Celui qui témoigne avec suffisance, témoigne contre soi, quelle que soit la véracité de son témoignage, car le vrai témoin de la Vérité ne peut être suffisant : signe pur, il doit être transparent à Celui dont il témoigne, qu'il reconnaît plus grand, et devant lequel il s'humilie et s'efface pour qu'autrui puisse aller à sa rencontre. Or, ce qui donne cette transparence du signe, c'est l'opacité même de l'amour, cet amour qui aime l'Autre en lui-même, par-delà ce que l'on en connaît, par-delà la seule transparence intellectuelle. Dès lors, si la *faute éternelle* consiste à dénoncer le diable là où Dieu se trouve, son erreur n'est pas tant intellectuelle, du côté de l'objet que l'on dénonce, que morale, du côté de la manière de le dénoncer. Les scribes disent : *C'est par l'archonte des démons qu'il expulse les démons,* et nous ne voyons que leur grossière méprise quant à l'identité de Jésus. Le fond de leur accusation n'est pas dans cette bévue dont nous pouvons avec facilité nous départir, mais dans le projet d'un messianisme dont ils maîtrisent entièrement le cours, d'un christianisme sans Christ qui viendrait déjouer leur plan : Que sa Venue ne soit pas d'un Nazaréen vivant et libre, insaisissable et agissant, mais d'un sociétaire dont le rôle est écrit et qui ne sort pas des rails prévus par la mise en scène des spécialistes…

La chose est assez curieuse pour être relevée : Jésus appelle Satan « le fort » (*ischyros*), titre que les impropères du Vendredi Saint attribuent au Seigneur (*Hagios Ischyros*). Comment le fort est-il donc ligoté, puisqu'il est le fort ? Et comment le crucifié est-il fort, puisqu'il est le crucifié ? Il faut penser que le fort est ligoté par sa force même. Qu'advienne cette grâce qui ne s'accueille que si l'on dépose son pouvoir afin d'être investi par un pouvoir plus haut, le voici impuissant, piégé dans la camisole de sa force : il est comme le petit chat qui voudrait attraper le rayon de soleil. Ainsi de ces docteurs de la Loi qui prétendent si bien connaître le Messie d'après leurs prophéties qu'ils ne peuvent le reconnaître en chair et en os. Leur christianisme a son centre dans une vérité abstraite, et non dans la Vérité en personne. Il s'accomplit dans un savoir, et non dans une rencontre. En conséquence, la délation s'y substitue à l'hospitalité ; la volonté de puissance au désir de communion.

Luc nous en avertit par les deux références aux démons dont il encadre la mission des soixante-douze disciples. Avant cette mission, Jean prend la parole : *Maître, nous avons vu un homme qui chasse des démons en ton nom ; et nous l'en avons empêché parce qu'il ne nous suit pas. – Ne l'en empêchez pas, lui répondit Jésus, car qui n'est pas contre vous est pour vous* (Lc 9, 49-50). Au retour de cette mission, ce sont les Soixante-Douze qui s'écrient avec joie : « *Seigneur, les démons mêmes nous sont soumis en ton nom* ». *Jésus leur dit :* « *Je voyais Satan tomber du ciel comme un éclair. Voici, je vous ai donné le pouvoir de marcher sur les serpents et les scorpions, et sur toute la puissance de l'ennemi ; et rien ne pourra vous nuire. Cependant, ne vous réjouissez pas de ce que les esprits vous sont soumis ; mais réjouissez-vous de ce que vos noms sont écrits dans les cieux* » (Lc 10, 17-20). Satan tombe, mais nous pouvons tomber avec lui, exactement comme la première Femme savante, trop sûre de pouvoir rétorquer au Serpent. Et si nous tombons, c'est de nous réjouir de notre puissance en tant que puissance (*les démons nous sont soumis*) et de la chérir en tant qu'exclusive (*nous l'avons empêché parce qu'il ne nous suit pas*). Or ce qui doit faire notre joie, c'est une grâce que nous n'avons pas méritée, et qui s'offre aussi bien à l'autre, l'étranger, le démoniaque même, pécheur comme nous, et peut-être moins que nous depuis que nous sommes chrétiens, et que nous pouvons pécher pareil malgré nos dons plus grands. Les frais convertis font les inquisiteurs les plus virulents. Conscient de ce péril supérieur, saint Paul interdit leur ordination à une place trop élevée : *Que l'évêque ne soit pas un nouveau converti, de peur qu'il ne tombe, aveuglé par l'orgueil, sous la condamnation portée contre le diable* (1 Tm 3, 6). Il n'y a qu'un chrétien trop zélé pour entrer dans la plénitude du démoniaque : Satan n'était-il pas le premier des séraphins et comme le « frère cadet du

Christ », selon Lactance, pourvu, à l'instant de sa création, de la grâce la plus haute ? Lui aussi, au premier instant, était *plein de grâce,* mais, à l'instant suivant, il s'est vidé, pour ne plus être plein que de lui-même. Il y a là comme une prélature du mal, qui s'ouvre à côté de l'autre, avec l'autre, tel un abus de biens sociaux.

Jacques le rappelle après avoir signalé la foi des démons. Il ne s'agit plus seulement de la dangereuse hauteur de l'autel, mais de celle de toute chaire professorale : *Mes frères, ne soyez pas nombreux à enseigner : vous le savez bien, nous recevrons un jugement plus sévère* (Jc 3, 1). À mesure que croît notre connaissance de la vérité, à mesure que se déploie notre effort à la transmettre, à mesure aussi augmente notre capacité de pécher plus gravement : non seulement du côté formel, parce que nous péchons sous le soleil, mais aussi du côté matériel, parce que nous pouvons travestir, fût-ce d'un seul iota, le dépôt de la foi, et que notre péché touche alors à une matière gravissime : « Il est en effet beaucoup plus grave de corrompre la foi qui assure la vie de l'âme, que de falsifier la monnaie qui permet de subvenir à la vie temporelle[1]. » Le démoniaque, pour nous, est précisément de mettre en circulation cette fausse monnaie, ces billets de grand prix qui imitent en tout le vrai, hormis un léger filigrane infalsifiable, qui est le Visage de l'Amour crucifié.

Les pharisiens, pardon, les chrétiens d'aujourd'hui, et non les publicains et les prostituées, sont seuls capables d'approcher la perfection démoniaque, cette foi orgueilleuse, sûre de son salut, méprisante à l'égard des autres pécheurs. Le Christ nous envoie *comme des*

1. Thomas d'Aquin, *Somme de Théologie,* II-II, 11, 3.

brebis au milieu des loups. Pour assumer cette situation mortelle, toujours cette tension tragique de la vérité – non seulement dans son énoncé mais aussi dans son témoignage – nous devons être *avisés comme les serpents et ingénus comme les colombes* (Mt 10, 16). À la fois colombes et serpents, mais sans être doubles, puisque le mot ici traduit par « ingénu » signifie littéralement « sans mélange ». Comment faire ? Que se perde la Charité orientée par la Vérité, et l'on se fait colombe niaise, qui laisse faire le mal, ou bien serpent mêlé, qui y collabore directement. Et, pour avoir voulu garder notre confort en étant *des brebis au milieu des loups,* nous devenons bientôt *des loups déguisés en brebis* (Mt 7, 15), plus voraces en nous présentant sous un mufle bénin.

Le cri de Job et la foi de ses amis

Un sommet du démoniaque se trouve chez les amis de Job. Les pires calamités que le juste doit subir, ce n'est pas le vol de ses biens, la mort de ses enfants, l'ulcère qui dévore son corps, mais les conseils de sa femme, puis de ses amis. La première l'invite à maudire Dieu et à mourir. Les autres, au contraire, entreprennent une défense de Dieu qui tend à lui faire perdre cœur. Et ce sont ces derniers qui sont les pires. Sa femme, du moins, reconnaît l'obscurité du mal et lui demande pour cela de renier la bonté divine. Ses amis en méprisent le mystère et déclarent que c'est normal, qu'il n'y a pas sujet à crier contre le ciel. Éliphaz de Théman le regrette : « Toi qui affermissais les autres, as-tu perdu la foi ? Tu n'as pas le droit de faiblir », comme si la foi du saint était pareille au savoir des démons, une obstinée propriété intellectuelle. Bildad de Shouach l'accuse : « Ce qui t'arrive, c'est parce que tes fils ou toi, vous avez péché, et si tu prétends le contraire, n'est-ce pas la preuve de ton orgueil, et donc que tu es pécheur ? », comme si tout se réduisait à la stricte justice et non à l'épreuve d'une plus radicale miséricorde. Tsophar de Naama le déboute : « Dieu est absolument transcendant, comment pourrais-tu disputer avec lui ? », comme si cette transcendance ne devait pas nous travailler, susciter l'excès du cri, provoquer la violente scène de ménage qui est le signe d'une Alliance plus profonde que tous les dorlotements.

Ces bons amis veulent à tout prix de bons comptes : il faut colmater cette brèche dans l'édifice de la doctrine, bâillonner cette bouche du pauvre qui gémit trop fort. Leur discours n'est pas faux, mais ils le disent faussement, et tout s'en trouve dévié. Leur intention est loin d'être mauvaise, mais, au lieu de pleurer avec celui qui pleure, ils veulent étancher ses larmes avec leur petit mouchoir – et l'attente du Sauveur n'a plus lieu d'être. Ils prétendent être du parti de Dieu contre Job sans avoir l'amour de Dieu pour Job. Saint Jean Chrysostome commente : « Il est évident que celui qui s'est chargé de la parole de consolation n'a pas besoin de moins d'habileté que ceux qui incisent les plaies. C'est donc à bon droit qu'ils ont reçu de Job le nom de "médecins de malheur", eux qui irritent la plaie, et cela par malignité. [...] Leurs paroles non seulement sont dénuées de consolation, mais inspirent même un profond découragement et développent longuement des discours accusateurs[1]. »

---

1. Jean Chrysostome, *Commentaire sur Job*, c. IV, 1, trad. H. Sorlin, « Sources chrétiennes », 1988.

Chargés de la parole de la consolation, mais prodiguant des paroles dénuées de consolation : Jean Chrysostome dit exactement ce que sont les amis de Job. Leur zèle est si empressé de défendre l'Éternel qu'ils en oublient que l'Éternel est le défenseur du pauvre. Leur sollicitude est si impatiente de consoler Job par leurs arguments qu'ils lui interdisent, n'implorant pas avec lui, de chercher sa consolation en Dieu.

À propos d'Éliphaz, Thomas d'Aquin remarque : « Il reprend Job pour son impatience [...] mais lui-même manifeste le tempérament d'un homme très impatient et irascible, qui ne souffre pas d'écouter jusqu'au bout ce qu'on lui dit et s'excite dès les premières paroles[1]. » Tel est souvent le « catho », tombant sur le malheureux pour lui déballer son catéchisme. Mais la chose peut se passer autrement et notre désolante consolation marcher à l'envers de celle des amis de Job. On ne soupçonne plus l'accablé d'être un pécheur, mais on lui répète que « Dieu est amour », qu'il n'y a guère de place pour la déréliction, et si l'on écoute l'autre, c'est moins pour l'écouter, que pour se voir en train d'écouter, jouer au bon Samaritain et se payer son ticket pour les cieux.

La théodicée pire que l'athéisme

Dans son remarquable opuscule *Sur l'insuccès de tous les essais de théodicée,* Kant s'arrête aussi sur les amis de Job. Il le fait d'autant mieux qu'il peut s'accuser lui-même d'avoir donné dans le travers de cette bienveillance

1. Thomas d'Aquin, *Exposition littérale sur le livre de Job,* trad. J. Kreit, Téqui, 1998.

malfaisante, trente-deux années auparavant, alors que leibnizien, et plus encore wolffien, il écrivait ses *Considérations sur l'optimisme* et soutenait le rationalisme béat du « meilleur des mondes possibles ». À présent, contre les dictateurs de la résignation optimale, il prend la défense de celui qui crie sur son tas de fumier : « Job parle comme il pense, comme il sent, et comme tout le monde sentirait à sa place. Ses amis parlent au contraire comme si le Tout-Puissant, dont ils jugent la conduite, n'était que leur auditeur, et comme s'ils aimaient mieux s'attirer ses bonnes grâces que dire la vérité. La perfidie qu'ils mettent à affirmer, pour la façade, des choses dont ils devraient convenir qu'ils ne les ont pas vérifiées, comme à simuler une conviction qu'en réalité ils n'avaient pas, fait un violent contraste avec la droiture de Job, si éloignée de toute flatterie mensongère. » Et Kant conclut plus loin : « Celui qui se dit à lui-même, ou ce qui revient au même en matière de religion, qui dit à Dieu : Je crois, sans avoir peut-être jeté un seul regard sur son for interne pour voir si vraiment, au moins à quelque degré, il a conscience de cette conviction, cet homme commet le mensonge non seulement le plus inepte à l'égard de Celui qui sonde les cœurs, mais encore le plus criminel[1]. » Le plus criminel des mensonges est dans cette foi dont le zèle n'est qu'extérieur : celui qui la confesse des lèvres n'est jamais descendu au fond de son cœur pour y voir sa propre détresse, pour avouer que les choses ne sont pas si claires.

Il y a toujours danger, cependant, à faire la critique des amis de Job : on risque de se présenter comme un

1. Emmanuel Kant, *Considérations sur l'optimisme et autres textes*, Vrin, 1972, p. 207 et 213.

autre de ses amis, meilleur que les autres. Kant aurait pu se contenter de dire que nulle théologie n'épuise l'expérience du mal, celle-ci exigeant une réponse existentielle et non une solution théorique. Mais il finit par juger que la raison ne saurait parvenir à une connaissance certaine sur Dieu. Le retour du balancier le fait passer de Wolff à Hume, d'une théodicée rationnelle à un rationalisme agnostique, auquel se juxtapose – c'est la spécificité kantienne – une sorte de fidéisme pratique. Le drame de Job travaille au fond de la *Critique de la raison pure.* Lorsque Kant explique : « J'ai dû supprimer le *savoir* pour lui substituer la *croyance*[1] », d'une part il cherche à retrancher la foi comme hors l'entendement, dans un sanctuaire privatif où le scepticisme ne peut plus l'atteindre, d'autre part il veut faire place à la détresse du juste contre l'optimisme métaphysique. Mais c'est encore croire que cette détresse se situe au plan métaphysique et la réduire encore à un problème spéculatif. C'est aussi supposer que le savoir et la foi sont concurrents, ce qui pousse à ranger cette dernière dans l'ordre de la nature. Pour Kant, la perfidie des amis n'est pas tant d'avoir parlé sans amour véritable, que sans sincérité profonde. Son exigence devient celle d'une foi consciente et non superficielle. Or, qui nierait que les démons soient sincères quand ils proclament : *Tu es le Saint de Dieu* ? Le problème n'est pas la plus ou moins grande franchise de la foi, mais que cette foi ne se trouve pas que sur la ligne de la nature, qu'il s'agisse de savoir ou de croyance, d'intelligence ou de volonté, mais soit transportée dans l'ordre de la grâce. Ce n'est

---

1. *Id., Critique de la raison pure,* préface à la seconde édition, trad. J. Barni, Garnier-Flammarion, 1987, p. 49.

pas en contestant les preuves rationnelles de l'existence de Dieu que l'on évite la foi démoniaque. C'est en soulignant qu'elles ne suffisent pas au Salut. Alors on s'aperçoit que ces preuves n'abolissent pas mais renforcent l'épreuve : dépasser la clarté de la raison est un renoncement plus grand que d'avoir à dépasser sa pénombre.

Si la théodicée est pire que l'athéisme, c'est dans ce qu'elle peut avoir de commun avec ce dernier : le projet totalitaire – la prétention par la raison ici-bas de totaliser le réel, au lieu de reconnaître cette part maudite ou ce cœur béni qui nous échappe (le rationalisme n'est pas la vraie rationalité, laquelle sait toujours confesser son au-delà). Quand on est athée, il est normal qu'on veuille avoir le dernier mot ; quand on croit en Dieu transcendant, la chose est plus perverse. Il faudrait accepter le « deux » de notre condition, professer que l'Un n'appartient absolument qu'à Dieu, mais voilà qu'on s'efforce de réaliser dès maintenant l'unité parfaite, à vue humaine, d'abord au plan de la science, ensuite au plan de la Cité. Ainsi, le serviteur trop utile cherche à blanchir Dieu aux yeux des hommes. Le mystère du mal n'est plus qu'un problème dont on peut trouver la solution, théorique aussi bien que pratique. Mais cette justification de Dieu devient une justification du mal. Le rabbin Richard L. Rubenstein est des seuls qui pensèrent non seulement le rapport de la Shoah à la rationalisation de l'existence, mais surtout de cette rationalisation à une certaine théodicée chrétienne, où les voies du Seigneur seraient pour nous entièrement sondables et pénétrables. La figure de Malthus est un pivot de cette bonne intention totalitaire : « Son *Essai sur le principe de population* est une théodicée, c'est-à-dire une tentative pour démontrer la rationalité inhérente aux voies du Créateur tout-puissant. Malthus était un chrétien croyant et même un prêtre de l'Église anglicane. Mais il fut aussi le concepteur d'une des idéologies les plus influentes pour légitimer un système sociopolitique dans lequel les valeurs morales héritées de la tradition judéo-chrétienne ouvrirent la voie à de simples calculs de pertes et profits, toujours plus exacts et moralement neutres. En considérant la pénurie des ressources, l'excès de la fécondité humaine et la lutte universelle pour la vie comme des expressions de la providence divine, Malthus argumentait de fait en faveur de l'essentielle rationalité d'un ordre social où les valeurs du Marché se substituaient inexorablement aux principes de la tradition[1]. »

La question, pour ce pasteur chrétien, c'était la mort des pauvres toujours plus nombreux : pourquoi Dieu permettait-il cela ? Malthus aurait pu, comme Job, s'en tenir à ce cri. Mais comment se contenter d'un cri qui est précisément rupture de tout contentement ? Il voulut donc expliquer, légitimer, montrer que c'était, à tout point de vue, pour le mieux. Quelques années plus tard, Marx aura la même expérience. Il dira, peut-être contre Malthus, que la religion est l'opium du peuple. Mais sa logique sera foncièrement la même : il se croit, selon l'expression de Raymond Aron, « confident de la providence », il possède les lois de l'Histoire, il sait que le mal a son principe dans la propriété privée et que la souffrance des prolétaires conduit dialectiquement à la société sans classe. Là où Malthus finissait par justifier

1. Richard L. Rubenstein, *The Age of Triage,* Beacon Press, Boston, 1983, p. 54-55.

la violence du Marché, Marx justifie celle de la Révolution. Nous commençons à l'entrevoir : de Malthus à Darwin, qui applique le principe de population à toute la nature, puis à Marx et Hitler, qui, chacun à sa façon, le réinjectent dans l'ordre politique, le théisme disparaît, mais la *théodicée* demeure dans son essence, comme autodicée, avec cette suffisance qui croit posséder le dernier mot sur l'origine et sur la fin de l'histoire humaine.

L'illusion de la chrétienté

La possibilité du démoniaque hante toute l'œuvre de Kierkegaard. C'est elle qui donne lieu à sa définition de la vérité : « La vérité est la subjectivité ou l'intériorité », définition qui influencera celle de Heidegger. Le sérieux chez Kierkegaard est une notion qui cherche à nous faire sortir du plan notionnel pour qu'en nous la vérité se fasse chair. Kierkegaard le sait : la Vérité est une personne, et non un texte, en sorte que si le texte subsiste, c'est avant tout pour rappeler la voix qui l'excède et révèle : *Moi je suis la Vérité* (Jn 14, 6 – On peut penser que tout l'existentialisme, même celui de Sartre, dérive *via* Kierkegaard de cette affirmation évangélique). Le pire des mensonges, dès lors, n'est plus de ne pas dire la vérité, mais de la dire sans cesse pour ne pas la vivre. La parole de sagesse y correspond au plus pervers des bavardages, puisque c'est un bavardage qui s'ignore, ou qui prend sa bave pour la rosée du ciel : un moyen de différer toujours le passage à l'existence, de fuir la vérité du disciple en embrassant celle du professeur.

Kierkegaard définit le démoniaque comme l'angoisse devant le bien. Tout pécheur n'est pas démoniaque.

Celui qui est dans le mal et qui a l'angoisse du mal, est déjà éclairé par la lumière du repentir : vu d'en haut, il a déjà un pied dans le Royaume. Mais celui qui gît dans le mal et qui a l'angoisse du bien, nulle lueur de retour ne l'éclaire : il appartient à l'espèce des démons. Or cette angoisse du bien peut très bien se cacher derrière une défense du bien : l'important est de différer, de surseoir à l'assomption en lui de notre être. « La vérité a toujours beaucoup d'apôtres faisant la grosse voix, mais la question est de savoir si l'homme veut pleinement la reconnaître, la laisser pénétrer tout son être, s'il veut en accepter toutes les conséquences sans se réserver au pis-aller une échappatoire ni les trahir dans un baiser de Judas. » Et Kierkegaard de comparer plus loin le démoniaque partisan de l'orthodoxie la plus dure à « ce philosophe moderne inventeur d'une nouvelle preuve de l'immortalité de l'âme, mais incapable en danger de mort de la prouver, faute d'avoir ses notes sous la main[1] ! »

Dans cette perspective, le croyant ne s'oppose plus tant à l'incrédule. Le rigide orthodoxe se dérobe aussi bien que le libre penseur, résiste même mieux que lui à cette Vérité qui aurait voulu assumer en eux comme une chair nouvelle : « Quand un orthodoxe rigide met tous ses soins et son érudition à démontrer que chaque mot du Nouveau Testament provient de l'apôtre en question, alors l'intériorité disparaît peu à peu et il finit par comprendre tout autre chose qu'il ne voulait. Quand un libre penseur emploie toute sa sagacité à prouver que le Nouveau Testament n'a été écrit

1. S. Kierkegaard, *Le Concept de l'angoisse,* trad. K. Ferlov et J.-J. Gateau, Gallimard, coll. « Tel », 1990, p. 309-310.

qu'au IIe siècle, ce qu'il redoute c'est l'intériorité ; de là son besoin à toute force de classer le Nouveau Testament sur le même plan que tout autre livre[1]. » On retrouve cette orchestration diabolique qui s'amuse sur les deux tableaux. Et des deux adversaires, l'athée à l'extrapolation douteuse et l'exégète au millier de notes en bas de page, c'est le second qui est le plus près du diable : il ressemble au beau parleur de la tentation au désert. Sa foi n'agit plus et sa propre bouche le condamne.

De là vient la critique de Kierkegaard envers la chrétienté. Elle n'a pas le caractère accidentel d'une indignation devant l'état navrant de l'Église danoise. Elle procède de son sens du démoniaque et marque à la fois la très grande force et, sans aucun doute, le point faible de sa pensée. La chrétienté lui apparaît comme la plus radicale subversion du christianisme. Elle produit l'illusion que le christianisme se déclare dans un état civil. Elle gagne en extension ce qu'elle perd en intensité[2]. Sa foi si facile n'est plus qu'extérieure et, par conséquent, démoniaque : « Que signifie que tant de milliers de gens se disent chrétiens sans difficultés ! Comment peuvent prendre ce nom [...] ces hommes qui font d'une certaine intégrité civique le maximum de leur idéal[3] ? »

Dès que le christianisme devient la loi d'une société temporelle, son triomphe se change en échec : « *Le christianisme a été aboli par sa propagation,* par ces millions de chrétiens de nom dont le nombre cache l'absence de chrétiens et l'irréalité du christianisme. [...] Toute la

1. *Id.*, p. 314.
2. Voir Kierkegaard, *Vingt et un articles, Œuvres complètes*, 19, trad. Tisseau, 1982, p. 44.
3. *Point de vue explicatif de mon œuvre d'écrivain, Œuvres complètes*, 16, trad. Tisseau, éditions de l'Orante, 1971, p. 17.

chrétienté (c'est-à-dire le christianisme historique tel qu'il s'est imposé) n'est autre chose que l'effort du genre humain pour retomber sur ses pattes, pour se débarrasser du christianisme, en prétendant que c'est son accomplissement[1]. » L'attaque ne porte pas tant sur le pouvoir romain, que sur la réduction du christianisme à une morale. La suite du Christ s'y change en suivi d'un devoir. Le paradoxe y est remplacé par la parade, la souffrance par le soulagement. En un mot, le Croire est expurgé de sa Croix : « Dans le christianisme de la chrétienté, la croix est devenue quelque chose comme le cheval mécanique ou la trompette d'un enfant. » Son scandale se résout dans la scansion d'un gentil choral. Ce qui n'est pas de ce monde est absorbé dans les royaumes de ce monde : les chrétiens succombent à la troisième tentation. Par voie de conséquence, dans une telle société, celui qui veut dissiper le mirage doit faire une anti-profession de foi : « Si tous sont dans l'illusion en se disant chrétiens, et s'il faut travailler là contre, cette action doit être menée indirectement, et non par un homme qui proclame bien haut qu'il est un chrétien extraordinaire, mais par un homme qui, mieux informé, déclare qu'il n'est pas chrétien[2]. » Commencer à être vraiment chrétien, c'est reconnaître qu'on ne l'est pas, pas encore, pas de telle sorte que l'on puisse en faire étalage.

Dans *La Subversion du christianisme,* Jacques Ellul reprend la pensée de Kierkegaard et en conclut que la sécularisation n'est que la continuation de la chrétienté par les mêmes moyens. Le paradigme mondain poursuit

1. *L'Instant, Œuvres complètes*, 19, trad. Tisseau, 1982, p. 145.
2. *Point de vue explicatif de mon œuvre d'écrivain, op. cit.*, p. 19.

sa substitution de la morale à la mystique, de la norme au drame, de la nature à la grâce. Il le poursuit jusqu'à se retourner contre les chrétiens « qui ne se conduisent pas autrement que n'importe qui », car c'est au nom de la morale que l'on condamne les méfaits de la chrétienté… La société séculière paraît à bon droit plus honnête que la chrétienté mondaine : elle, du moins, évince le Christ ouvertement. Le vrai chrétien n'a donc pas à s'en plaindre. Là se trouve l'occasion pour un renouveau du vrai christianisme, celui du petit nombre humilié, de l'antimorale, de la contre-culture, du sel de la terre, etc.

Kierkegaard tient en faveur le « petit nombre » jusqu'à cette position-limite : « On peut très bien être chrétien tout seul. Et si l'on n'a pas une très grande force d'âme, par mesure de précaution chrétienne, mieux vaut être peu nombreux ! […] Être chrétien, c'est être le sel et consentir au sacrifice. Mais ni milliers, ni (encore moins) millions, ni (et bien moins encore) pays, royaumes, États, ni (absolument pas !) le monde entier ne sont faits pour cela. En revanche, s'agit-il de profit, de médiocrité, de tout ce qui est le contraire du sel, les fades radotages, la possibilité de tout cela commence avec les 100 000 et augmente avec chaque million pour culminer au moment où le monde entier est devenu chrétien. C'est pourquoi "l'homme" se préoccupe de rendre chrétiens tous les peuples, royaumes, pays, le monde entier ; il y a intérêt – car être chrétien devient alors tout autre chose que ce dont il est question dans le Nouveau Testament[1]. » L'évangélisation du monde

---

1. *Vingt et un articles, Œuvres complètes*, 19, trad. Tisseau, 1982, p. 44.

n'est jamais ici qu'une mondanisation de l'Évangile. Porter le Christ aux multitudes n'est que repousser l'instant de le porter en soi. L'effort de la mission se tourne vers ce lâche objectif : se fabriquer un environnement agréable, où le martyre est impossible, où le missionnaire est congratulé.

Mais la question se pose aussitôt : Pourquoi Kierkegaard publie-t-il ? Pourquoi même, à la limite, publierait-on la Bible ? Sa diffusion ne met-elle pas à portée de tous son usage pervers ? Ne conduit-elle pas à faire de la Bible un livre parmi d'autres ? Au reste, l'écrit lui-même apparaît ici comme douteux, puisque lire et écrire ne sont pas encore mettre en pratique. Enfin, si le christianisme n'est plus d'une Église qui rassemble, se réduira-t-il à l'individu qui se veut incompris ?

Kierkegaard a raison de dénoncer l'illusion de la chrétienté. Mais il a tort de la nier comme telle et de refuser toute institution chrétienne. Ses publications qui parlent d'intériorité en témoignent contre lui et prouvent le bien-fondé d'une certaine propagation. Je veux dire que l'institution chrétienne possède par nature le même sens que l'œuvre de Kierkegaard : analogue au texte qui renvoie par-delà la lettre, elle est là comme un signe, et même comme un sacrement, rappelant ce qui œuvre au secret de l'institution apparente, faisant circuler le Sang du Corps mystique.

Nous savons que l'idéologie du Bien qui se réalise par la force de l'institution conduit au totalitarisme. Nous savons que l'essentiel est dans « la "petite bonté" allant d'un homme à son prochain », mais il serait contradictoire de poursuivre avec Lévinas en disant que cet amour du prochain « se perd et se déforme dès qu'il se veut doctrine, traité de politique ou de théologie,

Parti, État et même Église[1] ». Car celui qui dit cela énonce encore une doctrine, et cette doctrine, pour se répandre, a besoin d'une certaine institution qui répète : *Ce que vous avez fait au plus petit, c'est à Dieu que vous l'avez fait...* En méprisant les médiations, en voulant être chrétien tout seul ou en petit comité, on ne voit pas comment la foi échapperait davantage à l'orgueil, à l'esprit de parti, à l'esprit impur, donc. La crainte du démoniaque ici semble appartenir encore au démoniaque lui-même. Elle n'est pas surmontée par la confiance en ce Ressuscité qui commande : *Allez donc, faites des disciples de toutes les nations* (Mt 28, 19).

La chrétienté est sans doute un risque, le risque d'une hypocrisie diabolique, d'une tiédeur à vomir, d'une perversité comble sous couvert de charité, mais pourquoi ne serait-elle pas un risque à courir ? Elle ne consiste pas en une identification de l'Église et de l'État, ce qui serait effectivement un désastre. Elle laisse concevoir un État qui ne se replie pas sur lui-même mais ménage une place vacante et libre pour l'annonce du mystère divin, et une Église qui a d'autant plus à donner au monde qu'elle est moins mondaine. Pardessus tout, contre un élitisme qui dégraderait l'Évangile en une gnose ésotérisante, la chrétienté permet une proposition de la foi à tous, spécialement aux petites gens, dévorés autrement par les séductions du marché. Ces pauvres gens qui regardent leur poste, qu'auraient-ils donné si la tendance générale avait été de regarder l'hostie ? Tous ces petits qui sont faits mieux que les sages, beaucoup mieux que moi-même,

1. Emmanuel Lévinas, *Entre nous*, Grasset, 1991, p. 242.

pour rayonner la sainteté, les voici qui agonisent sous les pieds de la bête.

Se garder de la chrétienté par peur du faux-semblant, se garder de toute apologétique par peur de l'orgueil, c'est se croire à trop bon marché quitte de l'orgueil et du faux-semblant. L'apologétique est une urgence non pour produire la foi, mais pour y disposer, déblayant le terrain de toute erreur afin d'y laisser livrer la vraie et intime bataille. L'extension du christianisme en une chrétienté est à rechercher non pour la réussite mondaine de l'Église, mais pour la sanctification des pauvres qui sont autrement pris en otages. La chrétienté certes n'est pas un terme. Elle n'est pas le Royaume des cieux. Au contraire, dans une société où la vraie charité est connue, le péché, toutes choses égales par ailleurs, est bien pire. Il est possible qu'il y ait plus de damnés dans une chrétienté lucide que dans une société agnostique par ignorance. C'est pourquoi la chrétienté n'est pas un but absolu. Même si tout le monde devenait chrétien, le Royaume ne se trouverait encore que dans ce que les prophètes appellent *le petit Reste*. Cette notion de « Reste d'Israël » n'est toutefois pas numérique. Elle ne désigne pas un petit nombre d'élus. Elle signifie que n'est élu que celui qui passe à travers l'épreuve, c'est-à-dire qui reste — après avoir été *criblé comme le froment*. La chrétienté est précisément le lieu où l'on ne cesse de rappeler ce primat de la crise spirituelle (du grec *krinein,* passer au crible) sur le confort moral. Comme société où le christianisme est structurellement annoncé, on ne peut pas ne pas y annoncer aussi qu'avec sa banalisation la Bonne Nouvelle risque de ressembler à une vieille lune, et qu'il faut donc combattre sans trêve pour ne pas réduire à un manuel de savoir-vivre ce qui est d'abord la grâce d'un savoir-ressusciter, et par conséquent, au préalable, d'un savoir-mourir.

Le grand coup double : petite Église et monde athée

Le roi Salomon, lors de la dédicace du Temple, achève sa grande prière par ces très catholiques paroles : *Tous les peuples de la terre sauront que le Seigneur est Dieu, et qu'il n'y en a pas d'autre. Alors votre cœur sera tout entier au Seigneur notre Dieu, observant ses lois et gardant ses commandements comme maintenant* (1 R 8, 60-61). Garder dès à présent ses commandements, c'est être tendu vers cet avenir où tous les peuples sauront que le Seigneur est Dieu. Bien sûr, cet universel peut tourner à l'idolâtrie, comme en avertit l'auteur sacré lui-même : Salomon *aime beaucoup de femmes étrangères* (le sage arrive au chiffre astronomique de sept cents épouses et trois cents concubines) et se met à suivre Astarté, Milkom, Kemosh et maints autres faux dieux (1 R 11, 1-8). On veut faire venir tous les peuples à l'Éternel et, finalement, c'est l'Éternel que l'on monnaie en de menues idoles. Le désir de la communion se noie dans la cupidité du commerce. Le danger est certain, Kierkegaard le rappelle. Mais cela n'empêche pas cette vérité : *votre cœur sera tout entier au Seigneur* dans la mesure où le Seigneur ne sera pas qu'à votre peuple, comme votre petite propriété, mais à *tous les peuples de la terre*. Il ne s'agit pas de conquête ni d'annexion, mais d'humilité et d'offrande.

Ici commence à se dessiner ce que peut être la stratégie du démon relativement à l'athéisme. Une société entièrement athée ne fait pas assez son régal. Après une chrétienté dont la collusion avec le pouvoir temporel sut faire ses délices, il tend à promouvoir ensemble une société séculière au milieu de laquelle le petit nombre des chrétiens s'enferme dans un pharisaïsme supérieur – le pharisaïsme du publicain, en quelque sorte – qui consiste à se sentir meilleur tout en pouvant se poser en minorité persécutée. C. S. Lewis l'a noté dans un de ses chefs-d'œuvre, *Screwtape letters,* titre qu'il est convenu de traduire par « Tactique du diable ». Un diable en chef y divulgue, en effet, quelques sages conseils de tentation à un démon de seconde zone qu'il appelle son neveu, parce qu'il ne saurait l'appeler son frère. Son intention à propos du petit nombre des chrétiens y est finement expliquée : « Nous voulons que l'Église reste petite, non seulement pour que le moins possible d'hommes apprennent à connaître l'Ennemi, *mais surtout* pour que ceux qui se tournent vers lui se mettent dans cet état d'exaltation maladive et de pharisaïsme agressif caractéristique d'une société secrète[1]. » Telle est de Satan la combine qui contente à la fois son envie et son orgueil, sa tyrannie jalouse et son efficacité damnatrice : la propagation de l'athéisme, d'un côté, qui plonge les hommes dans une ignorance parfois bestiale ; la défense d'une Église-secte, de l'autre côté, qui fabrique des chrétiens presque aussi malins que lui.

Ces chrétiens-là, le démon les égare encore par une double tactique. Il les pousse aussi bien vers une intériorité fausse que vers une extériorité polémique. Screwtape écrit d'abord : « Concentre l'attention de ton protégé sur sa vie intérieure [...] Détourne-la des

1. C. S. Lewis, *Tactique du diable,* trad. E. Huser, éd. EBV, Bâle, 1980, p. 28.

devoirs les plus élémentaires pour la diriger vers des tâches plus élevées et plus "spirituelles". Accentue chez lui ce trait si humain qui nous est si utile : l'horreur ou simplement la négligence d'obligations qui semblent pourtant évidentes. Amène-le au point où il pourra faire son examen de conscience pendant une bonne heure sans découvrir un seul des faits qui sautent aux yeux de quiconque a vécu sous le même toit ou travaillé dans le même bureau que lui[1]. »

L'esprit mauvais est toujours favorable aux exercices spirituels, pourvu que ce ne soit pas ceux d'une spiritualité de l'Incarnation. Mais il est aussi favorable à un apostolat très actif, pourvu que ce ne soit pas celui de la charité : « Aussi longtemps qu'il attachera plus d'importance aux réunions, aux pamphlets, à la politique, aux mouvements, aux causes et aux croisades qu'aux prières, aux sacrements et à l'amour du prochain, il sera des nôtres – et plus il sera "religieux" (comme nous l'entendons), plus sûrement il nous appartiendra. [...] La seule chose qui compte est de faire du christianisme une religion à mystères dont ton protégé se prend pour un des initiés[2]. »

L'enjeu est de nous laisser croire que nous avons un titre à être chrétiens – alors que nous sommes plus misérables que les autres – et, par là, de nous entraîner à produire un christianisme à notre goût, avec son Christ customisé en traditionaliste ou progressiste, doloriste ou hédoniste, conservateur ou révolutionnaire, christ d'Apollos ou christ de Paul ou christ de Képhas, que nous puissions être plus catholiques que le pape,

1. *Id.*, p. 15.
2. *Ibid.*, p. 29 et 80.

ou plus papistes que l'Église : « S'il faut que les hommes se convertissent, nous tenons du moins à les maintenir dans cette disposition d'esprit que j'appellerai le "christianisme plus". Tu sais bien – le christianisme plus la crise, le christianisme plus la nouvelle psychologie, le christianisme plus l'ordre nouveau, le christianisme plus la guérison par la foi, le christianisme plus la recherche parapsychologique, le christianisme plus le végétarisme, le christianisme plus la réforme de l'orthographe. S'il faut qu'ils soient chrétiens, qu'ils le soient au moins avec un trait distinctif. Substitue à la foi elle-même une idée à la mode teintée de christianisme[1]. » Une idée à la mode, c'est-à-dire aussi bien une idée qui se contente d'en prendre le contre-pied, pourvu qu'on mange une hostie à sa sauce.

L'essentiel par ce « plus » est de défalquer le christianisme de son mystère de grâce. Une fois encore, la foi des démons consiste non pas à abolir, mais, si j'ose dire, à accomplir une foi à la mesure de son temps, de ses besoins, de ses caprices. Rien de mieux pour cela que de former soit une grande Église du monde, comme si l'Éternel avait absolument besoin d'être en vogue ; soit une petite Église de privilégiés, comme s'il n'avait absolument besoin que de nous.

Béatitudes d'enfer : la miséricorde piratée

On se souvient des démons qui s'installent dans l'âme balayée et rangée. Sept plus un, huit, c'est le

---

1. *Ibid.*, p. 81.

nombre des béatitudes. Satan étant « singe de Dieu », j'imagine la parodie :

Heureux les riches de leur propre esprit, les principautés de ce monde sont à eux.

Heureux les durs, ils posséderont la terre conquise.

Heureux ceux qui pleurent, pourvu qu'ils se disent que le méchant c'est toujours l'autre.

Heureux ceux qui ont faim et soif de leur propre justice, ils sauront toujours revendiquer.

Heureux les miséricordieux, ils pratiqueront l'euthanasie.

Heureux les cœurs qui se sentent purs, car ils verront le diable.

Heureux les pacifistes, ils signeront d'autres Munich.

Heureux ceux qui se targuent d'être persécutés, et qui s'accordent le droit de persécuter en retour, les principautés de ce monde sont à eux.

Ce n'est qu'une version discutable. La sirène sait moduler mille variations, afin que nos tympans soient sensibles à ses sortilèges. L'essentiel, si le mystère de Dieu est un mystère d'amour, est de caricaturer l'amour lui-même. Et l'ange singeur y réussit tellement que c'est toujours avec réserve qu'il nous faut employer un mot qui rappelle les feuilletons les plus sirupeux comme les plus mortelles revendications. Celui qui veut être chrétien pour de bon se trouve presque obligé, à la Bloy, d'aller contre l'« amour » et de lui préférer la colère. Que faire devant des locutions comme « *faire* l'amour » ou « *faire* la charité » qui l'une comme l'autre profanent l'acte tout en prétendant le consacrer ? La tentation est forte de rejeter une rhétorique du Dieu *doux et humble* de cœur, et d'élire à la place les foudres du Dieu *terrible,* selon l'incipit du psaume trente-cinquième : *C'est le péché qui parle au cœur de l'impie : ses yeux ne voient pas que Dieu est terrible.* Mais retenir la terreur contre l'amour, parce que ce dernier est par toutes les bouches livré à la prostitution, le diable en tire encore son épingle du jeu (ou plutôt y enfonce son écharde). Pour Satan, le Satan, c'est-à-dire l'Adversaire, c'est Dieu. Il lui sied de le faire apparaître sous le seul jour du *Dies irae,* tout autant qu'il lui plaît de le montrer sous la seule formule du *Dieu est amour* : l'important est de séparer les deux, tonnerre ou guimauve…

Le grand bluff, dans nos chrétientés déchristianisées, consiste à récupérer la compassion pour la retourner contre le Christ. Compassion de la tripe sensible contre celle du cœur ardent : elle aurait consisté à faire avorter Marie, pour lui éviter à la fois la répudiation et ce fils voué au supplice monstrueux, et, s'il était trop tard pour cette sollicitude, à donner du moins à Jésus non pas le vinaigre sur la Golgotha, mais un cocktail lytique à Gethsémani. Les chrétiens sociaux craignent de passer pour tortionnaires, si bien qu'ils finissent par céder à la gentillesse létale. Mais les « cathos-tradis », en face, se font aussi avoir à ce jeu de la compassion : que tout se résume à la lutte contre l'avortement, et qu'on oublie d'annoncer la Grâce qui sauve le misérable (spécialement l'avorteur), voilà qui réjouit infiniment l'enfer. Nous avons là le débat-type, parfaitement orchestré par le pandémonium.

Pour toucher au fond de la foi démoniaque, il faut sans doute affirmer que le diable croit à sa propre miséricorde. Il sait qu'il fait le mal par rapport à Dieu, mais il ne pense pas que, par rapport à lui-même, ce soit mal, autrement il ne se serait pas porté pleinement à le faire.

S'il n'est pas en lui d'erreur spéculative, il est, en revanche, une erreur affective ou morale : « Il est manifeste que le diable a mal agi, mais il ne juge pas qu'il a mal agi, parce qu'il ne saisit pas sa faute comme un mal, mais y persévère avec un esprit obstiné. Cela relève de la fausseté de la connaissance pratique ou affective[1]. » Il reste donc persuadé que ce que Dieu réprouve est néanmoins pour soi une merveille. Attention : il *sait* que la Vérité le réprouve, mais il *préfère* sa fiction, parce qu'elle n'est qu'à lui seul, plus solitaire que tout chartreux, à lui plus que tout trappiste à la Trappe. Et chaque matin le trouve récitant son *Magnificat :*

Mon âme s'exalte elle-même,
Exulte mon esprit en moi, mon propre sauveur,
Je me suis redressé comme mon propre maître,
Désormais tous les âges me diront autonome.

Tout est là : il ne veut pas accueillir la miséricorde de Celui qui est ; dès lors, il se satisfait de la miséricorde du néant. Dieu l'a créé gratuitement. Qu'à cela ne tienne : il agira gratuitement. Car lui aussi a sa grâce. Mais ce n'est pas la grâce de l'amour. C'est le gratis de l'absurde. Et les deux se ressemblent en ce qu'ils jaillissent *ex nihilo,* comme l'éclair. Mais c'est une création *ex nihilo* pour la première, pour la seconde, un néant *ex nihilo.* Lorsqu'elle veut puiser dans un fonds qu'elle n'a pas reçu, qui n'appartiendrait qu'à elle, qui serait en dehors de toute communion avec Dieu et avec les autres, la créature ne peut se rabattre que sur son néant.

---

1. Thomas d'Aquin, *De malo,* 16, 6, 8.

La miséricorde diabolique consiste en conséquence à procurer la paix non par l'être mais par le néant, non par surabondance mais par suppression : « Tu as mal à l'âme ? Nie l'existence de l'âme. Tu as mal à Dieu ? Nie le mystère de Dieu. Tu as mal au mal ? Nie qu'il s'agisse d'un mal. Plutôt que la distinction du bon grain et de l'ivraie qui patiente jusqu'à la moisson céleste, on rase tout gratis, ou bien l'on fait comme s'il n'y avait que du blé... » Politique de l'autruche ou tactique de la terre brûlée, il est indéniable que ce sont là des consolations à portée de main, que l'on peut se donner à soi-même, avec le plaisir d'avoir eu l'initiative de la miséricorde.

Cette miséricorde négative, imitation de Dieu sans Dieu, est une assez bonne raison d'aller en enfer. Elle est un acte d'indépendance. Au lieu d'une liberté que je reçois en consentant à une alliance, une liberté que je m'octroie en coupant les ponts, car la rupture aussi peut être indissoluble et le néant, d'une certaine manière, peut paraître comme un absolu, au-delà des choses, immuable, impassible, inaccessible. Dieu m'a créé sans que je le veuille, eh bien je ferai, à charge de revanche, quelque chose sans qu'il le veuille. Avec une gratuité analogue, avec une invention tout aussi dénuée de motif, même si mon faire ne consiste qu'à défaire, même si mon bon plaisir m'enfonce dans une mauvaise tristesse. La décréation possède, en négatif, une gratuité semblable à celle de la création. La miséricorde qui anéantit la misère par négation immédiate peut même fasciner davantage que la miséricorde qui transfigure la misère par une grâce laborieuse. Par rapport à la Croix qui conduit à la joie, une bonne balle dans la tête, un gentil baume au cœur paraissent plus expéditifs. Je ne parle pas, bien sûr, de ces pauvres suicidés que le désespoir submerge, ni de ces tristes sentimentaux qu'une sucette comble, mais de qui, sûr de soi et pétant la forme, s'est suicidé spirituellement, presque sans s'en apercevoir.

TROISIÈME PARTIE

SOLEIL DE SATAN ET NUIT DE LA FOI

ou ce que les démons n'ont pas :
la chair, la mort, la grâce

Affirmer la foi des démons n'est pas sans lourde conséquence sur notre approche du mal moral. Est interdite désormais toute conception gnostique de la rédemption comme toute réduction charnelle du péché. Par conception gnostique de la rédemption, j'entends l'idée que la connaissance spéculative ou la maîtrise technique de soi seraient suffisantes pour être sauvé, ce qui conduirait à ramener toujours le péché à l'ignorance ou à la faiblesse, autrement dit à notre condition charnelle, la chair étant à la fois le voile et l'entrave. Cette vision des choses contamina la pensée chrétienne par le biais du stoïcisme, sans doute, encore si cher au Pascal des *Entretiens avec M. de Sacy*. Épictète qui énonce : « Lorsque quelqu'un te fait du mal, c'est qu'il se trompe », écrit par ailleurs : « Il n'y a qu'une seule route qui conduise à être un homme libre, c'est de mépriser tout ce qui ne dépend pas de nous[1]. » Être maître de soi, ne pas se

1. *Manuel,* XLII et XIX.

laisser submerger par les passions de la chair et les représentations erronées de l'esprit, tel serait l'unique chemin du salut. Or le démon n'a ni passion déviant sa volonté ni représentation faussant son intelligence. Il est parfaitement maître de lui-même. Il n'a rien cherché davantage que ce qui ne dépend que de lui. Sa citadelle intérieure est si inexpugnable que Dieu même ne saurait plus y entrer. Pour nous, il est vrai, la plupart de nos errances procèdent de l'ignorance et de la faiblesse. Et le démon sait profiter de celles-ci au point que ce serait tomber dans l'erreur contraire de se fier absolument à tout ce qui est charnel. Mais ignorance et faiblesse n'atteignent pas le démoniaque pur. Contrairement à une idée trop répandue (on devine par qui), le pire ne correspond ni à la barbarie ni à la bestialité, et ce qui fait aujourd'hui de nous des êtres si perméables au nazisme encore, c'est que nous dénonçons celui-ci comme s'il s'agissait d'une explosion sauvage emportant des *Untermenschen,* alors qu'il touchait spécialement des êtres raffinés qui savaient se tenir cinq heures à écouter *Tristan und Isolde.*

L'esprit est prompt et la chair est faible (Mc 14, 38), cela va sans dire, mais cette parole du Christ peut être prise dans un sens qui accuse le danger d'un péché purement spirituel. La promptitude du pur esprit lui donne la possibilité de commettre des fautes sans erreur, de se jeter tout entier dans un mal qu'il prend pour son bien, sans nulle circonstance atténuante. Ramener toute faute à l'ignorance et à la faiblesse, c'est ne pas voir la racine de la faute qui tue. Et c'est tomber avec le mépris de la chair dans le mépris de la charité.

Chair et charité se ressemblent pour deux raisons. D'une part, aimer, comme être charnel, c'est avoir un faible, éprouver une certaine dépendance, et par là être vulnérable. D'autre part, la chair comme la charité déborde la simple clarté naturelle de la raison, celle-là par en bas, celle-ci par en haut : elles exigent une morale qui n'est pas seulement celle de la maîtrise, qui n'a en tout cas rien à voir avec une morale de la performance. La chair et la charité, liées l'une à une mort physique et l'autre à une mort mystique, impliquent un certain pâtir : le fait d'être livré à un autre, pour le meilleur et pour le pire, et donc de passer, dans leur condition terrestre, par une épreuve. La tentation des philosophies fut de proposer une consolation par soi-même, telle qu'elle nous fait esquiver cette épreuve. Là où saint Paul parle de gémir, les sagesses païennes proposent l'ataraxie. Là où le Christ demande de prendre sa croix pour une joie déchirante, les spiritualités humaines ordonnent de gommer l'angoisse pour un contentement parfait. Elles flirtent toujours avec le péché de l'ange : non pas d'avoir échoué à l'épreuve (Dieu viendrait encore le repêcher), mais de l'avoir refusée, purement et solitairement, de lui avoir dénié toute pertinence, parce que l'autonomie lui parut préférable à la communion.

Dans le décisif livre XIV de *La Cité de Dieu,* saint Augustin démasque dans cette tentation stoïcienne une complicité démoniaque. À la décharge de la chair, il rappelle : « Ne peut-il arriver que l'idolâtrie ou l'hérésie ne soit souvent une raison de s'abstenir des voluptés de la chair ? […] Quoique de la corruption de la chair naissent certain attrait vers le vice, certains désirs déréglés, gardons-nous d'attribuer à la chair tous les désordres de la vie ; car *ce serait justifier le démon,* qui n'est point dans la chair. On ne peut, en effet, appeler le démon fornicateur ou ivrogne, ni l'accuser d'aucun autre vice charnel, quoiqu'il soit l'instigateur caché de pareils crimes, mais il est infiniment superbe et envieux[1]. » Pour la défense de l'amour jusque dans ce qu'il a d'aveuglant, il ajoute : « Toutes les passions sont bonnes ou mauvaises selon que l'amour est bon ou mauvais. [...] Parfois l'émotion, non d'une cupidité répréhensible, mais d'une louable charité nous arrache des larmes malgré nous. [...] Si donc il faut appeler apathie l'insensibilité complète de l'âme, *qui ne voit que cette insensibilité est le plus grand de tous les vices*[2] ? » Qui rend la chair responsable de tous les désordres « justifie le démon » : il estime que dompter ses propres désirs charnels suffit à le rendre bon, et donc oublie le désordre plus grand de l'orgueil. Qui fait de la maîtrise de soi le *nec plus ultra* de la morale chute dans « le plus grand des vices » : il méconnaît cet amour qui nous arrache à nous-mêmes et nous fait pleurer « malgré nous », et donc refuse la morale de la miséricorde. Car la vraie morale n'est pas une morale de la réussite. Elle est une morale de l'échec, du ratage, de cette misère que la miséricorde vient saisir, de cette concupiscence qui nous fout à terre pour qu'avec nous, mais aussi malgré nous, la grâce vienne nous relever.

L'ivrogne grommelant avec l'invisible attirera toujours l'indulgence et la sympathie. Le religieux imbu de lui-même produira toujours le plus grand dégoût. Dans *Le Triomphe de l'humilité*, une pièce de la petite Thérèse, Lucifer s'adresse à saint Michel au sujet du mal qui menace spécialement les carmélites : « Je m'en moque

1. Saint Augustin, *La Cité de Dieu*, L. XIV, 2-3, trad. L. Moreau, Éd. du Seuil, coll. « Points », 1994, p. 147 et 149.
2. *Ibid.*, 7 et 9, p. 155, 162 et 163

bien de ton armée virginale… ne sais-tu pas que j'ai des droits aussi sur elle ?… Je suis le prince de l'orgueil ; or si les vierges sont chastes et pauvres, qu'ont-elles de plus que moi ? Je suis vierge aussi et, tout en prodiguant les richesses aux hommes, je les méprise pour moi-même comme une fumée… Tu vas me répliquer : et l'obéissance, la pratiques-tu ?… Ah, Mikael, je suis aussi malin que toi… Non, je n'obéis pas de plein gré, mais je me soumets aux ordres de Dieu contre ma volonté ; les vierges peuvent obéir aussi tout en gardant au fond du cœur leur propre volonté, elles peuvent obéir et désirer commander ; que font-elles alors de plus que moi[1] ? » Elles font moins, en vérité, si elles sont vraiment religieuses : elles laissent faire l'Époux.

Dans ces dernières leçons, nous évoquerons ce qui nous protège au mieux du mal virginal ou, si l'on peut parler ainsi, du péché immaculé des démons ; nous approcherons la vraie foi théologale dans sa double tension charnelle et charitable. Autant dire que les pages qui suivent sont encore plus balbutiantes que les autres. Leur clarté de toute façon serait à redouter : pour éclipser le soleil de Satan, il n'est que la Nuit obscure.

1. Sainte Thérèse de l'Enfant-Jésus et de la Sainte-Face, *Théâtre au Carmel*, Éd. du Cerf-DDB, 1985, p. 257.

PREMIÈRE LEÇON

Le fruit des entrailles

Mon Dieu, voilà ce que j'aime : ta loi me tient aux entrailles.

Ps 39, 9.

Je mettrai une inimitié entre la femme et toi

C'est un classique du spiritualisme que de diaboliser la chair et, à travers elle, la femme. *Instrumentum diaboli* les y qualifie l'une comme l'autre. C'est par la femme qu'Adam a chuté ; par la chair de sa chair, qu'il a perdu l'esprit ; et sa descendance désormais porte en ses fibres la tache et l'attrait d'une poisseuse concupiscence. De fait, le diable sait nous prendre par les parties basses et, du chaos sensuel, nous pousser à la faute. Éprouverait-on l'exigence de la pureté qu'on ne pourrait que ressentir, en conséquence, la nécessité de mortifier ses membres. De là jusqu'à voir dans le charnel un fief appartenant au mauvais, il y a peu. Et nous tombons une fois de plus dans l'erreur contraire. Car le démon, à l'évidence, est trop content de cette vision des choses :

le pur esprit ne hait rien tant que l'Incarnation, et SES PREMIERS MOTS dans la Bible : *En plus, vous ne mangerez d'aucun arbre,* trahissent l'ambition d'une subsistance sans chère, et donc sans le poids de la chair.

Mais il y a autre chose que ces premiers mots du serpent, et ce sont les derniers mots de l'Éternel à son encontre : *Je mettrai l'inimitié entre toi et la femme, entre sa descendance et ta descendance, elle te meurtrira à la tête et toi, tu la meurtriras au talon* (Gn 3, 15). D'après ce verset, ce qui va contre le démoniaque et finit par écraser la crête de son orgueil, ce sont ces deux choses que les traités de théologie négligent trop souvent : le féminin et la filiation. Mais comment comprendre cela ? Et d'abord le féminin : que signifie cette inimitié spéciale et même exclusive entre la Femme et le Serpent ?

Saint Augustin lisait ce passage dans un sens très figuré : « Dieu ne met pas d'inimitié entre le serpent et l'homme, il en met seulement entre lui et la femme. Est-ce parce que le démon ne trompe et ne tente pas les hommes ? Il est manifeste qu'il les trompe. [...] Pourquoi donc ces paroles, si ce n'est pour nous montrer clairement que nous ne pouvons être tentés par le diable, qu'au moyen de cette partie animale que l'on se représente à travers l'image et la similitude de la femme[1] ? » S'il n'y a d'inimitié qu'entre le serpent et la femme, c'est parce que la femme est ici l'allégorie de notre partie sensible, et sensible aux suggestions du démon. La partie intellectuelle échappe au pouvoir de ce dernier, et même si elle est le principe du péché mortel, puisqu'il faut avoir consenti par soi-même pour

1. *De la Genèse contre les Manichéens,* Livre II, chap. XVIII.

pécher formellement, elle ne subit pas les troubles et les atteintes directes des mauvais esprits. Je ne peux toutefois m'empêcher de penser que cette interprétation s'oppose au sens obvie du texte. Pourquoi cette inimitié serait-elle la marque d'un défaut plutôt que d'une force ? Augustin, dans la suite de son commentaire, change soudain de perspective et libère une lecture autrement plus juste : « Il y a aussi des inimitiés établies entre la semence du diable et celle de la femme ; la semence du diable signifie les suggestions perverses, et celle de la femme, les fruits de bonnes œuvres par lesquels on résiste à la tentation du mal. Le diable observe la plante du pied de la femme, afin de la mettre sous son joug, si elle se laisse aller à des joies défendues ; de son côté elle observe la tête du serpent, afin de le repousser dès que se fait sentir la tentation du mal. » La femme ici n'est plus la faiblesse malléable aux emprises démoniaques. Elle est le lieu d'une résistance. Résistance des bonnes œuvres, dit Augustin, soit ! Mais pourquoi ces bonnes œuvres sont-elles vues sous le jour du féminin ?

Qu'il s'agit bien du féminin en tant que tel, et non d'autre chose, un indice nous en est donné dans la clôture de cette séquence. Alors qu'Adam vient d'entendre son châtiment, voici qu'il nous est dit comme en contrepoids : *Adam appela sa femme du nom d'Ève, car elle fut la mère de tous les vivants* (Gn 3, 20). C'est la première occurrence de ce nom. Ève est bien la même que la sainte-nitouche du jardin. Mais ce nom ne lui revient qu'après notre faillite. Au moment de sa création, Adam la nomme seulement « femme », *isha,* à partir du mot « homme », *ish,* cette dérivation nominale signifiant qu'elle a été tirée de lui-même. Vient la chute, et la chute par la femme : on aurait compris qu'Adam ne l'appelle plus dorénavant que la « Mortelle » ou la « Mortifère ». Mais il l'appelle *Havah,* la « Vivante ». Le plus étonnant pour nous est ici la juxtaposition de la mort dans l'homme et de la vie dans la femme. Que l'on relise les deux versets concernés (Gn 3, 19-20), comme ils se suivent, sans transition aucune : « *C'est à la sueur de ta face que tu mangeras du pain, jusqu'à ce que tu retournes dans la terre, d'où tu as été pris ; car tu es poussière et tu retourneras à la poussière. » Adam appela sa femme du nom d'Ève, car elle fut la mère de tous les vivants*... Le retournement est si violent que l'éditeur se sent obligé entre 19 et 20 de revenir à la ligne. L'annonce de la mort aurait dû arracher à Adam quelque cri d'effroi, le pousser, par vengeance, à égorger sa femme, ou du moins à l'insulter à plein crachats. Au lieu de quoi il la nomme du nom même de la Vie, sans autre forme de procès. Pourquoi ? Selon toute vraisemblance, parce qu'il a entendu la malédiction du serpent : il croit au caractère salutaire, vivifiant, de cette inimitié entre le féminin et le démoniaque.

Pour l'entrevoir, il convient d'abord de dire ce qu'est le féminin. On connaît la définition très concrète d'Aristote dans son *De generatione animalium :* « Par mâle, nous entendons l'être qui engendre dans un autre, et par femelle l'être qui engendre en soi. » Le masculin correspond à une opération transitive et, pour cela, visible : il jette sa semence hors de lui-même ; son temps sexuel est court, son espace, celui du dehors ; c'est l'espace-temps de l'éjaculation. Le féminin correspond à une opération immanente et pour cela invisible : il accueille en soi quelque chose qui se fait malgré lui ; son temps sexuel est long, son espace, celui de l'intériorité ;

c'est l'espace-temps de la gestation. Porter l'autre en soi, laisser faire dans son sein une croissance obscure, ces qualités du féminin ne sont-elles pas exactement celles de l'âme par rapport à son Créateur et Sauveur ? Car l'âme – et le Cantique des Cantiques suffirait à le prouver qui dépeint le peuple élu sous la figure de l'épouse – doit être métaphysiquement dans une posture féminine par rapport à Dieu : celle d'une réceptivité à la grâce qui opère en nous malgré nous, comme dans la parabole propre à Marc, comparant le Royaume à un grain qui pousse tout seul.

Cette féminine posture est précisément celle que renie le démoniaque. Le diable est sans entrailles. Il n'accueille pas l'autre en son cœur, comme ce qui lui serait plus cher que lui-même. Sa volonté de puissance se retrouve plus expressément dans le symbole non pas du masculin, mais du phallique, c'est-à-dire d'un masculin qui voudrait s'auto-constituer dans le déni d'un féminin capable de limiter sa puissance : symbole de la conquête extérieure, de la possession de l'autre en le faisant jouir, de la maîtrise du visible, de la pénétration qui elle-même ne veut rien recevoir malgré soi. Bien sûr, ce partage du féminin et du masculin n'est pas exactement celui de la femme et de l'homme. Celle-ci peut se laisser séduire par le démoniaque. Comme l'homme n'est plus masculin, mais phallique, elle n'est plus féminine, mais hystérique : « L'éternelle Vénus (caprice, hystérie, fantaisie) est une des formes séduisantes du Diable[1]. » Cette éternelle Vénus est la femme qui renonce aux profondeurs de la matrice, c'est-à-dire à un recueillement fécond de l'invisible.

1. Charles Baudelaire, *Mon cœur mis à nu,* XXVII.

On peut penser dès lors que l'inimitié entre la femme et le serpent signifie, en général, la réceptivité à la grâce contre la forclusion dans sa pure nature. Par là, elle renvoie en particulier et de manière suréminente à la Sainte Vierge, dont la matrice est abyssale et que le phallique n'a pas atteint. La Tradition la montre foulant le serpent à ses pieds. Cette foulée mariale, un instinct délicat et infaillible la représente toujours comme opérée sans lutte, l'air de rien. Marie ne vainc pas le diable comme l'Archange. Saint Michel terrasse le Dragon, il est actif, l'ajuste, brandit la lance ou l'épée. Notre-Dame, au contraire, se tient sur le serpent comme s'il n'était pas là. Elle n'en est pas préoccupée. Elle ne le vise pas du talon. Tout son être, dans sa féminité, n'est qu'accueil du Très-Haut. Si elle écrase Satan, c'est par surcroît, parce qu'elle ne cesse d'être un réceptacle débordant de grâce. Et c'est pourquoi Satan est mieux écrasé par elle que par l'Archange : elle lui ôte jusqu'au prestige du combat.

Depuis le XVIe siècle, les grands commentateurs de la Genèse reconnaissent dans notre passage ce qu'on appelle couramment le « proto-évangile », c'est-à-dire — la chute à peine consommée et au cœur même de la malédiction divine — l'heureuse annonce du Verbe fait chair, né d'une femme, qui remportera la victoire sur le démon. Grignion de Montfort écrit à ce sujet : « L'antique serpent appréhende plus Marie, non seulement que tous les anges et les hommes, mais, en un sens, que Dieu même. Ce n'est pas que […] la puissance de Dieu ne soit infiniment plus grande que celle de la Sainte Vierge puisque les perfections de Marie sont limitées, mais c'est premièrement parce que Satan, étant orgueilleux, souffre infiniment plus d'être vaincu et puni par une petite et humble servante de Dieu, et son humilité l'humilie plus que le pouvoir divin[1]. » Cette page est admirable au point de vue anthropologique : Marie fait plus peur à Satan que Dieu, non seulement parce qu'elle est humble (ce qu'un ange peut être aussi), mais encore parce qu'elle est charnelle, ou, pour dire les deux à la fois, parce qu'elle accueille dans ses entrailles la plénitude du mystère divin. Que l'Esprit Saint triomphe de l'esprit mauvais, quoi de plus normal ? Qu'il en triomphe à travers un esprit bienheureux, comme l'archange Michel, c'est encore tolérable. Mais qu'il l'écrase à travers une petite femme de chair, voilà qui est le plus insupportable à l'esprit malfaisant, voilà qui l'humilie pour de bon et accomplit la sagesse de Dieu.

Les entrailles féminines (*rahamim* en hébreu signifie à la fois les entrailles et la miséricorde) sont donc le signe d'une réceptivité à la grâce, certes, mais d'une réceptivité spirituelle et charnelle, qui engage le corps tout entier. Cet engagement renvoie sans doute à la charité fraternelle, à l'action liturgique, au martyre. Son indépassable horizon se trouve cependant dans la physiologie mariale, la physiologie de cette femme dont l'intelligence et la volonté, mais aussi tout l'organisme, autour de l'utérus-sanctuaire, se mobilise comme celui de n'importe quelle femme enceinte mais ici pour nourrir le Verbe, pour être l'enceinte, de Dieu – ce corps féminin tel un temple plus vivant et plus vaste que le Temple de Jérusalem, ce ventre tabernacle plus sacré que les tabernacles de nos églises.

---

1. Louis-Marie Grignion de Montfort, *Traité de la vraie dévotion à la Sainte Vierge*, I, Médiaspaul, 1997, p. 62-63.

Démoniaque et filiation

L'inimitié n'est pas qu'entre la femme et le serpent, elle est encore entre leurs deux lignages (ou « semences », littéralement). Mais ici le même mot désigne deux réalités essentiellement différentes. La descendance de la femme est charnelle ; celle du serpent est spirituelle. La première relève de la filiation dans l'étreinte ; la seconde de la suggestion dans l'orgueil. Qui dit filiation dit, dès lors, deux choses que l'orgueil refuse, à savoir l'esprit d'enfance et la piété filiale. Le psaume le laisse entendre : *Ta louange est chantée par la bouche des enfants, des tout-petits, rempart que tu opposes à l'adversaire, où l'ennemi se brise en sa révolte* (Ps 8, 2-3). Le rempart où l'ennemi se brise n'est pas dans la force, mais dans cette faiblesse-là.

À la différence des purs esprits, l'homme, avant d'être mûr, connaît le « vert paradis des amours enfantines ». Les anges naissent illico adultes, libres et parfaits. Nous passons par cet âge de vulnérabilité et de dépendance extrêmes, et, pour cette raison même, d'insouciance aussi et d'abandon joyeux. Ce passage par l'enfance, qui marque à jamais le fond de notre être, le Très-Haut ne pouvait pas trouver mieux pour nous préserver autant que possible du mal définitif. Bernanos est de ceux qui l'ont perçu le mieux. Son œuvre tout entière est prise entre ces deux polarités contraires de l'enfance et du démoniaque. Albert Béguin le rappelle à l'orée de sa biographie : « Il n'est guère de personnage, dans toute l'œuvre de Bernanos, qui un jour ne se retourne vers son enfance et ne garde obscurément, même au sein de la pire dégradation, la nostalgie d'une aube pure de la vie[1]. » Et de citer les paroles de Simone Alfieri à Emmanuel Ganse dans *Un mauvais rêve* : « Il est peut-être une part de vous-même que vous avez épargnée jusqu'ici. Oubliée plutôt. L'enfance a la vie dure ! Seulement, mon ami, méfiez-vous ! Ce n'est pas la première fois qu'un de vos pareils tente la chose, et si pressés qu'ils aient été de donner au public ce morceau délicat, je pense qu'aucun d'entre eux n'a réussi à déraciner tout à fait le petit enfant qu'il avait été jadis. Les plus malins n'ont donné que de vains simulacres, d'horribles poupées de cire. En tout cas, si cette chose existe encore en vous, gardez-la. Il est peu croyable qu'il en reste assez pour vous aider à vivre, mais ça vous servira sûrement pour mourir. »

Déraciner de soi le petit enfant que l'on fut, c'est essayer de faire l'ange, et par là devenir démon. On se pose comme une espèce à part entière, sans lien de dépendance aux autres créatures, sans origine à reconnaître, sinon celle que ses choix se fabriquent, en démiurge de sa vie. La sentence de Bernanos sur Hitler est significative : « M. Hitler n'a réalisé que les rêves de son âge mûr. » Les rêves de l'âge mûr sont ceux de la maîtrise. Les souvenirs de l'enfance sont ceux de l'émerveillement. Quand ceux-là attendent tout d'un accroissement de sa propre puissance, ceux-ci espèrent un don qui nous enchante et nous porte au-delà. La mémoire de ce bas âge se tient dès lors au principe des retournements les plus hauts : l'enfance est en nous comme une réserve, le souvenir des possibles, d'une certaine innocence, et donc pour le vieil homme qui s'y replonge le retour d'une fraîcheur et la possibilité de repartir à

---

1. Albert Béguin, *Bernanos,* Éd. du Seuil, coll. « Écrivains de toujours », 1954, p. 5.

neuf. Parce qu'il n'a pas d'enfance, parce qu'il naît adulte, l'ange ne peut pas revenir en arrière : ses choix sont irrévocables, il s'y porte sans retenue, sans potentialité aucune, sans l'ancrage de ces débuts qui nous donne la légèreté de débuter encore jusqu'au seuil de mourir, de rouvrir en soi la disponibilité au mystère. L'enfance en nous est ainsi la ressource du renouvellement – cette provision d'huile qui permet aux vierges sages d'être ouvertes à l'incalculable venue. Si bien que l'esprit d'enfance n'est pas seulement docilité à une providence paternelle, disposition à la grâce – ce que le bon ange détient aussi – mais point d'appui du repentir, possibilité du retour alors même que l'on est tombé. Car les chutes, chez le petit, ne font pas mal. Et il sait désarmer la colère de son père en se jetant dans ses bras.

La filiation implique aussi cette piété qui fonde la communauté fraternelle. La grande tentation moderne, démo(no)cratique, c'est d'essayer de constituer une fraternité sans père, c'est-à-dire une communauté de purs individus, sans charge historique, sans ce lien de chair qui échappe au choix. Car on ne choisit pas sa famille, sa langue maternelle, jusqu'à son propre corps, et l'utopie libertaire serait de se voir en pur esprit, n'ayant pas le devoir d'assumer et de purifier un héritage, et même en démon, ne voulant reconnaître dans l'autorité du père que le pouvoir et non la tendresse, celui qui impose plutôt que celui qui instruit. « Des "fils" ! s'exclame le sous-secrétaire de l'État satanique, voilà comme il [Dieu] les appelle dans sa manie incurable de dégrader le monde spirituel par ce genre d'union contre nature avec ces animaux à deux pattes[1]. » Le diable veut bien

1. C. S. Lewis, *Tactique du diable, op. cit.*, p. 13.

reconnaître en Dieu le Créateur, mais y reconnaître le Père, ça non ! surtout que, depuis que le Fils éternel s'est fait chair, Dieu est devenu le Père de ces sales animaux peu raisonnables, et leur Père aussi bien au sens spirituel que charnel : comment admettre cette fraternité non choisie, cette communion, non avec une élite, mais avec toute cette canaille de boue et de sang ?

Ainsi la foi théologale s'enracine dans cette réalité charnelle de la filiation. Être croyant, c'est être fils. Or être fils, c'est assumer librement une histoire qui passe par les corps et que Dieu traverse physiquement de sa grâce, malgré nous et malgré nos crimes, comme le révèle en Matthieu la généalogie du Christ. Il est dit dans le dernier livre de la Torah : *Le Seigneur vous délivre par amour pour vous et par fidélité à la promesse faite à vos pères* (Dt 7, 8). Non pas seulement par amour de nous, comme le prétendent le spiritualisme gnostique et l'amnésie fondamentaliste, méprisant la chair et la terre, la culture et l'histoire, mais aussi par fidélité à la promesse faite à nos pères, à travers ce lien d'entrailles qui nous oblige, contre toute tentation révolutionnaire ou démiurgique, à porter la nouveauté des fruits à travers la vénération des racines (mais non sans l'émondage des branches). Sans cet enracinement filial, notre foi ne peut que glisser vers le démoniaque.

Israël, ou le combat avec l'Ange

Cette *fidélité de l'Éternel à la promesse faite à nos pères* nous rappelle que la foi, en nous orientant vers le Ciel, nous inscrit mieux dans l'histoire. Elle n'est pas une sagesse déductible de soi-même, elle est avant tout rapport à un événement (celui du Messie crucifié sous Ponce Pilate et ressuscité le troisième jour conformément aux Écritures) et suppose donc la reconnaissance d'un passé commun et cette dette infinie à l'égard de l'immense chaîne des témoins qui, jusqu'à moi, se sont succédé. Or cette chaîne est pourvue de ce maillon dur, autre mystère charnel : la présence du peuple juif, héritier de cette promesse même, encore promesse à ses yeux quand bien même serait advenu l'âge de sa réalisation. Voilà donc quelque chose d'étrange au milieu des nations aussi bien qu'aux marges de l'Église. Voilà une sorte de monstre qui exactement ne relève ni de l'attachement tellurique à un sol, à des morts, à un sang, ni de l'entrée dans une sainteté offerte à tous les hommes. Les Juifs forment une existence à part, qui n'est ni celle d'une nation particulière, ni celle de l'Église universelle. Irréductibles à l'histoire dans sa dimension naturelle, irréductibles aussi au surnaturel tel qu'il s'accomplit pleinement dans la hiérarchie apostolique. Trouble-fête, par conséquent, empêcheurs de tourner en rond, et pour cela incitateurs à la mise en croix. On comprend que toute tentative totalitaire s'abatte spécialement sur eux : ils constituent une erreur de caisse, une opération qui ne veut pas entrer dans le total, un phénomène paranormal, pour ainsi dire, sur quoi butte la raison qui voudrait se clore en système. Nous pouvons saisir l'existence du particulier, nous pouvons circonscrire son mouvement dialectique vers l'universel, mais les voici qui se mettent à chaque fois en travers et tantôt arrachent les peuples à leurs particularismes étroits, tantôt empêchent le monde d'entrer dans un universalisme nivelant. Ils sont signe d'une effraction de l'éternité dans le temps. Ils sont la trace de cette grâce qui tient du bon plaisir de Dieu. C'est pourquoi, jusqu'à la fin, ils seront scandale pour tout effort de naturalisation de l'Histoire. Qu'elle s'inspire de l'hitléro-darwinisme, estimant que le supérieur émerge d'une sélection naturelle ; du pur libéralisme, croyant que le meilleur advient par la libre concurrence du marché ; de l'idéologie des droits humains, ramenant tout à l'égalité d'individus sans appartenance ; de l'esprit révolutionnaire, voulant du passé faire table rase, la politique qui récuse cette énigme de l'histoire ne peut que buter sur la présence des Juifs et s'efforcer des les réduire, ou bien par élimination, ou bien par assimilation.

Comment le démon, en effet, lui qui refuse l'épreuve de ce qui emporte au-delà de soi-même, n'aurait-il pas contre eux une espèce de préoccupation élective ? Leur singulière présence est liée au mystère même de l'Incarnation. Thomas d'Aquin le rappelle : « Toutes les nations devaient bien avoir accès au salut réalisé par le Christ, mais celui-ci ne pouvait naître que d'un peuple déterminé, d'où découle pour ce peuple des prérogatives exclusives[1]. » Prendre chair, pour le Verbe, ne suppose pas seulement une femme en tant qu'individu femelle, mais encore une fille en tant qu'héritière d'une culture qu'elle transmet à son Fils, autrement dit, une Juive. Le Seigneur, explique la grande théologie catholique, a choisi ce petit peuple, l'a formé à partir d'Abraham, Isaac et Jacob, lui a donné des lois pour être le berceau du Verbe incarné. Ce Verbe rayonnant sur les nations, la présence de ce peuple devient-elle caduque ? L'homme adulte reniera-t-il le sein qui l'a porté ? Le temps des noces méprisera-t-il celui des fiançailles ? La

1. Saint Thomas d'Aquin, *Somme de Théologie,* I-II, 98, 4, 1.

maison bâtie, fera-t-on poubelle du berceau ? Le démon souvent suggère aux chrétiens qu'il doit en aller ainsi. Sa démarche contre le mystère d'Israël est multiforme : il peut inciter les Juifs à l'orgueil de la race, comme si leur élection n'était pas don de Dieu ; ou bien les pousser à se fondre dans le mouvement de l'histoire comme un peuple quelconque ; ou bien entraîner les non-Juifs à les faire disparaître comme tels ; ou encore, plus spécifiquement, encourager les chrétiens à croire que les Juifs sont une anomalie dans l'épopée du Salut, qu'ils auraient dû tous devenir catholiques, que c'est leur résistance qui entrave le triomphe de l'Église universelle. En vérité, ce mystère d'Israël, irréductible à l'Église visible, est intérieur à l'Église elle-même. Il est le sceau de sa secrète béance. Parce qu'il met le dehors au-dedans et le singulier au cœur du catholique, il interdit aux chrétiens de s'enfermer dans un universalisme de l'uniformité et de la mondialisation. Il y a quelque chose qui résiste. Il y a un don de Dieu sans repentance et qui nous rappelle que, même s'il se donne à travers son épouse l'Église, l'Éternel n'est cependant pas la propriété des chrétiens.

Reconnaître le vrai mystère d'Israël est par conséquent nécessaire à qui ne veut pas se perdre dans la foi des démons. S'y atteste l'amour de l'Incarnation. À ce sujet, saint Paul écrit dans l'Épître aux Romains : *Je ne veux pas, frères, vous laisser ignorer ce mystère, de peur que vous ne vous complaisiez en votre sagesse* (Rm 11, 25). Ignorer le mystère d'Israël, c'est se complaire dans sa propre connaissance : n'est-ce pas une définition de cette foi qui se rengorge en disant : *Je sais, toi, qui tu es : le Saint de Dieu* ? Aussi Thomas d'Aquin ne redoute pas de commenter la phrase de Paul : « *Ignorantia huius mysterii esset vobis damnosa* – l'ignorance de ce mystère serait pour vous damnante. » Les damnés ignorent Israël, non pas d'une ignorance théorique, car ils n'en seraient pas coupables, mais d'une ignorance pratique, active, orgueilleuse, parce que l'élection juive est un témoignage et de l'humiliante gratuité de la grâce et de la vocation divine de la chair. Satan, on s'en souvient, veut en rester au donnant-donnant de la pure nature, à une foi monnayable comme il y a une monnaie fiduciaire, et trouve inique cette élévation de la chair humaine au rang des purs esprits : il ne peut que dénoncer cette Élection comme une injustice majeure.

Corps et offrande

Le poids du corps, dans la prière, est encore ce qui l'élève contre le diable. Une séquence de l'Évangile selon Matthieu le montre, qui se déploie de la première à la seconde annonce de la Passion, et qui s'articule autour de la Transfiguration sur le Thabor (Mt 16, 21 - 17, 22). Ce bref ensemble, à cheval sur deux chapitres, suffit à déployer toute une spiritualité de la chair contre la spiritualité de l'orgueil. Pierre vient de faire sa profession de foi : *Tu es le Messie, le Fils du Dieu vivant,* à quoi Jésus lui répond : *Heureux es-tu, Simon Bar Jonas, car ce ne sont pas la chair et le sang qui te révélèrent cela, mais mon Père qui est dans les cieux.* À ce point, une lecture hâtive pourrait laisser croire que la chair et le sang sont mauvais, qu'ils ne participent pas à la gloire future, et Pierre de se sentir conforter dans un spiritualisme béat. Mais voici que Jésus annonce sa crucifixion, laquelle ne peut avoir lieu que par le ministère de la chair.

Pierre proteste, comme on sait, contre l'ignominie de cette souffrance corporelle jetée au cœur du Dieu vivant, et c'est alors que Jésus lui commande : *Passe derrière moi, Satan.* Puis il dit à ses disciples la condition pour ainsi passer derrière et ne pas se laisser enrôler par le prince des ténèbres : *Si quelqu'un veut venir derrière moi, qu'il se renie lui-même et qu'il porte sa croix et qu'il me suive.* Si la chair ne suffit pas (ni tout l'ordre naturel) à confesser la foi théologale, elle est du moins nécessaire pour que cette foi s'atteste dans l'offrande. Car ce qui spécifie l'homme par rapport aux anges, c'est de pouvoir offrir son corps, ce que Jésus appelle « *sa* croix », avec un possessif de dépossession. Dans ce monde blessé, c'est-à-dire aussi suturé d'arrogance, s'offrir implique de s'ouvrir, et s'ouvrir implique de souffrir, si bien que cette offrande impossible à toute la hiérarchie angélique n'a pas d'autre sens pour le disciple que de porter sa croix. Charles de Foucauld très tôt le découvre : notre grandeur par rapport aux créatures célestes se trouve dans cette petitesse d'une chair passible : « Il faut tirer la force de ma faiblesse, se servir pour Dieu de cette faiblesse même, le remercier de cette douleur, la lui offrir… Dans ce triste monde, nous avons au fond un bonheur que n'ont ni les saints ni les anges, celui de souffrir avec notre Bien-Aimé[1]. »

Cette doctrine en elle-même est trop dure. Difficile de l'admettre, ou plutôt l'admettre facilement serait un grand péril – celui de verser dans le dolorisme. Il est donc nécessaire de la compléter par ce qui en est la ressource joyeuse. Et voici l'événement du Thabor : six jours après ces paroles, le temps qu'il fallut pour la création du monde, la Transfiguration nous tourne vers sa recréation.

1. Charles de Foucauld, *Lettres et Carnets*, Éd. du Seuil, 1966, p. 26.

Elle montre physiquement aux disciples que le corps est appelé à la gloire divine. Cette anticipation passagère de la résurrection est pour leur donner le sens de la Passion : non pas la souffrance pour elle-même, mais pour le paradis aujourd'hui (Lc 23, 43), le passage de l'une à l'autre s'opérant à travers l'acte d'offrande. Sans cet hédonisme chrétien, le corps ne serait plus qu'un bouc émissaire, au grand plaisir du démon. Il faut sa vocation à la joie pour qu'il soit ouvert à la croix sans complaisance morbide.

Vient alors une question sur Élie, Élie sur le Thabor tout à l'heure apparu avec Moïse, celui-ci dont le corps mort fut soustrait aux Hébreux par le Seigneur pour éviter l'idolâtrie, celui-là dont le corps vivant fut enlevé sur un char de feu, pour inciter à l'espérance. On est ici en plein dans la question du corps dans le salut. Et la question qui demande : « Élie ne doit-il pas venir d'abord ? », peut s'entendre : « Qu'en est-il de ce corps qui n'a pas connu la mort ? » Or Jésus répond qu'Élie *est déjà venu, et ils ne l'ont pas reconnu, mais l'ont traité à leur guise : de même le Fils de l'homme aura à souffrir d'eux.* Les disciples comprennent qu'il parle de Jean-Baptiste, certes, et du caractère insubstituable du corps : Élie ne doit pas se réincarner, sa venue en Jean-Baptiste est l'accomplissement de sa mission par un autre. Mais le Christ ici parle en insistant sur le lien dans la chair entre la gloire et la croix, comme en articulant les deux épisodes précédents d'annonce de la Passion et d'anticipation de la Résurrection : celui qu'on attend pour l'instauration du Royaume *aura à souffrir* comme un malfaiteur.

Survient le père de l'enfant épileptique qui *souvent tombe dans le feu et souvent dans l'eau,* et qui demande à Jésus de le prendre en pitié : *Je l'ai présenté à tes disciples et ils n'ont pu le guérir.* Et soudain le Christ s'exclame à leur encontre : *Génération sans foi et pervertie, jusques à quand serai-je avec vous ? Jusques à quand vous supporterai-je ?* Il chasse le démon de l'enfant, puis vient ce dialogue : *Les disciples s'approchèrent de Jésus, à l'écart, et dirent : « Pourquoi n'avons-nous pu l'expulser, nous ? — À cause de votre peu de foi : Amen, en effet, je vous le dis, si vous aviez la foi comme un grain de sénevé, vous diriez à cette montagne : Déplace-toi d'ici à là, et elle se déplacerait ; et rien ne serait impossible pour vous. Quant à cette espèce [de démon], on ne la fait sortir que par la prière et le jeûne.* Ce dernier verset est omis dans la Bible de Jérusalem, car il est absent de certains manuscrits et semble une importation amplifiée de Marc 9, 29. Il est toutefois décisif dans le contexte que nous avons cerné. N'est-il pas étonnant que l'absence de foi y soit rapportée à l'absence de la prière et du jeûne ? Quel rapport entre sauter un repas et transporter une montagne ? On voit qu'avec ce verset peut se conclure notre séquence avant le rappel de la Passion à venir : il insiste une fois de plus sur l'union de la foi et de la chair, et tire de la Transfiguration ce principe pratique : la prière et le corps doivent s'unir, chez le disciple, dans sa résistance au démon.

Que signifie le jeûne, en effet, sinon la participation du corps à la prière ? Certains Pères y voyaient une imitation de la vie angélique. Cela ne veut pas dire que jeûner, c'est faire comme si on était sans corps. On succomberait à l'influence d'un certain dualisme. Les anges, du reste, ne jeûnent pas. Sans cesse ils se régalent intellectuellement. Le jeûne est un acte du corps, et s'il imite les bienheureux séraphins, ce n'est pas en tant qu'il ferait de nous de purs esprits, mais parce qu'il tend à nous faire porter comme eux, dans l'offrande, notre être tout entier, de la fine pointe de l'âme jusqu'au méandre des entrailles. Nul mépris de la chair ni spiritualisme ostentatoire : il exige, au contraire, qu'on prenne soin de sa peau, qu'on cache cet effort sous une belle et légère apparence. *Pour toi, quand tu jeûnes, parfume ta tête et lave ton visage, pour que ton jeûne soit connu, non des hommes, mais de ton Père qui est là, dans le secret* (Mt 6, 17-18). Ici se trouve le fondement théologique d'un saint maquillage : Qui jeûne doit se parfumer ; qui fait pénitence doit user de cosmétiques. La mortification ne doit pas être mortelle à soi et aux autres, mais, comme l'élagage des gourmands, elle concentre la sève vivifiante et donne à des roses de fleurir en splendides pompons. Telle est la stupéfiante sagesse du Verbe fait charme, très éloignée de toute suicidaire anorexie.

Le jeûne, quand même il ne se ferait point par la privation de nourriture, est là pour marquer l'exigence d'une prière incarnée. Car la prière n'est pas évasion. Prier pour un ami malade, c'est prendre au sérieux sa maladie et avoir éprouvé devant elle sa propre impuissance. Ce n'est pas le refuge de l'inaction, mais comme la source et le sommet d'une action ordonnée, qui oriente la santé du corps aussi vers la sainteté de l'âme. Mais pour cela il faut l'implication de la chair qui s'offre et souffre pour autrui : « L'incarnation est la garantie que nous ne sommes pas dans l'imaginaire[1]. »

Des moyens pauvres pour la plus haute richesse

Cette affirmation du corps dans la prière et le jeûne signe aussi la puissance de sa nudité. La fécondité spi-

---

1. Joseph card. Ratzinger, *L'esprit de la liturgie*, trad. G. Català, Ad solem, Genève, 2001, p. 175.

rituelle du corps ne lui vient pas des nombreux artefacts dont il pourrait se prolonger. Grégoire le Grand observe que le diable, pur esprit, n'a pas besoin des richesses matérielles et qu'il nous les laisse de bon cœur. Cette libéralité n'est que pour lui donner plus de prises : il peut nous posséder par nos possessions ; avec les choses auxquelles nous sommes attachés, il peut nous mener par la laisse. Le dépouillement est donc le meilleur bouclier spirituel. La nudité, notre plus solide armure. Tel Jacob dans le tableau de Delacroix, il faut quitter les armes trop pesantes pour lutter à mains nues, comme dans une danse, avec l'ange du Seigneur. Tel le jeune David dans la vallée d'Élah, il faut rejeter le lourd équipement de Saül pour défier Goliath en combat singulier : « Les esprits du mal ne possèdent rien en propre en ce monde. C'est donc nus que nous devons lutter avec des êtres nus. Car si un homme habillé lutte avec un homme nu, il est vite jeté à terre, parce qu'il offre des prises. Et que sont en effet tous les biens terrestres, sinon des sortes de vêtement pour le corps ? Celui donc qui se presse pour combattre le diable, qu'il rejette ses habits pour ne pas succomber. » Mais Grégoire avertit aussitôt : « Il ne suffit pas d'abandonner ce qui est nôtre, si nous ne nous abandonnons pas aussi nous-mêmes[1]. » Si nous tirons orgueil de cette nudité, pareils à ces champions de jeûne qui méprisent leurs frères peu doués pour l'ascèse, nous devenons semblables à ce serpent dont la Genèse nous dit qu'il était *le plus nu de tous les animaux des champs*. Être nu pour lutter contre le démon qui est nu, c'est à la fois une exigence et une

---

1. Cité et traduit par Jean-Louis Chrétien, *La Voie nue*, Éditions de minuit, 1990, p. 41.

épreuve : en se mettant à armes égales, on encourt le risque d'être entraîné sur son terrain. La nudité doit aller jusqu'à cette désappropriation qui consiste, selon François de Sales, à « remettre toutes choses entre les mains de Notre-Seigneur pour en disposer comme il lui plaira, et le servir sans elles comme avec elles[1] ».

Jacques Maritain avait bien cerné le danger d'une Nouvelle Évangélisation qui négligerait cette nudité pour réduire sa nouveauté à la vieille tentation : se contenter de recourir aux grands moyens du monde, se suffire d'intégrer des technologies nouvelles. Il rappelle que l'apostolat de Jésus ne se déploya qu'à travers la simple présence du Corps dans une tunique sans couture : « Quels étaient les moyens temporels de la Sagesse incarnée ? Il a prêché par les bourgades. Il n'a pas écrit de livres, c'était encore un moyen d'action trop chargé de matière, il n'a pas fondé de journaux ni de revues. Il ne préparait pas de discours ni de conférences ; il ouvrait la bouche, et la clameur de la sagesse, la fraîcheur du ciel passait sur les cœurs. Quelle liberté ! S'il avait voulu convertir le monde par les grands moyens de puissance, par les *moyens temporels riches,* par les méthodes américaines, quoi de plus facile. Quelqu'un ne lui offrait-il pas tous les royaumes de la terre ? *Haec omnia tibi dabo.* Quelle occasion d'apostolat ! On ne retrouvera jamais la pareille. Il l'a refusée[2]. »

Plus que jamais, aux temps hasardeux d'une numérisation de l'annonce et d'une communion haut-débit,

---

1. Saint François de Sales, *Entretiens spirituels,* in *Œuvres,* La Pléiade, 1969, p. 1035.
2. Jacques Maritain, *Religion et Culture,* III, in *Œuvres complètes,* vol. IV, Saint-Paul, 1983, p. 233

il faut insister sur l'actualité, la permanente nouveauté de la proximité physique dans l'ordre le plus spirituel. Ce qui ne veut pas dire qu'il faille mépriser livres, journaux, conférences, multimédias, superproductions, mais comprendre que ces moyens lourds, supérieurs quand il s'agit de vendre une marchandise, sont inférieurs quand il s'agit du témoignage de la foi. Je peux prêcher l'amour du prochain avec une arme de propagande massive, en mondiovision. Mais mieux vaut prêcher cet amour dans une proximité corporelle, sans aucun écran, car, si l'arme de propagande massive est d'une efficacité optimale pour la promotion d'un slogan de haine ou d'une console de jeux, elle est impuissante à rencontrer une personne dans sa présence à nulle autre pareille. On peut même penser qu'il y autant de distance entre l'amour du prochain et la Bonne Nouvelle virtualisée, qu'entre l'étreinte conjugale et la pornographie : « Ces moyens-là, écrit Maritain, sont les moyens propres du monde, et, depuis le péché d'Adam, ils relèvent du domaine du prince de ce monde. Notre office est de les lui arracher, par la vertu du sang du Christ. Il serait absurde de les mépriser ou de les rejeter, ils sont nécessaires, ils font partie de l'étoffe naturelle de la vie humaine. La religion doit consentir à recevoir leur aide. Mais il convient pour la santé du monde que la hiérarchie des moyens soit sauvegardée, et leurs justes proportions relatives. » Et le philosophe d'expliquer que, dans le domaine de la foi, la hiérarchie est inverse. Les moyens temporels riches et lourds de la puissance mondiale sont subordonnés aux moyens temporels pauvres et légers de l'apôtre : *N'emportez pas de bourse, ni de sac, ni de sandales, et ne saluez personne en chemin* (Lc 10, 4). Cette pauvreté est le moyen le plus riche contre celui qui offre tous les royaumes de la terre.

Nous devons croire au reste que, pour la communication optimale, le Créateur nous a équipés, avec notre corps, nos yeux, nos mains, notre bouche, de tout ce qu'il faut pour aller à l'essentiel. Si la téléphonie mobile avait été ce qu'il y a de mieux dans cet ordre, nous pouvons être sûrs qu'il nous aurait dotés du pouvoir de télépathie. Or il n'en est rien. Seuls nos bras désencombrés sont propres à embrasser un frère. Seules nos paumes nues ont la puissance de lui caresser le visage. Et il faut que nos bouches délaissent le mégaphone pour être capables du baiser. En cela, le modèle de la communication parfaite se trouve dans les sacrements. C'est là que se communique ce qu'il y a de plus grand ; or cette communication s'opère toujours dans la proximité corporelle, dans le contact physique : voici que le prêtre plonge cet homme dans la piscine baptismale, qu'il pose ses mains sur sa tête pour lui donner la force de l'Esprit, qu'il fait entrer le Christ dans cette mâchoire afin qu'elle le mastique, qu'il décharge l'âme de l'horreur qui la possède en laissant ce pénitent s'agenouiller près de lui… Dans les sacrements, toujours, il y va de la présence mutuelle des corps : impossible de se confesser par MSN ni de communier par webcam. Les plus hauts dons de l'Éternel réclament la médiation de cette chair périssable, et, plutôt que de se répandre à distance, sans visage, sans rencontre du prochain, la grâce devient plus vive d'être offerte à travers un curé bien gras.

Voilà qui est terrible au démon. Nous avons vu, d'après Grignion de Montfort, que, d'une certaine manière, il craignait davantage Marie que Dieu lui-même, car il lui était plus humiliant d'être écrasé par une jeune fille que par le Tout-Puissant en soi. Que dire lorsqu'il est terrassé non seulement par un être de chair, mais par un type qui n'est même pas immaculé, un pécheur ordinaire, je veux dire un pauvre prêtre qui récite sa formule et par le truchement duquel Dieu donne sa miséricorde ? Le diable n'en peut plus. C'est un os qui lui reste en travers de la gueule : il déteste au plus haut point le sacerdoce. Cette divine puissance qui le repousse à travers un corps aux mille pets de travers, c'est d'une atrocité ! Lui, l'ange qui ne connaît pas les lourdeurs de la viande, qui ne subit pas les limites du temps et de l'espace cosmiques, le voici battu par un petit vieux ventripotent dans l'église de Pruillé-le-Chétif, à 18 h 47. Et puis, il ne peut plus faire jouer notre imaginaire sur une grâce invisible et distante qu'on pourrait s'arroger sans détour. Il ne peut plus nous faire rêver à une mystique superbe qui dédaignerait de passer par notre prosaïque prochain.

Ici nous touchons au mystère de la papauté. Beaucoup y virent une instance diabolique pervertissant l'esprit de l'Évangile : césaropapisme dénoncé par les orthodoxes, pape-antéchrist désigné par Luther... Certes, la primauté de Pierre affirmée par Jésus est immédiatement suivie du *Passe derrière moi, Satan !* Si le démon est humilié par le sacerdoce, il ne peut que s'en prendre davantage aux prêtres, en faire les cibles privilégiées de son amour, et, dès que l'un s'élève dans la hiérarchie apostolique, s'abattre voluptueusement sur lui : avec quelle âpreté, dès lors, ne se jettera-t-il pas sur le Souverain Pontife afin de lui donner le goût de la puissance et de l'apparat ! Mais, ne considérer que cet abus possible, c'est passer à côté de la chose voulue de Dieu. Or cette chose, l'institution pontificale, contrarie radicalement le spiritualisme démoniaque, car elle est une conséquence extrême de l'Incarnation. Cela plairait à ce si pur esprit impur que le christianisme ne soit qu'une série de dogmes idéaux, un corps de doctrine sans nul corps palpable. Sans doute le corps lui fournit-il une aire de jeu pour ses suggestions, mais que ce corps soit le lieu du rayonnement divin, rien ne saurait plus le morfondre. Et c'est bien ce qui se passe avec le pape comme avec le martyr : il est le vicaire du Christ, en sorte que le christianisme n'est pas qu'une idéologie, mais un magistère vivant. Ses fidèles ne se rassemblent pas seulement autour de l'unité d'idées généreuses, mais autour de l'unicité de ce prochain en chair et en os, avec sa gueule particulière, sa descendance polonaise ou bavaroise ou même nègre assumant les péripéties douloureuses de l'histoire, ses tics qui nous le rendent peut-être antipathique et si aisément caricaturable, mais qui interdisent de planer dans le vague de l'abstraction et ordonne que le rapport à l'Évangile s'exerce par une charité concrète et filiale envers ce birbe en blanc : un pauvre type, au fond, si on le considère par rapport à la Majesté divine, mais pour cela exemplaire des pauvres types que nous sommes, signe sensible du Verbe qui s'est fait l'un de nous.

Si tu n'aimes pas ton frère que tu vois

C'est saint Jean qui parle : *En cela sont manifestes les enfants de Dieu et les enfants du diable : quiconque ne pratique pas la justice n'est pas de Dieu, ni celui qui n'aime pas son frère. […] Si quelqu'un dit : « J'aime Dieu », et qu'il déteste son frère, c'est un menteur. En effet, celui qui n'aime pas son frère qu'il voit, n'a pas la puissance d'aimer Dieu qu'il ne voit pas. Et voici le commandement que nous tenons de lui : celui qui aime Dieu, qu'il aime aussi son frère* (1 Jn 3, 10 et 4, 20-21). La ligne de partage entre les enfants de Dieu et les enfants du diable n'est donc pas entre ceux qui disent : « J'aime Dieu », et ceux qui disent : « Je ne l'aime pas. » La première épître de Jean fait voir au croyant cette possibilité pour lui plus dangereuse : onctueusement déclarer : « J'aime Dieu », et n'en être que davantage un petit du démon. La vraie séparation est donc entre ceux qui aiment leur frère qu'ils voient, c'est-à-dire qui aiment leur prochain, et ceux qui sont « misadelphes » (comme on dirait « misogynes »), c'est-à-dire qui le détestent ou, pour être plus précis, qui l'apprécient énormément – quand ils ne le voient pas.

Cette parole rappelle que l'amour de Dieu et l'amour du prochain ne forment qu'un seul commandement qui, comme la lune sous le soleil, possède sa face cachée et sa face visible. Le problème est que l'on peut confondre la noirceur de l'ombre, due à la puissance même de la lumière, et la noirceur des ténèbres, due à son absence. Comment savoir que c'est bien le Dieu invisible qu'on aime, et non quelque chimère élucubrée pour le repos de notre conscience ? Il devient tentant, pour s'éviter toute ambiguïté, de se rabattre sur une visibilité sans ombre – l'amour de l'homme, si évident, si accessible – et ne plus se soucier de l'amour de Dieu, si obscur, si indécis. Mais on connaît l'histoire de Peter Schlemihl, qui vendit son ombre contre une bourse où puiser de l'argent sans fin : la perte de l'ombre est la perte de l'âme, et la lumière dans laquelle on se trouve ne peut plus être qu'une lumière fausse – un soleil de Satan – comme ces néons circulaires des supermarchés dont le faux midi gomme la noire silhouette à nos pieds. – C'est à n'en pas douter la résonance de ce commandement à travers l'histoire : *Aime ton prochain,* qui rendit possible l'athéisme moderne. Et l'on retrouve le prince de ce monde, en porte-étendard dans les deux camps et couvant sa double progéniture : ceux qui prétendent aimer Dieu sans aimer leur frère, et ceux qui prétendent aimer leur frère sans aimer Dieu. D'un côté, la théocratie inhumaine ; de l'autre, l'humanisme athée.

Contre cette division lâche, il faut insister sur deux points. Le premier, c'est qu'aimer autrui consiste à vouloir son bien. Il n'y va pas que des bons sentiments, mais de l'objectivité de la béatitude : En quoi consiste ce bien capable de le combler en vérité ? Quel est pour lui le bonheur vraiment sien et qui n'est pas seulement mon projet sur lui ? Quelle est, de surcroît, la joie capable de résister à l'injustice et à la mort ? Et comment la lui donnerais-je, moi qui suis mortel et rongé par le péché ? Alors se découvre à nous notre impuissance radicale à lui procurer par nos forces le bien personnel et incorruptible que l'amour exige ; alors se révèle, en dépit de nos bons sentiments, notre incapacité à l'aimer par nous-mêmes effectivement. Parce que je veux que ma fille soit polytechnicienne, et que ce n'est pas sa vocation, elle deviendra peut-être putain (ce qui ne veut pas dire, bien au contraire, qu'elle n'a pas réussi l'X), et puis, de toute façon, sera bientôt bouffée par la vermine : contre cela, je ne pourrai rien. Comment donc ne pas crier vers le Ciel ? Comment, à moins d'un amour plat et refroidi, ne pas réclamer un Sauveur ? Mais, même à ne considérer que l'aspect joyeux de notre condition, comment ne pas reconnaître que toute allégresse véritable vient de plus loin que notre pouvoir et nous apparaît toujours comme une grâce ? Ainsi la face visible renvoie à la face d'ombre, et l'amour d'autrui n'est assuré que dans l'amour de cet Autre qui seul me permet de ne pas réduire autrui à mes ambitions, mais de le rendre à lui-même et à son chemin vers la plus haute joie.

Le second point est qu'il s'agit ici d'amour du prochain. Or, quelle est la personne qui répond à ce nom ? Celle que je peux voir et nommer de son nom propre, qui se trouve là tout près, tout contre, sur ma voie, et avec qui, peut-être, je n'ai pas d'affinités spéciales ; bref, celui que je croise et qui devient ma croix. La parabole par quoi Jésus répond à la question : « Qui est mon prochain ? » nous parle d'un prêtre et d'un Lévite qui marchent vers Jérusalem, voient à terre un voyageur blessé, et passent leur chemin (Lc 10, 31-32). Que vont-ils faire à Jérusalem, ces deux croyants sacrés ? Prêcher l'amour du frère, bien entendu. Et le souci de cette prédication les absorbe tant qu'ils n'ont guère le loisir de s'attarder au pauvre qu'ils frôlent de leur aube. Ce sont des vrais philanthropes. Au nom de Dieu, ils aiment l'Homme. Mais cet amour de l'Homme, qui autorise les plus lyriques déclamations, permet aussi de négliger l'amour du prochain. L'apôtre Judas est leur héros : quand, à Béthanie, Marie-Madeleine prend une livre de nard pour oindre les pieds de Jésus (le pauvre par excellence, puisque Dieu lui-même jeté au plus bas fond de notre misère), Judas crie au gaspillage, déclare qu'avec les trois cents deniers que coûte ce parfum, on aurait pu aider des pauvres et en retirer une gloire humanitaire. Le starets Zosime, dans *Les Frères Karamazov*, rapporte les propos d'un sien ami médecin : « J'aime, me disait-il, l'humanité, mais, à ma grande surprise, plus j'aime l'humanité en général, moins j'aime les gens en particulier, comme individus. J'ai plus d'une fois rêvé passionnément de servir l'humanité, et peut-être fussé-je vraiment monté au calvaire pour mes semblables, s'il avait fallu, alors que je ne puis vivre avec personne deux jours de suite dans la même chambre, je le sais par expérience. Dès que je sens quelqu'un près de moi, sa personnalité opprime mon amour-propre et gêne ma liberté. En vingt-quatre heures je puis même prendre en grippe les meilleures gens : l'un parce qu'il reste longtemps à table, un autre parce qu'il est enrhumé et ne fait qu'éternuer[1]. » Et Ivan le révolté déclare plus loin à son frère Aliocha : « Je dois t'avouer une chose : je n'ai jamais pu comprendre comment on peut aimer son prochain. C'est précisément, à mon idée, le prochain qu'on ne peut aimer ; du moins ne peut-on l'aimer qu'à distance[2]. »

Qui, dans ces aveux, ne se reconnaîtrait ? Avec l'amour du prochain, fini l'idéal ! Exit les beaux discours ! Mort de la rêverie romantique ! Il faut supporter cette trogne et ces éternuements. Où trouver la force ? L'amour sans illusion de qui se tient si près, est pour nous ce qu'il y a de plus difficile. Notre vanité y répugne. Notre fatuité s'en trouve agressée. En amour, nous avons assez de force pour franchir par la pensée des milliers de kilomètres, mais une grâce divine paraît nécessaire pour faire un seul pas. Il faut croire en une très positive providence pour penser que ce zigue en travers de ma route, c'est Dieu en personne qui me l'envoie.

Le sens de cette provenance divine de bobonne et tartempion renvoie à ce que la tradition désigne d'un nom navrant, mais qui recouvre l'ouverture la plus

1. F. Dostoïevski, *Les Frères Karamazov,* II, IV, *op. cit.*, p. 101-102.
2. *Ibid.*, V, IV, p. 332.

concrète à la providence : le devoir d'état. La Vie, de par mon corps, me place à un endroit et dans une fonction avec des proches qui me sont donnés et des tâches qui font ma vocation propre ; je ne dois pas déserter cet avant-poste ; c'est ici qu'il me faut aimer, parce que c'est ici seul que je peux aimer réellement. Saint François de Sales insiste sur cette situation locale et particulière du commandement divin comme sur « le grand mot et le moins entendu de la conduite spirituelle » : « Et quiconque ne le fait pas, quand il ferait ressusciter les morts, il ne laisse pas d'être en péché, et damné, s'il y meurt. Comme, par exemple, il est commandé aux évêques de visiter leurs brebis, les enseigner, redresser, consoler : que je demeure toute la semaine en oraison, que je jeûne toute ma vie, si je ne fais cela je me perds. Qu'une personne fasse un miracle en état de mariage et qu'elle ne rende pas le devoir de mariage à sa partie ou qu'elle ne se soucie pas de ses enfants, elle est pire qu'infidèle, dit saint Paul[1]. » De fait, elle est spirituellement démoniaque. La faute du démon n'est-elle pas, comme le disait Thomas d'Aquin, de « prier sans observer l'ordre requis par Dieu » ? Aussi, si je me consume en prière quand je devrais secourir mon prochain, si je ressuscite un mort quand je devrais coucher avec ma femme (c'est l'exemple que prend saint François de Sales), je sombre dans la foi des démons.

Là encore, c'est un certain spiritualisme qui fait obstacle. Pour ne pas y tomber avec Satan, la charité veut que la foi en l'Incarnation devienne une foi incarnée, et que l'amour de Dieu s'engage dans l'amour de tel corps

---

1. Cité par le chanoine Vidal, *Aux sources de la joie avec saint François de Sales*, Monastère de la Visitation, Annecy, 2006, p. 29.

vulnérable. Comme l'écrit si justement Denis Vasse : « La référence au corps fait seule de l'homme un prochain pour un autre homme[1]. » Et c'est cette référence qui fait mal au diable, car monsieur le spirituel est favorable à la foi, pourvu qu'elle soit désincarnée, et il se fait volontiers promoteur de la charité, tant qu'elle n'est que discours ou distance.

N'oublions pas qu'il est invisible, lui aussi. Souvent, je ne sais pourquoi, quand on parle de l'invisible, on ne songe qu'à des choses bonnes et relevées. Mais le mot convient aussi bien au pandémonium. Et ce qui fait le fond de sa rage, à ce pandémonium, c'est que, par l'Incarnation, l'Éternel se soit rendu visible en un enfant, et que le visible, désormais, soit l'unique chemin vers le Dieu invisible, que le corps, dorénavant, soit en contact direct avec le Verbe infini. Voilà pourquoi il promeut aussi bien l'idolâtrie que l'iconoclasme, une image adorée pour elle-même ou une adoration haineuse de toute image ; voilà pourquoi il encourage l'humanitarisme aussi bien que les persécutions, l'homme cajolé comme un porc qu'on engraisse, ou l'homme égorgé comme le bétail qu'on abat. Séparateur, il veut bien que l'on aime Dieu sans son prochain, ou que l'on aime son prochain sans Dieu. Semeur de confusion, il admet encore cette mystique humaniste, où la charité fraternelle réduit à rien la liturgie, ou encore cette mystique rubricaire, où la liturgie réduit à rien la charité fraternelle. Pour lui, l'essentiel est de détacher le rayon du soleil d'où il jaillit, de refuser cette mutuelle involution

---

1. Denis Vasse, *Le Temps du désir,* Éd. du Seuil, coll. « Points-Essais », 1997, p. 41.

de la chair et de l'Esprit Saint, du prochain et de Dieu dans le véritable amour.

Éloge d'une putain (retour à l'épître de saint Jacques)

Tout ce qui précède se trouve dans l'Épître de saint Jacques : fussé-je exégète que j'aurais pu restreindre mon propos à son seul commentaire. Autour de son affirmation centrale que les démons sont aussi des croyants, elle ne cesse, en rattachant la foi aux œuvres, d'ordonner son déploiement dans le corps. Comparant cette épître avec celle de Paul aux Romains, le grand réformateur déclarait : « Ces deux textes sont diamétralement opposés : c'est la foi qui justifie, et la foi seule ne justifie pas. Si quelqu'un peut faire concorder ces deux passages, je lui mettrai ma barrette sur la tête et accepterai qu'on me traite de nigaud[1]. » Le sous-entendu, sans doute, est que la nigauderie convient plutôt à qui s'attellerait à prouver pareille concordance. Mais je voudrais que nous acceptions jusqu'au bout son défi, et que nous puissions désormais traiter Luther de nigaud – par respect.

Il faut bien reconnaître que notre Rabbi Jacob pousse un peu loin le retournement des perspectives : *De même en effet que le corps sans le souffle est mort, ainsi morte est la foi sans les œuvres* (Jc 2, 26). Incroyable parallélisme qui inverse les rapports : n'était-il pas plus logique de voir la foi comme ce qui donne vie aux œuvres ? La foi n'est-elle pas du côté de l'esprit et les œuvres du côté du

1. M. Luther, *Propos de table*, XLVI, trad. Louis Sauzin, Aubier, 1992, p. 348.

corps ? Or, ici, ce qui est du côté du corps apparaît comme plus spirituel que ce qui est du côté de l'esprit. On comprend la perplexité de Luther. Nous serions à notre tour tentés de rejeter l'épître de Jacob hors du canon comme une excroissance monstrueuse. Mais ce serait vouloir attacher à chaque mot un sens si univoque que l'on s'interdirait ce jeu des signifiants qui libère la pensée. Car la foi selon saint Jacques, nous l'avons déjà dit, n'est pas la foi théologale, la *fides operans per caritas,* de saint Paul. Elle est une foi sans confiance en Dieu, purement théorique. Au-dehors, elle professe les mêmes articles, elle sait même adorer, comme le démoniaque de Gérasa ; au-dedans, elle est d'une autre nature. Comment les distinguer en substance ? L'arbre se reconnaît à ses fruits : quoiqu'ils soient extérieurs, eux seuls attestent la vigueur de la sève. Les œuvres sont signes du souffle animant une foi vive.

Aussi l'épître de Jacques commence-t-elle en parlant de *l'épreuve de la foi* (Jc 1, 3). Que l'on ne se trompe pas sur ce génitif : il est subjectif, et non objectif. C'est moins la foi qui est éprouvée, que la foi qui éprouve. L'épreuve fondamentale n'est pas extérieure : elle n'est pas tant ménagée par les persécutions du monde ou les piqûres de l'athéisme, que par la convoitise du croyant lui-même. *Chacun est éprouvé par sa propre convoitise, aguiché et séduit* (Jc 1, 14). Comment s'arracher à cette pente ? *Soyez poètes de la Parole, et non seulement des auditeurs qui s'abuseraient eux-mêmes* (Jc 1, 22). Je traduis littéralement *poïétaï* par « poètes », car, mieux que « réalisateurs » ou « metteurs en pratique », ce mot suggère l'inventivité de la foi vivante. Cette poésie s'oppose à deux choses sur lesquels Jacques insiste par deux fois en chiasme, de part et d'autre de la mention principale de la foi des démons : l'enflure du discours, l'oubli des pauvres.

Si quelqu'un prétend être religieux et qu'il ne sait pas tenir sa langue en bride, il trompe son cœur : vaine est sa religion (Jc 1, 26). Celui qui parle n'est pas qu'auditeur de la Parole, sans doute. Il en est encore l'enseignant. Mais justement, pour être véritable, il faut qu'il en saigne. Si sa parole n'est qu'une feinte pour ne pas entrer dans la poésie concrète de la foi, si elle n'est que harangue moralisatrice, liant sur le dos des autres des fardeaux que soi-même on ne touche pas du petit doigt, sa prétendue évangélisation d'autrui coïncide avec l'infestation démoniaque de son propre cœur.

Par ailleurs, le souci des richesses est signe de misère théologale : *Vous avez amassé des richesses aux derniers jours ! Voici le salaire des ouvriers qui ont fait la récolte de vos champs, ce salaire que vous avez retenu : il crie et les clameurs des moissonneurs sont parvenues aux oreilles du Seigneur des Armées. Car vous avez vécu sur la terre dans les délices et le luxe, vous avez engraissé vos cœurs au jour de la boucherie, et vous avez condamné et tué le juste : il ne vous résiste pas* (Jc 5, 4-6). La foi morte est tuée par la volonté de puissance. À elle s'oppose non pas une volonté de puissance contraire qui l'étaierait dans son principe, mais la vulnérabilité du juste (*il ne vous résiste pas*). Car si la foi est vive, elle est une richesse amplement suffisante, et l'on n'a plus le souci d'en amasser d'autres, mais bien plutôt de distribuer les siennes aux pauvres, et jusque son propre sang.

Et nous voici devant la merveille de cette épître, merveille qui hérissera les moralisateurs comme les immoralistes, enfin tous les séparateurs de la chair et de la vérité : entre ceux d'Abraham et de Job, le nom serti au cœur de ce texte comme un brillant rubis de la foi, c'est celui de Rahab, la putain de Jéricho (Jc 2, 25) : *Pareillement, Rahab, la prostituée, n'est-ce point par les œuvres qu'elle fut justifiée, parce qu'elle accueillit les envoyés et les fit sortir par un autre chemin ?* Nous sommes, au sens littéral du terme, en pleine pornographie : « prostituée », dans le grec de saint Jacques, ne se dit pas autrement qu'avec ce mot de *pornè*. Quant aux deux espions que dépêcha Josué/Jésus, ils sont curieusement désignés par le terme d'*aggélous*, qui signifie « envoyés », mais qui donne aussi « anges ». Annonciation à la Putain, donc, qui préfigure l'Annonciation à l'Immaculée. Le confirme ce *fil d'écarlate* à sa fenêtre par lequel elle fait fuir les deux messagers, symbole du sang jaillissant qui rachète les pécheurs. À ces deux détails, saint Hilaire de Poitiers peut reconnaître en Rahab une figure de l'Église : « La prostituée reçoit deux éclaireurs envoyés par Josué pour reconnaître le pays : l'Église rassemblant les pécheurs reçoit la Loi et la Prophétie envoyées pour reconnaître la foi des hommes, et c'est par elles qu'elle confesse que *Dieu est Dieu là-haut comme ici-bas sur la terre.* Car après la génération spirituelle du Seigneur, sa naissance corporelle est attestée par ces paroles : *Puis il est apparu sur la terre et il a vécu parmi les hommes* (Ba 3, 38). De ces mêmes éclaireurs, l'Église reçoit le signe du salut dans l'écarlate, couleur évidemment symbolique, au plan des honneurs, de la royauté, et sur le plan physique, du sang. Deux réalités qui s'appliquent à la Passion, puisque le Seigneur fut revêtu d'un manteau de cette couleur (Jn 19, 3) et que le sang coula de son côté (Jn 19, 31)[1]. »

---

1. Saint Hilaire de Poitiers, *Traité des mystères,* II, 9, in *Thèmes et Figures bibliques,* trad. carmélites de Mazille, DDB, 1984, p. 59-60.

Ce commentaire autour de Rahab cheville la foi au corps en centrant l'épisode sur le mystère de l'Incarnation. Il apparaît pour nous que cette insistance sur les œuvres n'est pas une prédilection pour l'esbroufe : Rahab *cache* les envoyés. Elle n'est pas non plus une déclaration moralisante, comme un embourgeoisement de la foi, mettant en valeur la dame patronnesse qui distribue d'évidentes aumônes : Rahab est une putain. Elle manifeste simplement, contre le spiritualisme démoniaque, que la vraie foi rayonne dans la chair et que, cette chair fût-elle noyée dans le « porno », elle peut soudain refleurir et entrer dans la lignée des matriarches qui font la généalogie du Christ. En effet, Rahab épouse Salmon (« la paix »), l'un des deux envoyés probablement, et devient la mère de Booz, arrière-grand-père de David et célèbre endormi (Mt 1, 5). Dante s'en souviendra. Dans son *Paradis,* il la place à la fois au firmament du Ciel de Vénus et dans la Rose blanche qui se déploie autour de Marie[1]. Folquet de Marseille, le troubadour devenu évêque, fait même cette étonnante révélation : « Elle fut élevée avant tout autre âme dans le triomphe du Christ. » Avec Rahab s'accomplirait la parole de Jésus aux pharisiens : *Les prostituées entrent avant vous dans le royaume de Dieu* (Mt 21, 31). Avec Rahab, en tout cas, se manifeste cette *loi de liberté,* cette magnificence de la grâce qui scandalise le démon et qui sauve le pécheur : *Le jugement est sans miséricorde pour celui qui n'a pas fait miséricorde, mais la miséricorde se moque du jugement* (Jc 2, 13). C'est là une moquerie insupportable à l'Accusateur : elle présuppose que nul ne se sauve soi-même, et que le vrai bonheur est un don.

---

1. Respectivement *Paradis,* IX, 114-120 et XXXII, 15

Tout cela n'est réel, en effet, que si d'abord je reconnais que *tout don parfait* ne vient pas de moi, mais *descend d'en-haut, du Père des Lumières chez qui il n'est ni changement ni l'ombre d'un tour* (Jc 1, 17). De là procèdent les trois conséquences qu'avec Jacques nous avons parcourues : 1° la primauté de l'écoute sur le discours ; 2° la primauté de la charité fraternelle sur l'enrichissement mondain ; 3° la primauté des entrailles de miséricorde sur le couperet du jugement (la possibilité pour la catin de devenir une sainte). L'évidence en ressort trois fois mieux que la foi vive n'est pas notre possession, mais plutôt ce qui nous dépossède, ce qui nous fait entrer dans l'élan d'une donation qui nous traverse, dont nous n'avons pas l'initiative, et dont nous ne sommes pas la fin. Dans l'ordre théologal, on n'a pas la foi, c'est la foi qui nous a. Si bien que, dès que je prétends l'avoir, je peux me demander si ce n'est pas plutôt le démon qui m'a eu.

DEUXIÈME LEÇON

Aunque es de noche[1]

Un démon apparut à un ancien en disant : « Je suis le Christ. » À cette vue, le moine ferma les yeux. Le démon lui dit : « Je suis le Christ, pourquoi fermes-tu les yeux ? » L'ancien répliqua : « Je ne veux pas voir le Christ ici-bas, mais dans l'autre vie. » À ces mots, le diable disparut.

Apophtegme des Pères du Désert.

Tel est pris qui croyait...

De la Tentation au désert, notre exégèse ne sera jamais finie. Il s'y trouve par exemple ce verset exorbitant, lequel pourrait servir à des siècles de méditation : *Alors le diable le prend avec lui dans la cité sainte et le pose à la cime du temple* (Mt 4, 5). Placer Jésus au pinacle du lieu sacré, n'est-ce pas ce que doit faire le pieux bâtisseur de cathédrales ? Ensuite, n'est-ce pas ici la première

1. « Bien que ce soit de nuit », refrain d'un poème de Jean de la Croix.

ascension du Christ, comme une parodie de l'Ascension future ? Mais il est dans ces quelques mots un verbe encore plus inquiétant : *paralambanein,* prendre avec soi. Ce verbe, Matthieu l'a déjà employé auparavant. Et il l'a mis dans la bouche d'un archange. Quand Joseph pense à répudier en secret celle dont il se sent indigne, l'ange Gabriel lui apparaît en songe : *Joseph, fils de David, ne crains pas de* prendre avec toi *Marie, ta femme* (Mt 1, 20). Notre verbe ici fait entendre une connotation nuptiale. Le passage de la Tentation qui l'emploie trois chapitres plus loin, en devient effrayant. Le diable peut-il prendre avec lui Jésus comme Joseph prend avec lui Marie ?

Le grand écrivain dominicain Louis Chardon confesse ici son « horreur » : son « divin Maître » se laisse « aborder par Satan dans le désert, qui porte ses mains sacrilèges pour embrasser sa majesté sacrée, la serrer en son sein et l'étreindre en ses bras, à dessein de la porter sur le faîte du temple et sur l'éminence de la montagne. Jésus entre les mains de Satan ! Qui le croirait ? Serré dans sa poitrine ! Qui est-ce qui n'en conçoit de l'épouvante ? Qu'il y soit parmi les embrasements, qui est-ce qui n'en pâme de frayeur ? Qu'il en fasse ce qu'il veut, c'est ce que l'on ne peut facilement se persuader. Que Jésus le souffre, qu'il le permette, qu'il y prenne de la complaisance et qu'en ceci précisément il accommode sa volonté à celle de ce monstre infernal, c'est ce qui serait incroyable si l'impossibilité pouvait trouver place pour se loger parmi les objets de la foi[1]. » Le fidèle s'étonne de cette permission de Dieu laissant le diable aller jusqu'à cette étreinte. Il peut en être

1. Louis Chardon, *La Croix de Jésus* [1647], Éd. du Cerf, 1937, p. 80.

épouvanté. Mais la traversée de cette épouvante est la voie d'une paix insondable. Car l'étreinte en question nous fait voir qu'il n'est pas d'horreur, jusqu'à l'accouplement satanique, dans quoi le Sauveur ne soit descendu, en sorte que, dans notre nuit la plus noire, se cache encore sa lumière inviolée.

Mais c'est aussi dire, inversement, que dans la clarté mondaine, celle d'une ascension trop visible au sommet du temple, peut se loger le prince des ténèbres. Dans *Sous le Soleil de Satan,* les dernières paroles du diable déguisé en maquignon empruntent à cette sincérité totale qui fait le fond de sa tromperie : « Je t'ai tenu sur ma poitrine ; je t'ai bercé dans mes bras. Que de fois encore, tu me dorloteras, croyant presser *l'autre* sur ton cœur ! Car tel est ton signe. Tel est sur toi le sceau de ma haine[1]. » Le sceau de sa haine est de nous bercer d'amour-propre. Mais, si fortement qu'il nous étreigne, le Christ est toujours là, qui s'est laissé presser de toutes les forces diaboliques jusqu'à les épuiser, et il attend notre abandon. Car Bernanos ne craint pas de faire dire au saint de Lumbres que la faillite est définitive, que nous sommes déjà vaincus par Satan. Mais cette défaite n'est pas notre perte : elle est le commencement de notre salut. *Craignons que l'un de vous n'estime arriver trop tard* (He 4, 1). Quoi ? Nous sommes déjà tombés ? À la bonne heure ! C'est quand il est depuis longtemps trop tard pour nos forces, que nous débutons dans la grâce de Dieu. Pas d'autre échappatoire pour nous autres, les vaincus depuis l'origine, que de nous laisser vaincre davantage par le Très-Haut : « Comment rôde le

1. Georges Bernanos, *Œuvres romanesques,* « Bibliothèque de la Pléiade », 1962, p. 184.

diable ? Il rôde *comme un lion rugissant, cherchant qui dévorer* (1 P 5, 8). Eh ! qui ne tomberait sous les dents de ce lion, si un autre lion, le Lion de la tribu de Juda, ne l'avait vaincu ? Voilà donc le Lion contre le lion, l'Agneau contre le loup[1]. »

Dans sa *Science expérimentale de choses de l'autre vie*, le père Jean-Joseph Surin affirme que, depuis l'avènement du Christ, les démons s'efforcent davantage de s'unir aux hommes, d'imprimer en leur mémoire et imagination des similitudes de leurs pensées, afin de singer l'Incarnation. Ce n'est pas tant que le démon voudrait se faire chair, mais plutôt qu'il cherche, fondant sur sa proie, à la désincarner, à l'endormir dans un rêve angélique ou bestial. Il n'a pas de pouvoir sur notre conscience, mais il peut manipuler notre imagination et faire pression sur notre affect : en nous invitant à l'orgueil, il trouble notre conscience au point que nous la croyons d'autant meilleure que nous sommes devenus mauvais, ou d'autant pire que la lumière commence à y poindre. « Tu me dorloteras, croyant presser *l'autre* sur ton cœur ! » La seule manière d'en sortir est d'éviter l'introspection vaine et de s'en remettre à l'inscrutable miséricorde. Saint Paul a cette parole : *Ma conscience, certes, ne me reproche rien, mais je n'en suis pas justifié pour autant ; mon juge, c'est le Seigneur* (1 Co 4, 4). Et saint Jean a cette autre parole, symétrique : *Si notre cœur nous condamne, Dieu est plus grand que notre cœur* (1 Jn 3, 20). Dans l'un et l'autre cas, il s'agit de ne pas s'ériger en juge suprême, quand même ce serait un juge compatissant, et de ne pas se fier à ses propres clartés, quand même elles seraient brillantes.

---

1. Dom Anschaire Vonier, *La Victoire du Christ*, chap. 8, L'Œuvre, 2009.

La grâce de la réconciliation

Qu'on s'arrête encore un instant sur ce fait : le démon se pose en victime. C'est la raison pour laquelle il est appelé l'Accusateur. Mais il sait aussi pardonner, dans la mesure où le pardon lui sert d'instrument de pouvoir, et l'autorise à ne pas voir sa propre injustice. Il est même « enragé de conciliation[1] ».

Que furent les grands totalitarismes du XXe siècle ? De grandes tentatives de réconciliation définitive, par les seules forces de l'homme (et quand il s'agit de nos seules forces, pour sûr, le diable y prête la main). Le nazisme voulait produire, à travers le Reich millénaire, une Europe enfin saine et unie. Le communisme voulait nous sortir pour toujours de la lutte des classes. Adalbert, catholique tueur du Rwanda, explique ainsi ce qui motivait le génocide : « se débarrasser d'un danger à jamais », et Pio, autre manieur de machette, le corrobore en évoquant « l'envie de gagner la partie absolument[2] ». C'est encore une fois la parabole du bon grain et de l'ivraie. L'Ennemi est celui qui sema sa zizanie au beau milieu du bon grain pendant que les serviteurs dormaient ; mais il est aussi celui qui suggère aux serviteurs l'intention zélée d'éliminer toute la mauvaise herbe, et par là d'éliminer aussi le blé vert. Ainsi nos grands projets réconciliateurs ont tourné à la destruction. Aujourd'hui encore, avec la plus grande compassion

---

1. Georges Bernanos, *op. cit.*, p. 290.
2. Jean Hatzfeld, *Une saison de machettes*, Éd. du Seuil, coll. « Points », 2003, p. 254.

possible, le noble dessein de fabriquer un homme nouveau pacifié et perfectionné par la technique finira par mettre au rebut l'obsolète *sapiens sapiens*. Et, si l'on envisage l'erreur contraire, la fanatique ambition de soumettre le monde à Dieu grâce à la terreur ne peut que livrer le monde au Diable.

L'homme ne doit pas avoir le dernier mot. Bien sûr, les agnostiques pourraient dire la même chose : le religieux comme l'idéologue prétendent avoir le dernier mot, nous, nous disons que Dieu est inconnaissable, et ainsi nous sommes assez humbles. C'est éviter le totalitarisme, sans doute, mais ce n'est pas éviter la mutilation : une vie à plat ventre, la gueule calée à l'auge. Car l'avant-dernier mot devient *ipso facto* le dernier mot, s'il n'y a pas de dernier mot effectif. Le religieux fervent, loin d'être fanatique, sait que le dernier mot est à Dieu, et que lui-même ne saurait l'avoir, ni pour condamner, ni pour absoudre. S'il condamne par lui-même, il risque l'erreur et tombe dans la superficialité. S'il absout par lui-même, il risque le laxisme et glisse aisément dans une forme sourde de chantage : « Je t'ai pardonné, moi, l'innocent, la victime, tu m'es donc encore plus redevable ! » Cette manière de se poser en victime absolue, revendiquant la justice ou se targuant de son pardon, est à l'origine de toutes ces revanches et ces extorsions qu'on perpètre avec d'autant plus de cruauté qu'on se croit justifié devant sa conscience. Dans cette justice présomptueuse, dans ce pardon arrogant, se trouve le démoniaque. Car, au contraire, la vraie réconciliation exige de se laisser réconcilier d'abord avec le Père des miséricordes, qui seul peut changer en frères les fratricides que nous sommes, fratricides dès l'origine, fratricides même lorsque nous prétendons octroyer un pardon dont nous serions la source pure. Aussi saint Paul se présente-t-il aux Corinthiens non comme le maître, mais comme le chétif ambassadeur d'une réconciliation dont il est le premier bénéficiaire : *Nous vous en supplions, au nom du Christ, laissez-vous réconcilier avec Dieu* (2 Co 5, 20). Ce qui veut dire aussi : « Sans Dieu, ne vous laissez pas réconcilier, ce serait une diabolique illusion. »

Pour essayer d'approcher cette vérité, il faudrait relire la parabole du débiteur impitoyable (Mt 18, 23-35). On connaît cette histoire d'un serviteur insolvable qui doit 100 000 talents, autant dire une somme infinie. Il se jette aux pieds de son maître en le suppliant, et le maître, touché de pitié, lui remet toute sa dette. Mais voici qu'en sortant tout léger de cette grâce, le serviteur ne tombe que plus lourdement sur un compagnon qui lui doit cent deniers, autant dire, en comparaison, pas grand-chose. Le texte dit qu'il le prend à la gorge et, rejetant sa supplique, le fait jeter en prison. Que s'est-il passé ? Le serviteur désormais sans dette s'est posé en pure victime innocente. Il réclame pour lui justice. Sans clémence, il fait appliquer la loi, alors qu'il aurait dû exercer le pardon. Et pourtant, est-ce que ça n'aurait pas été la même chose s'il lui avait pardonné, s'il lui avait remis sa dette en tant que pure victime ? Il aurait pu regarder son obligé de haut, comme s'il était le principe de la miséricorde (vouloir être au principe du bien, nous l'avons vu, c'est là le mal originel). L'impitoyable apitoyé le lui aurait fait sentir : « Regarde ce que tu me dois, puisque je t'ai épargné la prison. Tiens ! j'oublie même les cent deniers, oui, je les oublie, et je te rappellerai souvent que je les ai oubliés… » Par ce biais il insiste sur une autre dette, plus spirituelle, et l'enchaîne dans une autre prison, psychologique, morale, plus séquestrante que la prison de pierre.

Cette inégalité de la pure victime face au pur bourreau ne permet pas de réconciliation véritable, même quand elle prônerait une générale amnistie. Elle ne fait pas entrer dans une fraternité. Pour pardonner en vérité et en profondeur, sans usurper une position divine, il me faut reconnaître que je suis pécheur moi-même, et un pécheur bien pire que celui à qui je pardonne, soit que j'aie péché puis reçu le pardon de Dieu, soit que, par grâce spéciale, j'aie été préservé. Mais je sais que sans cette grâce d'en haut je n'aurais pu être qu'un bourreau plus infâme que tous les autres.

C'est alors que la vraie réconciliation s'opère. Non plus par la seule force de l'homme, mais d'abord par sa faiblesse. Par sa propre misère avouée, qui accueille l'autre misérable dans la Lumière d'une Miséricorde infinie. Elle n'oublie pas la parole de Paul : *C'est lorsque je suis faible, que je suis fort* (2 Co 12, 10). Elle croit que la prophétie de Zacharie s'est réalisée : *Ils regarderont celui qu'ils ont transpercé,* et en avant ! Tous déicides ! Moi le premier, le plus lâchement, le plus froidement sous les fièvres d'un faux amour !... Et c'est alors que la réconciliation peut avoir lieu.

Celui que porte la foi théologale, cette foi qu'on dit si consolante, doit d'abord apprendre qu'il est un assassin. Il croit dur comme fer qu'il a mis à mort le Fils, et il découvre que ce Fils l'a rejoint au fond de sa misère pour lui faire miséricorde. C'est ainsi, et ainsi seulement, en fils prodigue mais dont le retour est fêté par son Père, que, par dérivation, il peut faire miséricorde. François d'Assise voyant un condamné à mort reconnaît devant lui que, sans la Miséricorde divine, il aurait été un plus grand criminel, et le condamné peut se repentir. Catherine de Sienne boit le sang d'un décapité comme si c'était pour elle celui du Rédempteur. Comment n'en serait-il pas de même pour Marie, la Vierge Immaculée ? Elle sait en son cœur que, sans cette grâce par prévention venue de la Croix de son Fils, elle aurait été, non plus la Fille de Sion, mais la Grande Prostituée de Babylone. Et c'est parce qu'elle sait cela, l'humble servante, que, dans son extrême pureté, elle peut être le « Refuge des Pécheurs ». Si elle avait cru être immaculée par elle-même, si elle s'était fiée à ses propres lumières pour avoir l'initiative de la miséricorde, enfin si elle s'était rengorgée dans sa plénitude de grâce comme dans quelque chose qui lui serait dû, elle aurait été fille de Satan. Mais elle est Mère de Dieu, et c'est pour avoir été livrée à Dieu comme un tout petit enfant qui n'est rien sans son Père.

Du premier commandement ou l'athéisme judéo-chrétien

Ne pas avoir le dernier mot, se laisser déchirer par une transcendance, être arraché à ses clartés étroites pour entrer dans une aveuglante lumière, c'est le sens du premier commandement. Certains catéchismes l'énoncent sous une forme positive pour mieux faire des rimes en « ra » : « Un seul Dieu tu adoreras » (« Le Jour du Seigneur, tu chômeras », « Ton père et ta mère, tu honoreras », et cæte*ra*). Mais, dans la Torah, du moins dans ce que l'on a coutume d'appeler le Décalogue, sa formule est négative : *Tu n'auras pas d'autres dieux devant moi* (Ex 20, 3). Ce « moi », qui fait du Décalogue non pas une déclaration des droits humains, mais un dialogue amoureux, la relation d'un Je et d'un Tu, ce « moi » dans le verset précédent est rapporté au Tétragramme, c'est-à-dire au Nom imprononçable : la partie positive de la formule nous jette dans un abîme. Reste la négative, à notre portée : *Tu n'auras pas d'autres élohim.* C'est de la théologie à coups de marteau. L'aube de Dieu commence par le crépuscule des idoles. La foi réclame que l'on n'ait pas d'autres dieux ; que, de ce côté-là, on soit parfaitement athée.

Les païens ne s'y trompaient pas. Comment qualifier ces types qui n'immolaient pas à l'Empereur, négligeaient Vénus et Mithra, manquaient à cet intégrisme qui voulait qu'on couchât avec des prostituées sacrées ? À leurs yeux, les premiers chrétiens faisaient profession d'athéisme. Ils étaient coupables de crime public. Pour leur mise à mort des dieux, il fallait les punir de la peine capitale. Justin est obligé de se défendre : « On nous appelle athées. Oui, certes, nous sommes les athées de ces prétendus dieux, mais nous croyons au Dieu très vrai, père de la justice, de la sagesse et des autres vertus, en qui ne se mélange rien de mal[1]. » Tertullien, à son tour, entonne sa plaidoirie : « Vos dieux, nous avons cessé de les honorer, du moment que nous avons reconnu qu'ils ne sont pas tels. Ce que vous devez donc exiger de nous, c'est que nous prouvions qu'ils ne sont pas des dieux et, partant, qu'il ne faut pas leur rendre un culte[2]. » Telle est la conséquence du premier commandement dans sa formulation négative : *prouver* que les dieux ne sont pas des dieux. La foi implique ainsi la

---

1. Saint Justin, *Grande apologie,* 6, in Justin martyr, *Œuvres complètes,* Migne, 1994, p. 25.
2. Tertullien, *Apologétique,* X, 2, Les Belles Lettres, 1929, p. 25.

raison, et la raison critique. Le dialogue avec Dieu vivant exige qu'on ne se trompe pas d'interlocuteur, et, dès lors, que l'on soit athée pour tous les dieux morts.

L'athéisme moderne est en cela une hérésie chrétienne. Il dérive de cet athéisme juif et chrétien. Il prétend prolonger leur destruction des idoles, mais il se fait une idole de son propre marteau. Le génie de Feuerbach est de le situer très exactement, non pas contre les religions, mais au sein de leur progrès historique : « La religion est l'être de l'humanité dans son enfance ; mais l'enfant voit son essence hors de lui, dans l'homme : dans l'enfance, l'homme est objet pour lui-même sous l'aspect d'un autre homme. C'est pourquoi le progrès historique des religions consiste en ce que l'on considère maintenant comme subjectif ce que les religions primitives tenaient pour objectif, autrement dit en ce que l'on connaît maintenant comme *humain* ce qui était jadis contemplé et adoré *sous les espèces de Dieu*. Pour celle qui lui succède, toute religion est idolâtrie[1]. »

L'aveu est de taille : c'est dans l'élan du combat mosaïque contre l'idolâtrie que l'athéisme entend s'inscrire comme sa dernière étape et son couronnement. Par le geste même de sa rupture, il reconnaît sa dépendance à l'égard de la Révélation biblique. Et sa dette spéciale à l'égard du christianisme. Car, dans ce procès consistant à « connaître comme humain ce qui était jadis contemplé sous les espèces de Dieu », la foi chrétienne, avec son Dieu-Homme et son Hostie-Verbe, semble poser un jalon décisif.

---

1. Ludwig Feuerbach, *Manifestes philosophiques,* trad. L. Althusser, 10/18, 1973, p. 96-97.

Le moderne athéisme n'est pas qu'un glissement du Dieu transcendant au dieu inexistant ; il est aussi la dérive d'une dévotion centrée sur l'humanité du Christ vers une religion de l'Humanité tout court. L'éradication trop humaine de l'idolâtrie aboutit à la fabrication de l'idole humaniste – comme à un retour du Veau d'or. De fait, quand on s'imagine en finir avec la fausse dévotion par ses propres forces, on tombe dans la dévotion de soi, c'est-à-dire dans le culte démoniaque par excellence, et les idoles recommencent à pulluler sous d'intangibles matériaux : le Progrès, la Raison, la Révolution, le Marché, la Planète, l'Autre...

Ce dernier concept est des plus intéressants. Plus que tout autre, il paraît défier l'idolâtrie et répondre au premier commandement avec une indépassable pureté. Au nom de l'Autre, du Tout-Autre, on veut bien admettre un Dieu inaccessible, mais c'est afin de rejeter tout dogme, toute Église, toute religion instituée comme étant une fabrication humaine puisque mélangeant le Tout-Autre avec du Même pour s'arroger un soi-disant accès vers l'inaccessible divinité. Mais qu'est-ce que ce Tout-Autre abstrait, sans visage ni parole ni contact, sinon une forme vide et le négatif du moi ? Or, s'il ne s'agit que d'une forme vide, je peux la bourrer à ma guise, selon mon caprice du moment. Et s'il ne s'agit que du non-moi, du non-humain, c'est encore l'humain et le moi qui en sont les principes positifs. Une fois de plus, l'idole n'est brisée que pour mieux idolâtrer le geste du brisement. Le démon nous aide à tenir la masse, et il susurre à notre oreille : « N'écoute pas, Israël, Dieu est Tout-Autre, il est au-delà de toutes les synagogues et de toutes les cathédrales faites de main d'homme. Ces commandements qui noircissent leurs rouleaux et se répercutent sous leurs voûtes, ne les grave pas dans ton cœur, ne les redis pas à tes fils. Ce ne sont que des voix humaines. La mienne est vraiment tout autre, sans timbre, sans visage, sans Nom propre puisqu'on s'appelle Légion… »

La sortie de l'idolâtrie suppose une sortie de l'orgueil, et, par conséquent, un brisement dont nous n'avons pas l'initiative : un coup de grâce, la foudre d'une Révélation. Elle est dans l'ouverture au Tout-Autre, sans doute, mais ce Tout-Autre réel, qui s'avance avec son visage que nous n'avons pas choisi, qui nous donne une parole plus profonde que notre silence, parce qu'elle n'est pas la nôtre ni son négatif, et qui vient nous toucher par surprise. Les dogmes et les sacrements n'ont pas d'autre sens. Jean XXIII disait qu'un concile était une rencontre avec le Visage du Ressuscité. Les dogmes sont ainsi les traits mystérieux du Visage divin ; les sacrements sont ses touchers les plus intimes ; et les uns avec les autres *te mèneront là où tu ne voudrais pas* (Jn 21, 18). Un Dieu Tout-Autre qui ne se révèle point n'est jamais qu'un esprit vague et sans amour. Ce serait l'esprit du diable, un esprit qui, préférant tous les masques par lui inventés au visage reçu de son Créateur, renonce à sa personnalité, opte pour l'altérité informe : l'autre toujours autre, sans parole tenable, sans fidélité possible, sans incarnation qui l'attacherait à un corps.

Contre l'ange de lumière

N'avez-vous d'ailleurs jamais éprouvé cette soudaine torpeur qui s'empare de vos membres dès que vous commencez de prier ? Il y a là comme un prodige.

Tout à l'heure, nous étions pleins de vigueur pour discuter et nous indigner des impies, et voici cette invisible poutre qui se décroche du plafond et nous écrase net comme une guêpe industrieuse sous la tapette à mouche. D'où vient cette dépression subite ? Est-ce seulement de soi-même ? N'est-ce pas plutôt comme la force d'un autre qui vous ceinture et vous empêche de faire quelque mal ? La vie d'oraison est celle à quoi le démon a renoncé. Il la déteste plus qu'aucune autre. Il ne peut qu'en préserver les siens. C'est un hyperactif infatigable et plein de nouveaux projets pressants. Il voudrait que tout ne dépende que de ses efforts. Il n'aime rayonner que par son mérite. Impossible pour lui de tenir en place. Et c'est à sa suite que, de manière si mystérieuse, nous subissons cette maladie de « ne savoir pas demeurer en repos dans une chambre ».

Mais admettons que nous allions au-delà de cet obstacle des débutants et que nous devenions des champions ès prière, le diable est encore là pour nous aider. Il pèse alors sur la mémoire du religieux, sur son inclination au plaisir, suscite en lui une impatience de la béatitude, similaire à la sienne. « Il en est qui, parce que les biens spirituels sont chez eux très à l'extérieur, et à portée de la main pour ainsi dire, tombent dans des inconvénients et des périls bien pires que ceux dont nous avons parlé comme étant propres aux commençants. [...] Il en est beaucoup auxquels le démon suggère ici des visions fausses et des prophéties erronées, qu'il leur fait admettre comme véritables. [...] Il les remplit en même temps de présomption et de superbe. Sous l'empire de la vanité et de l'arrogance, ces personnes étalent à l'extérieur des apparences de sainteté, de ravissements et autres dehors trompeurs. [...] Chez quelques-uns, les faussetés et les tromperies se multiplient si bien et s'enfoncent si profondément qu'il est douteux qu'ils puissent jamais rentrer dans le droit chemin de la vertu et retrouver la vraie spiritualité. S'ils donnent dans toutes ces misères, c'est qu'ils se sont livrés avec trop de sécurité aux connaissances et aux sentiments spirituels, alors qu'ils entraient dans la voie de leur progrès[1]. »

Jean de la Croix insiste toujours sur le danger de la sécurité. Car notre sentiment de sécurité ici-bas ne peut être que le comble de la menace : notre petit paradis est déjà notre enfer, l'enfer de la présomption. Se sentir parfaitement à l'abri, c'est avoir été terrassé déjà, puisqu'on ne se déchire plus en un cri vers le Sauveur. Thérèse d'Avila rappelle que, dans le confort matériel et moral, nous sommes d'autant plus en temps de guerre : « Une fois détachés du monde et de nos proches, pour nous enfermer ici dans les conditions dont j'ai parlé, il nous semblera peut-être que nous n'avons plus de combat à soutenir. Ô mes Sœurs, gardez-vous d'une pareille sécurité. Vous ressembleriez à celui qui se couche bien tranquille, parce qu'il a soigneusement fermé ses portes par crainte des voleurs, quand il les a laissés dans sa maison. Or, c'est nous-mêmes que nous enfermons ; et, vous vous en doutez bien, nous ne saurions rencontrer de pires larrons[2]. »

L'entrée en religion peut déboucher sur la géhenne. Et tout progrès spirituel, donner l'occasion d'un plus

---

1. Jean de la Croix, *La Nuit obscure,* l. 2, c. 2, in *Œuvres complètes,* trad. Mère Marie du Saint-Sacrement, Éd. du Cerf, 1990, p. 976-977.
2. Thérèse d'Avila, *Le Chemin de la perfection,* XI, trad. R.P. Grégoire de Saint-Joseph, Éd. du Seuil, 1961, p. 89.

grand désastre : « Plus on reçoit, plus on risque de succomber à l'orgueil[1]. » Aussi le démon est-il habile à « emmieller et éblouir » l'âme. Et cela à un point que nous n'imaginons pas : « Comme *il se transfigure en ange de lumière* (2 Co 11, 14), l'âme ne voit partout que lumière[2]. » Une foi qui nous rendrait très sûrs de nous-mêmes, une foi sans nuit, car à la mesure de nos propres clartés, nous rend pire que l'athée qui éprouve l'absence de Dieu. Cet athée serait encore en souffrance d'un autre, tandis que notre orgueilleux spirituel n'attend plus rien que de jouir des lueurs de ses cierges.

De nos deux grands carmélitains, ces pages si terribles ne sont que pour inspirer la plus grande confiance. Si nous ne l'entendons pas, c'est que nous avons oublié que la notion de confiance est en elle-même déchirante. Elle interdit de croire à la forteresse faite de nos mains. Elle confesse notre détresse et en appelle à un autre. La confiance en Dieu suppose la défiance envers soi. Philippe Néri ordonnait à Jésus : « Méfie-toi de Philippe. » Et Vincent de Paul confiait dans ses *Entretiens spirituels* : « J'ai, toute ma vie, appréhendé de me trouver à la naissance de quelque hérésie. Je voyais le grand ravage qu'avait fait celle de Luther et de Calvin, et combien de personnes de toutes sortes de conditions en avaient sucé le pernicieux venin, en voulant goûter les fausses douceurs de leur prétendue réforme. J'ai toujours eu cette crainte de me trouver enveloppé dans les erreurs de quelque nouvelle

1. Voir l'étude du Père Lucien-Marie de Saint-Joseph « Satan dans l'œuvre de saint Jean de la Croix », in *Satan*, DDB, 1978 (reprise du numéro des *Études carmélitaines* de 1948).
2. Jean de la Croix, *La Montée du Carmel*, l. 3, c. 10, *op. cit.*, p. 807.

doctrine, avant de m'en apercevoir[1]. » Cet aveu, qu'on ne s'y trompe pas, est un hommage au génie et à la supériorité de Calvin et Luther : si ces grands sont tombés dans l'erreur, sous les menées du Malin, comment, moi qui suis plus petit, ne craindrais-je pas d'y verser à mon tour ? Comment, pour me garder d'un tel malheur, ne me livrerais-je pas dans une obéissance aussi libre qu'entière au magistère de l'Église ?

La vraie foi fait donc entrer dans le doute, non pas de Dieu, mais de soi : « Seigneur mon Dieu, sous vos yeux je suis devenu pour moi-même une question[2]. » Et ce doute détruit l'idole de ma contenance, et il m'oblige à m'abandonner, dans une confiance d'autant plus inébranlable que l'idole fut mieux détruite, au pouvoir du Très-Haut. Jean de la Croix rappelle à propos du démon : « Il n'y a pas de pouvoir humain comparable au sien ; seul le pouvoir divin est capable de le surmonter, seule la lumière divine est capable de démêler ses artifices. L'âme ne pourra triompher d'une telle force sans l'oraison ; elle ne saura déjouer de pareils artifices sans l'humilité et la mortification. » Face au diable, l'humilité est la « précaution » première. Mais elle ne consiste pas à s'abaisser soi-même. Ce serait encore s'enivrer de ses propres démarches, verser dans ce que nous avons reconnu pour le péché d'Adam. Jean de la Croix le précise d'un trait : « Qui s'appuie sur soi-même est pire que le démon », et cela vaut encore pour qui s'appuierait sur soi pour se mettre à terre, se réduire à rien, s'adonner à je ne sais quel déresponsabilisant *bondage*. L'humilité véritable n'est pas de se rabaisser.

---

1. *Entretiens spirituels de saint Vincent de Paul*, Éd. du Seuil, 1960, p. 902.
2. Saint Augustin, *Confessions*, X, 33.

Elle est de se laisser relever par Dieu. Et c'est là le plus difficile. Elle est ensuite de relever les autres à ses yeux. Et c'est là le plus douloureux : « L'humilité consiste à te réjouir du bien d'autrui comme du tien propre, à désirer que les autres te soient préférés en toutes choses, à le désirer, dis-je, très sincèrement[1]. » Point d'échine courbée de manière ostensible, point de triste figure composée, mais une joie d'autant plus constante qu'elle suppose notre nullité et repose sur l'Éternel.

L'amour dans la nuit

Se laisser ouvrir à la lumière divine, c'est entrer dans cette nuit de l'étreinte où la femme se livre à la pénétration de l'époux. Le fidèle, d'une certaine manière, en sait de moins en moins, en sait moins que l'athée lui-même. Quand les autres croient savoir et ne savent pas, la sagesse de Socrate est de savoir qu'il ne sait rien. La sagesse du chrétien est de connaître Dieu comme ineffable, et de déposer son savoir à la porte pour entrer dans les voies nocturnes de l'amour : « Toute âme qui compte sur son savoir et ses talents pour s'unir à la Sagesse de Dieu est souverainement ignorante aux yeux de Dieu ; elle en demeurera extrêmement éloignée. [...] Ceux-là seulement ont la Sagesse de Dieu, lesquels comme des enfants et des ignorants déposent leur savoir et marchent avec amour à son service. [...] Pour s'unir à la sagesse de Dieu, l'âme doit marcher en ignorance plutôt qu'en connaissance[2]. »

1. Jean de la Croix, « Les précautions », *op. cit.*, p. 304.
2. *Id.*, *La montée du Carmel*, l. 1, c. 4, *op. cit.*, p. 593.

La foi théologale est ainsi à la fois certaine et obscure. D'aucuns, en raison de son obscurité, la tiennent pour incertaine : ils s'égarent sur le chemin d'une science qui se contente de ces ombres et de ces reflets à la mesure de nos yeux de hiboux. D'autres, en raison de sa certitude, la tiennent pour assez claire : ils se protègent derrière le rempart d'une doctrine qui redoute la nuit vivante des amants. Si les premiers sont séduits par les démons, ces derniers leur ressemblent. Pour le démon, bien sûr, l'objet de la foi n'est pas clair en lui-même : la vision béatifique est précisément ce qu'il a pour jamais refusé. D'une manière générale, celui qui croit quelque chose ne voit pas cette chose, mais la fiabilité du témoin qui la rapporte. Ainsi, je crois avec certitude que Napoléon a perdu la bataille de Waterloo en voyant les documents innombrables et convergents qui l'attestent. Je crois sans possibilité de doute à l'existence des chambres à gaz sur les témoignages de ces Juifs qui ne se sont pas concertés (cette absence de concertation interdit une corroboration telle que ces témoignages soient en tous points superposables ; or, c'est précisément sur ces failles qui prouvent leur vérité, que le négationniste prétend fonder ses soupçons). Si je mets en doute ces témoignages évidemment fiables, je tombe dans la paranoïa : je dois me forger une théorie de la Perfide Albion ; je dois me machiner une thèse du complot juif ; oui, les rescapés se seraient entendus pour inventer cette horreur et s'en servir comme moyen de pression, comme ces autres Juifs, les Apôtres, se seraient entendus pour inventer la Résurrection. Une telle paranoïa est impossible pour un ange même déchu. Le témoignage du Christ et de l'Église, confortés par des miracles, s'il ne suffit pas à plier une intelligence humaine, suffit, en revanche, à convaincre une intelligence angélique. Les démons croient à l'Incarnation, la Trinité et tous les autres mystères qu'ils ne voient pas en eux-mêmes, parce qu'ils sont « contraints par l'évidence des signes ; et c'est pourquoi le verbe croire est employé de manière équivoque lorsqu'on l'applique aux fidèles et aux démons, puisque la foi en eux n'est pas issue d'une lumière infuse de grâce, comme chez les fidèles[1] ». Par conséquent, du côté de sa mesure objective, la foi des démons est moins claire que la foi théologale : elle ne bénéficie pas de la lumière infuse de grâce. Si elle est plus claire, c'est du côté de sa mesure subjective : ils ne subissent pas l'étreinte de cette lumière qui les dépasse, ils sont dans une croyance proportionnée à leur nature, qui ne les entraîne pas au-delà d'eux-mêmes, qui n'a pas à tourner en amour.

La certitude de la foi théologale a donc ceci de paradoxal : là où la certitude scientifique prend son appui dans la clarté, elle reçoit le sien dans les ténèbres. C'est une certitude qui n'a pas son appui en nous-mêmes mais en Dieu. La foi est donc plus objective et plus certaine que toute science, puisqu'elle a pour principe le Réel absolu et la Vérité en personne, mais elle est plus obscure que l'ignorance et le doute. L'ignorant n'est pas comme cela travaillé par la nuit. Et celui qui doute n'est pas à ce point lui-même mis en cause. Nous n'y voyons rien, mais c'est comme si nous sentions que Dieu nous voit et traverse notre néant. Car si la foi tend l'intelligence vers Celui qui tira toutes choses du néant, c'est en quelque sorte en nous faisant repasser par le néant qu'elle nous le fait rejoindre et communier avec toutes

1. Thomas d'Aquin, *De Veritate*, qu. 14, art. 9, ad 4.

les créatures. Sa certitude est notre déséquilibre, et ce déséquilibre devient notre élan.

Son dynamisme interne nous fait passer de la connaissance à l'amour. L'absence de vision dont la foi souffre réclame le relais de l'amour qui sait unir malgré la nuit. Thomas d'Aquin explique ainsi la grandeur de la charité : « Les autres vertus théologales comportent dans leur notion même une certaine distance à l'égard de leur objet : la foi porte sur ce qu'on ne voit pas, l'espérance sur ce qu'on n'a pas. Mais l'amour de charité porte sur ce qu'on a déjà : d'une certaine manière, en effet, l'aimé est dans celui qui aime, et, de son côté, l'amant est, par son affection, entraîné à ne faire qu'un avec l'aimé ; voilà pourquoi il est dit en saint Jean : *Celui qui demeure dans la charité demeure en Dieu et Dieu en lui* (1 Jn 4, 16)[1]. » Alors que la foi est seulement pour le temps, la charité est la même dans le temps et l'éternité. L'amour accueille l'autre, non pas seulement tel que notre intelligence se le représente et se l'accommode, mais, traversant toutes ses représentations comme autant de voiles qui tout à la fois le distinguent et le dérobent, l'accueille tel qu'il est jusque dans la nudité de son abîme.

Mais Thomas d'Aquin ajoute que, si quelqu'un peut être sûr d'avoir la foi, on ne peut être absolument sûr d'avoir la charité. La foi perfectionne l'intelligence qui peut se saisir elle-même, alors que la charité perfectionne la volonté, le sentiment, qui garde quelque chose de l'élan dont ne perçoit pas bien l'origine ni la fin : *Le vent souffle où il veut, tu entends sa voix, mais tu ne sais ni d'où il vient ni où il va* (Jn 3, 8). À moins d'une exceptionnelle confirmation en grâce réservée à ces saints que

1. *Id.*, *Somme de Théologie,* I-II, 66, 6.

Dieu n'affermit que pour mieux les clouer à sa Croix, la foi formée par la charité, la foi vraiment salutaire, s'ignore elle-même en tant que telle. Bien que je sois certain de l'avoir en tant que connaissance (et encore de cet avoir qui m'excède), je ne suis pas certain de l'avoir en tant qu'assentiment amoureux. Par là, mon salut n'est pas mien tant que je pérégrine sur cette terre. La foi qui justifie peut être ontologiquement mienne, mais, psychologiquement, elle ne m'appartient pas.

C'est une des grandes détresses pour le fidèle ici-bas que de ne jamais être sûr qu'il aime Dieu. Cette détresse est néanmoins le principe des plus ardentes déclarations d'amour. Aux derniers pas de son *Chemin de la perfection,* et comme elle commente la dernière demande du Notre Père, Thérèse d'Avila peut gémir : « Je supplie moi aussi le Seigneur de me délivrer de tout mal à jamais, car, loin de m'acquitter de ce que je lui dois, je m'endette peut-être tous les jours davantage. Ce qui fait mon tourment, ô Seigneur, c'est que je ne puis savoir de manière certaine si je vous aime, ni si mes désirs vous sont agréables[1]. »

Par-delà la foi qui se tâte et l'étude qui ne croit pas

Il est de la psychologie de quiconque aime vraiment de penser qu'il n'aime pas encore assez. Mais il n'est pas ici question que de psychologie. Si la foi a quelque proportion avec notre étoffe temporelle, puisqu'elle n'est que pour le temps, la charité, nous l'avons dit, est pour la vie éternelle. Plus large que nous-mêmes, bien

1. Thérèse d'Avila, *Le Chemin de la perfection,* c. XLIV, *op. cit.,* p. 235.

qu'en nous-mêmes, elle échappe à notre saisie. C'est ce qui fait son lien avec l'humilité : nul n'est certain d'être humble, et celui qui se le croit assez ne l'est déjà plus. Or, cette incertitude quant à l'humilité comme à l'amour est ce qui fait échapper aux contorsions introspectives et fonde l'insouciante liberté des enfants de Dieu. Le fidèle n'est pas comme qui se tâte le pouls, prend sa température, sent qu'il croit beaucoup ce matin, un peu moins cet après-midi, arrive mécréant au soir, à moins qu'après les comptes de la journée il ne palpe d'un coup cette foi énorme que son chiffre d'affaires mesure.

Lorsqu'il évoque sa « tentation chrétienne », Michel Houellebecq montre qu'il n'a jamais dépassé cette conception sentimentale et égocentrique, disons hypocondriaque de la foi : « Oh oui, ces paroles [celles de la messe] entraient en moi, je les recevais directement en plein cœur. Et pendant cinq à dix minutes, chaque dimanche, je croyais en Dieu[1]... » La phrase est comique en ce qu'elle accorde à l'Éternel le crédit de quelques minutes. Mais elle prouve par là que l'objet de la houellebecquienne croyance n'était pas l'Éternel, mais le temps. Heureusement qu'il ne s'est pas entêté à devenir chrétien de cette manière : il ne voulait pas Dieu, mais la sensation de quelque chose que notre petitesse peut nous faire estimer suffisamment « divine ». Il faut cependant le reconnaître, le Seigneur n'est pas comme un amant vaniteux, il ne nous demande pas : « Est-ce que tu la sens ? » Mais le diable, probablement. Admettons que, favorisé par *l'ange de lumière*, Michel Houellebecq fût parvenu à l'état par lui convoité de constante

1. Michel Houellebecq et Bernard-Henri Lévy, *Ennemis publics*, Flammarion-Grasset, 2008, p. 147-148.

satisfaction, avec larmes jouissives et palpitations fortes, il se serait cru dans l'Église du Christ, alors qu'il n'aurait été que dans la coquille d'un mollusque. C'est donc une grâce de Dieu qu'il soit pour l'heure redevenu mécréant. Cette mécréance peut être plus proche de la vraie foi que cette croyance centrée sur soi-même.

Pour éviter ces intermittences du cœur, ce balancement entre la croyance et l'incroyance, selon l'impression du moment, ne faut-il pas renoncer à la croyance comme trop subjective et idolâtre, réduisant Dieu au sentiment de Dieu, et lui préférer plutôt l'étude et le respect objectif de la Loi ? C'est ce que le judaïsme rabbinique, de nos jours, eut tendance à penser. Quand Alain Finkielkraut lui disait qu'il ne pouvait pas être pratiquant parce qu'il n'avait pas la foi, Benny Lévy répondait que personne ne lui demandait de croire. Dieu ne commande que d'étudier sa Parole, et de la mettre en pratique : « Le point de départ, ce n'est pas une évidence intérieure, c'est qu'on ne comprend rien. C'est complètement obscur, ce texte – et pourtant il vous appelle. Voilà : c'est ça le point de départ. Il ne se dit pas en termes de croyance. Ces termes, laissons-les aux autres, ce n'est pas notre truc, ce n'est pas notre langage, ce n'est pas comme ça que ça se passe[1]. » Benny Lévy sous-entend que c'est comme ça que ça se passe chez les chrétiens. S'il en était ainsi, sans hésiter, mieux vaudrait être juif. Car cette croyance que le rabbin dénonce, toute psychologique, est plutôt une illusion confortable : elle sera soufflée à la première épreuve, à moins que le diable ne la tisonne obstinément. À dire

1. Alain Finkielkraut et Benny Lévy, *Le Livre et les livres*, Verdier, Lagrasse, 2006, p. 94.

vrai, la théologie catholique définit la foi théologale plutôt comme Benny Lévy définit l'étude : non pas une simple évidence intérieure, comme la foi des démons, mais l'accueil d'une Parole donnée, la réponse à un appel objectif qui nous dépasse, qui dégage en nous des résonances inouïes, et qui nous engage à pratiquer les commandements : *Celui qui dit : « Je Le connais » et qui ne garde pas ses commandements, est un menteur, et la vérité n'est pas en lui* (1 Jn 2, 3).

Comme l'écrit avec beaucoup de justesse Jean-Louis Chrétien : « Me demander à moi-même comment je crois, c'est encore m'interroger sur moi, chercher quelque chose en moi, de moi, pour moi, tourner en moi comme un loup en cage, et non pas laisser Dieu faire son œuvre, qui est de venir, de parler et de promettre, de venir le premier, de parler le premier, de promettre le premier[1]. » Au diable donc les embobinages de la croyance qui se tâte et le nombrilisme du « sentiment religieux » ! C'est à chaque fois le serpent qui se mord la queue, alors que, pour la vraie foi, c'est plutôt ce moinillon aveugle qui ouvre la bouche. Bien entendu, la foi théologale peut éclore en nous ses petites fleurs roses, et nous procurer d'heureuses émotions ; mais c'est comme les fleurs de pomme de terre : elles peuvent être piétinées, fanées, mortes, et les fruits peuvent être pillés par les corbeaux, l'essentiel reste sauf, le tubercule comestible est toujours là caché, qui croît dans les ténèbres.

La foi fait entrer le fidèle dans une obscurité plus profonde que la nuit de l'athéisme, qui n'est qu'une nuit superficielle, et dans un jour plus éblouissant que les

---

1. Jean-Louis Chrétien, « Figures bibliques de la joie », in *Sous le regard de la Bible*, Bayard, 2008, p. 79.

clartés de Satan, qui sont des clartés à sa mesure. On voit mieux combien l'expression « avoir la foi » peut être déficiente. Seuls les démons ont la foi, comme un objet qu'ils tiennent dans la paume et manient à leur gré. Mais la foi formée par la charité, le fidèle la possède moins qu'il n'est, par elle, dépossédé de soi. C'est un avoir qui lui fait perdre tout jusqu'à lui-même pour le Christ. Aussi n'a-t-il pas la foi, c'est la foi qui l'a, le dénude et le laisse étreindre dans l'amour.

Le modèle de cette vertu le révèle contre toute attente. Marie ne se tient pas devant la Révélation comme devant la clarté d'un théorème, ni ne jouit de la foi comme du plus romantique des sentiments. Elle marche en ignorance plus qu'en connaissance. Et elle connaît le déchirement plus que les délices : *Et toi, une épée te transpercera le cœur*, lui prophétise le vieillard Syméon (Lc 2, 35). Le mystère est pour elle plus mystérieux encore, puisque son obscurité ne procède pas d'un défaut, mais d'un excès de lumière. Sa foi est d'autant plus parfaite qu'elle la jette mieux dans l'incompréhensible. Sa nuit est d'autant plus grande qu'elle est davantage une nuit de noces. L'épisode du recouvrement au Temple le dit littéralement. Celle dont la foi n'a pas failli n'en pousse pas moins un cri qui reprend et surpasse ceux de Job : *Enfant, pourquoi nous as-tu fait cela ? Vois ! ton père et moi te cherchions dans l'angoisse* (Lc 2, 48). Quoi ? Marie demander à Dieu : *Pourquoi nous as-tu fait cela ?* Marie exprimer son tourment à cause de Jésus ? Il est d'usage d'amortir cette plainte afin de ne pas trop troubler les pastels de l'imagerie sulpicienne. Pourtant, le mot que Luc recueille sur les lèvres de la Sainte Vierge, *odunômenos,* « angoissé », « tourmenté », « torturé », c'est le même qu'il met dans la bouche du riche qui brûle dans l'Hadès : *Je suis torturé dans cette flamme* (Lc 16, 24). La foi de Marie est sans faute, elle n'est cependant pas sans faille : elle souffre ici-bas quelque chose qui peut se comparer aux peines de l'enfer, et qui est l'épée de cet amour ouvrant dans son cœur une faille assez grande pour qu'elle y recueille la plénitude déchirante du mystère divin. À sa question : *Pourquoi nous as-tu fait cela ?* Dieu répond avec sa voix d'enfant de douze ans. C'est une révélation en direct et Marie et Joseph devraient en être au clair, désormais. Mais l'Évangile déclare : *Ils ne comprirent pas la parole qu'il leur adressa* (Lc 2, 50). Marie ne comprend pas les dires de son fils. Qu'est-ce qui la distingue donc de ceux dont le Fils dira, citant Isaïe, qu'ils *entendent sans comprendre* (Lc 8, 10) ? Simplement ceci : *Sa mère gardait toutes ses paroles dans son cœur* (Lc 2, 50-51). La Parole est un glaive, son cœur en est le fourreau[1]. Là où d'autres le ferment, le sien reste ouvert pour que l'incompréhensible y demeure avec tout son tranchant.

La place de Dieu dans mon âme est vide (Mère Teresa)

À peine publiées en anglais, les lettres privées de Mère Teresa ont suscité la stupeur. Le monde l'avait promue comme un modèle dans l'enthousiasme humanitaire, et voici que le modèle révélait une détresse mystique irrécupérable à toute publicité : « La situation physique de mes pauvres abandonnés en pleine rue, sans personne pour les trouver utiles, pour les aimer,

1. L'image est du Père Pierre-Thomas Dehau dans son petit livre admirable : *En prière avec Marie.*

pour les réclamer : voilà l'image exacte de ma propre vie spirituelle, l'état de mon amour pour Jésus[1]... » Ainsi le Prix Nobel de la Paix vivait une guerre des plus profondes ; ainsi celle que l'on voyait au-dehors souriante était au-dedans désolée : « "Toujours en train de sourire" : Les sœurs et les gens font cette remarque – Ils pensent que ma foi, ma confiance, l'amour remplissent tout mon être, que mon intimité avec Dieu, mon union à Sa Volonté doivent absorber mon cœur – S'ils savaient ! S'ils savaient comme ma gaieté n'est que le masque derrière lequel je cache le vide et la misère[2]... »

Devant cet aveu, les trop crédules sont consternés, les très cyniques se réjouissent. Les uns et les autres, soit avec regret, soit avec arrogance, s'accordent au fond pour répéter le proverbe : « Médecin, guéris-toi toi-même. » Ils ignorent le cœur du mystère chrétien. Ils ne comprennent pas que ce masque dont parle la sainte n'est pas celui de l'hypocrisie. C'est, au contraire, le masque de la sincérité la plus abyssale, une sincérité qui fait fond, non pas sur un état psychologique et passager, mais sur cette joie divine en laquelle elle croit et qui, en ce monde, passe par la Croix.

D'une Thérèse à l'autre, il semble que la vie mystique se soit simplifiée, mais aussi que la « nuit de la foi » se soit faite à chaque fois un peu plus prosaïquement obscure. Thérèse d'Avila trace avec force l'allée qui pénètre les sept demeures. Thérèse de Lisieux ouvre la « petite voie », mais plonge aussi dans des sécheresses

1. Lettre au Père Neuner du 12 mai 1969, in Mother Teresa, *Come be my light, The private writings of the « Saint of Calcutta »*, éd. B. Kolodiejchuk, Doubleday, New York, 2007. Je traduis.
2. Lettre au Père Picachy du 3 juillet 1959.

effroyables. Thérèse-Bénédicte de la Croix, passant par une porte plus courte et plus commune encore, meurt à Auschwitz : elle entre dans la chambre à gaz comme Élie à l'Horeb, en se prosternant devant le silence de Dieu. Teresa de Calcutta paraît suivre un sentier encore plus ordinaire et néanmoins s'enfonce dans ces ténèbres qu'elle ne comprend pas. Ce n'est pas tant que lui manque la science carmélitaine ; c'est que cette science ne parvient plus à l'atteindre dans cette nuit où elle est descendue : « La place de Dieu dans mon âme est vide. Un blanc. Il n'y a pas de Dieu en moi… Mon âme n'est qu'un bloc de glace – Je n'ai rien à dire – Vous m'écrivez : “Il est si près de vous que vous ne pouvez Le voir, ni L'entendre, et pas même goûter Sa présence.” Je ne comprends pas ce que ça veut dire, mon Père, et pourtant, je voudrais bien pouvoir comprendre[1]… »

Dans une lettre qu'elle adresse à Jésus, Teresa compare sa souffrance à celle des damnés : « On dit que les gens en enfer souffrent une peine éternelle à cause de la perte de Dieu, et que, s'ils avaient le moindre petit espoir de posséder Dieu, ils passeraient au travers de toute cette souffrance. Dans mon âme, je sens exactement cette terrible douleur de la perte – la perte de Dieu qui ne me veut pas – de Dieu qui n'est pas Dieu – de Dieu qui, en réalité, n'existe pas (Jésus, s'il te plaît, pardonne mes blasphèmes ! – on m'a demandé d'écrire tout). Ces ténèbres me cernent de toutes parts. Je ne peux m'élever vers Dieu : aucune lumière, aucune inspiration ne pénètre mon âme. Je parle de l'amour des âmes, d'un tendre amour pour Dieu – les mots franchissent mes lèvres et je désespère d'y croire. Pourquoi

1. Lettres au Père Neuner de début avril et du 8 novembre 1961.

est-ce que je travaille ? S'il n'y a aucun Dieu, il ne peut y avoir aucune âme. Et s'il n'y a pas d'âme, alors – Jésus – Toi non plus, tu n'es pas vrai… Le Ciel, quel vide ! Pas la moindre idée du Ciel n'entre dans mon esprit. Parce qu'il n'y a pas d'espoir. Je suis effrayée de noter toutes ces terribles choses qui me traversent l'âme. Elles doivent te blesser[1]. »

Je cite ce long passage parce qu'il montre la « contradiction » dans laquelle la sainte est tenue. Le foret du doute creuse en elle toujours plus avant et c'est pour découvrir le gisement d'une foi plus précieuse : cette foi dont nous disions qu'on ne l'a pas, mais qu'elle nous a, et qui met dans une nuit telle qu'il n'est plus de secours humain, qu'il faut s'abandonner à l'abîme de la miséricorde. Ainsi, doutant de Jésus, Mère Teresa s'adresse encore à Jésus. Parlant de la place par Dieu laissée vide, elle lui reconnaît encore une place. Ce qui lui fait follement conclure : « Je suis à Toi. Enfonce dans mon âme, dans ma vie, les souffrances de Ton Cœur. Ne te préoccupe pas de mes sentiments. Ne te préoccupe pas même de ma douleur. Si ma séparation d'avec Toi conduit à Toi les autres, et que, dans leur amour et leur compagnie, Tu trouves ta joie et ton plaisir – mon Jésus, pourquoi ? Je souhaite de tout mon cœur endurer tout ce que j'endure – et pas seulement maintenant – mais pour toute l'éternité, si c'était possible. »

Pourquoi donc un tel approfondissement de la nuit ? La vie spirituelle ne serait qu'illusion si elle proposait l'évasion loin des nuits de l'Histoire. Au contraire : pour être véridique, pour être rédemptrice, cette vie doit les épouser en profondeur, en sorte que les fumées

1. Lettre au Père Picachy du 3 septembre 1959.

du plus pur encens s'humilient devant celles des fours crématoires. La nuit de ce XXe siècle génocidaire et athée, celle qui voulait aimer les plus pauvres fut comme obligée de s'y enfouir – que le souffle de sa charité entre au lieu même de l'asphyxie.

Et c'est pourquoi ces lettres, en raison même de leur détresse, sont de la plus haute consolation. Elles témoignent de la présence de Dieu, là même où il paraît nous fuir. Elles nous rejoignent à l'endroit de notre propre nuit. La théologie mystique expliquait la nuit de la foi d'abord à partir de la transcendance de Dieu : s'unir au Très-Haut exige de l'âme des purifications qui lui retirent tous ses appuis mondains et la décapent jusqu'à la moelle des os. Avec Mère Teresa, cette nuit prend encore un autre sens. Il ne s'agit plus seulement de s'unir à Dieu dans l'obscurité et la nudité des noces, il s'agit encore de s'unir au prochain le plus misérable. C'est là ce qui différencie l'œuvre thérésienne d'une œuvre humanitaire : « Mes chers enfants, sans notre souffrance, notre œuvre ne serait qu'une œuvre sociale, très bonne et très utile, sans doute, mais ce ne serait pas l'œuvre de Jésus-Christ – une part de la Rédemption. Jésus a voulu venir à notre secours en partageant notre vie, notre solitude, notre agonie et notre mort. Tout cela, Il l'a pris sur Lui et l'a porté jusque dans la nuit la plus sombre. S'il nous a rachetés, ce n'est qu'en devenant l'un de nous. Notre mission est d'en faire autant : toute la détresse des pauvres, non seulement leur pauvreté matérielle, mais aussi leur misère spirituelle, doit être rachetée, et nous devons y avoir notre lot[1]. »

1. Lettre générale de juillet 1961.

Imitation du Verbe qui s'anéantit pour ramener à lui l'homme fasciné par le néant (Ph 2, 7). Leçon déjà suivie par Moïse et saint Paul. Quand l'Éternel parle d'éradiquer ces Hébreux à la nuque raide, Moïse lui pose cet ultimatum : *Ou pardonnez-leur ce péché, ou rayez-moi du livre de Vie* (Ex 32, 32). Et saint Paul disant : *Je me suis fait tout à tous afin de les sauver tous* (1 Co 9, 22), lorsqu'il s'agit du Salut des Juifs, déclare : *Je désire être anathème et séparé du Christ pour l'amour des mes frères* (Rm 9, 3). Ce désir d'être séparé du Christ par amour du prochain est la meilleure manière de lui être inséparablement lié.

Le Christ lui-même, sur la Croix avec son « *Pourquoi m'as-tu abandonné ?* », mais peut-être plus encore au mont des Oliviers, donne l'exemple de cette contradiction. Sa prière suit le même mouvement que les lettres de Teresa : *Abba* [c'est un tout-petit qui parle, effrayé, et qui dit « Papa » comme nous appelons « Maman »] *Père, à toi tout est possible : emporte cette coupe loin de moi. Mais non pas ce que je veux, mais ce que toi…* (Mc 14, 36). Qu'est-ce que l'éloignement de cette coupe ? Rien de moins que le refus de la Rédemption. On se souvient qu'après avoir épuisé toute tentation au désert, le diable s'en alla, guettant le *moment favorable*. Or voici le moment venu. C'est *l'heure des ténèbres*. Jésus a l'âme triste à mort. Il est tenté de se dérober à sa mission, de refuser la Miséricorde elle-même. N'est-ce pas exactement ressembler à Satan ? Voici donc que Dieu descend jusque dans le refus, l'épouse en quelque sorte, afin que même ceux qui rejettent sa Miséricorde puissent être encore surpris par sa grâce. *Non pas ce que je veux mais ce que tu veux, Toi.*

Parvenus à ce point de notre étude, les clichés ne sauraient être renversés davantage. Les démons ont la foi ;

les justes éprouvent quelque chose de la peine des damnés. Satan emmielle et éblouit l'âme du religieux, afin que, dans ce plaisir, il ne songe plus qu'à lui-même et à sa belle oraison ; Dieu entraîne Teresa dans la détresse des athées, afin que, dans ce partage, sa sainteté rayonne jusqu'à eux : « Si un jour je deviens une sainte, je serai sans doute une sainte des "ténèbres". À jamais je serai absente du Ciel, afin d'éclairer la lampe de ceux qui sont dans les ténèbres sur la terre[1]. » Cette nuit de la foi ressemble à la nuit de l'athéisme, alors qu'en vérité elle prend cette dernière comme une mère porte son enfant dans son sein, pour lui donner un jour qu'elle ne comprend pas.

Que le Credo se chante

Lorsque nous récitons le Credo, nous ne disons pas « Je crois que Dieu est Un » ni même « Je crois *à* Dieu », mais *Credo in Unum Deum,* « Je crois *en* Dieu... », au sens le plus fort de la préposition : c'est une tension, un essor, un élan vers Dieu comme d'une fiancée qui se rend à son premier rendez-vous. Qui chanterait la *Critique de la Raison pratique* ? Qui ferait des mélismes sur la *Déclaration des Droits de l'Homme* ? Le *Credo* n'entend pas seulement dérouler une série d'affirmations doctrinales, ni un enchaînement d'articles juridiques, mais dire une Révélation comme une déclaration d'amour qui dilate le cœur. *Qui propter nos homines et propter nostram salutem...* Oui, pour nous, pour notre salut (ce qui suppose notre misère par nos remèdes irrémédiable), le

1. Lettre au Père Picachy du 6 mars 1962.

Verbe est descendu du Ciel, comme un époux il a pénétré notre chair, il s'est uni à l'homme ! Ah ! le Credo est parole, mais il est aussi ce qui rend muet d'admiration. C'est pourquoi il se chante : « Le *Credo* peut se chanter, écrit Ernest Hello, parce qu'il n'est pas seulement l'exposé d'une doctrine ; il raconte le sujet de la joie[1]. » Ce chant n'est pas l'auto-hypnose conquérante de quelque *Internationale* : il est la confession de notre faiblesse qui en appelle à une Justice qui n'est pas la nôtre. Ce chant n'est pas non plus une mélodie plaquée sur une certitude spéculative, tel un ornement superflu : il exprime l'essence de cette certitude exorbitante et brûlée que l'Éternel nous veut – corps et âme. Comment l'amoureux ne donnerait-il pas la sérénade sous le balcon du Ciel ?

Mais il n'est pas seul. Dans son exultation tremblante, le Credo déploie une dimension à la fois humble et chorale. – Humble, parce que les abîmes professés ici dépassent ensemble les capacités de notre intelligence et les mérites de notre vie ; or le chant, plutôt que d'ajouter une maîtrise artistique à la maîtrise théologique, témoigne d'un excès, d'un débordement, de ce qui ne peut se dire d'une parole contenue. – Chorale, parce que cette profession de la foi résonne dans la communion de l'Église ; or l'unisson, fondant la multitude des voix en un seul corps sonore, atteste l'unité dans la diversité (l'unisson grégorien plus que la polyphonie baroque, car il met en relief la diversité substantielle des timbres, tandis que la polyphonie met en valeur la diversité accidentelle des notes).

---

1. Ernest Hello, *Le Siècle*, XXXII, « Hamlet en opéra », Perrin, 1923, p. 224-225.

Le *Credo* est même un des seuls chants parfaitement gratuits. Pourquoi le chante-t-on, en effet, sinon pour chanter ? *Heureux les habitants de ta maison, Seigneur, ils pourront te chanter encore* (Ps 83, 5). La doctrine et les événements dont il témoigne sont ceux qui procurent la vie éternelle. Ils sont donc effectivement la voie d'un chant toujours neuf. Ils se chantent pour annoncer la possibilité de chanter sans fin. Ils ne disent rien d'autre que l'amour qui nous ouvrit cette possibilité-là. Mozart le fait sentir avec l'*Et incarnatus est* de sa *Grande Messe en ut mineur* : les vocalises de la soprano, étirant sur son mystère le A du *factus est,* nous font oublier le contenu de l'article. De quoi s'agit-il déjà ? On ne sait plus très bien, mais on sait qu'il y va d'un irrépressible désir. La perte de l'articulation tend à effacer les mots, mais la grâce des modulations nous en fait mieux percevoir le sens : entrer dans la joie de Celui qui est amour, s'aboucher à la source du chant.

Et pourtant, parmi ceux qui chantent le *Credo,* certains, nous-mêmes peut-être, n'ont pas la charité, et ceux qui l'ont n'en possèdent pas la pleine assurance. Comment peut-on s'imposer un « Je crois *en* Dieu » qu'il semble difficile de dire sans une certaine présomption ? Sans doute, lorsque la charité nous manque individuellement, c'est la charité collective de l'Église qui rend notre profession malgré tout véritable et, par là, supplée à notre fausseté personnelle : nous croyons alors en Dieu dans la mesure où nous croyons au sein du Corps du Christ. *Ne regarde pas nos péchés,* supplie le prêtre, *mais la foi de ton Église.* Ici encore, le Credo apparaît comme un choral, mais c'est plutôt un choral fugué : la foi du saint supplée à celle du pécheur, et les uns reprennent le chant là où les autres l'égarent. Et qui sait si tel, à cet instant, dont les lèvres blasphèment, n'est pas dans le secret de son cœur, par-delà son ignorance, en train d'aller vers Dieu ? Qui sait si ce n'est pas lui qui supplée aux manquements de mon cœur à moi, quoique ce soit sur mes lèvres que s'exprime cette Vérité que, confusément, il suit ? *Credo in Deum,* l'accusatif latin peut se traduire comme un *vers,* mais aussi comme un *contre,* et l'on sait que certains se croient contre ceux qui sont tout contre, et que d'autres croient aller vers ceux qui vont envers. Les premiers, alors, portent les seconds, même si ce sont les seconds qui prêchent le Salut. Ce que ceux-ci articulent avec leur bouche, ceux-là le modulent avec leur âme.

Il reste qu'entonner « Je crois en Dieu » sans se livrer à Dieu personnellement, sans s'offrir tout entier comme le rossignol qui met tout son petit être à chanter ses trilles dans la nuit, c'est prendre le risque de la fausseté la plus grave quand même sa voix aurait la justesse la plus sonore. Chanter le Credo est aussi s'engager dans une épreuve décisive. Avec le don de la grâce s'ouvre aussi la possibilité infernale de son refus, et ce refus, nous le savons désormais, peut malgré tout professer publiquement : *Je sais que tu es le Saint de Dieu.* Profession de foi d'un vrai professionnel, sujet d'orgueil pour lui et de mépris à l'égard des incrédules. Que choisirons-nous donc ? Le soleil de Satan ou les ténèbres du Très-Haut ? La clarté du credo démoniaque, qui est naturel et sans ouverture à la grâce, ou cette nuit de la foi aimante, qui est surnaturelle et d'autant plus forte que l'acte de foi se pose dans la faiblesse et l'obscurité ? Dès que nous voulons changer ici-bas cette nuit en soleil, et être contents de nous-mêmes, nous passons de Dieu à diable, nous chutons, certains d'avoir réussi par nous-mêmes à nous élever. Une chute si terrible n'est possible qu'à ceux qui ont beaucoup reçu.

L'enfer est d'abord peuplé de croyants, puisque les démons croient aussi. Et s'il est peuplé d'hommes, c'est certainement moins d'athées que de catholiques ou même d'apôtres comme Judas (Dante se fit une spécialité d'y loger des évêques). On peut toutefois dire la même chose du Paradis... Cependant, les bienheureux sont dans la pleine Lumière. C'en est fini du Credo : ils chantent un *Je vois en Dieu.* Oui, notre avenir le plus divin est de perdre la foi. Au Ciel, tous sont voyants. Il n'y a donc que des incroyants là-haut. Mais leur vision glorieuse conserve ce qui faisait ici-bas la substance de leur nuit mystique et dolente : accueillir *Celui dont la puissance à l'œuvre en nous est capable de faire au-delà, infiniment au-delà de tout ce que nous pouvons demander ou concevoir* (Ep 3, 20).

TROISIÈME LEÇON

À laisser écrire par la grâce avec son propre sang

Viens !
Apocalypse, *passim*.

TABLE

REMERCIEMENTS

D'abord à Jean-Noël Dumont, qui m'invita en 2005 au Collège Supérieur, à Lyon, pour intervenir dans son cycle de conférences : *L'athéisme interrogé.* C'est là que sous le titre déjà de « La foi des démons » je donnai une esquisse de la méditation qu'on a pu lire. Sans cette première invitation, ce travail ne serait pas.

Ensuite, à Gabriel Raphaël Veyret, qui n'eut pas trop de son ange gardien et de ses deux archanges patrons pour m'attraper et publier ce livre. Il en faisait déjà la promotion sans l'avoir lu, obligé par mes retards à une nuit obscure éditoriale et à de répétés actes d'abandon. Après coup, je me suis aperçu combien il était opportun qu'il parût chez Salvator. Pour une fois, ce nom en bas de la couverture est plus important que le titre et que mon propre nom, tant il est vrai que nous avons besoin d'un Sauveur.

Puis au Père Serge-Thomas Bonino, o.p., que je consultai pour sa rigueur théologique, et qui me donna son *nihil obstat* amical. Inutile de dire combien je recommande son livre sur *Les Anges et les Démons* pour ceux qui voudraient approfondir l'angélologie sous-jacente à ces pages.

À Céline Migeot aussi, la belle helléniste qui voulut bien relire mon manuscrit et me faire bénéficier de ses antiques lumières. J'eus beau l'importuner de mille questions de traduction, elle me répondit toujours avec joie.

Enfin à ma femme et mes filles, que je négligeais ici pour écrire des lignes décisives sur la notion de « devoir d'état ». Sans cesse elles ont à me pardonner ces écarts (dirais-je démoniaques ?). C'est par elles que je suis un être de chair et non seulement de papier. Elles sont l'ostensoir de Dieu dans ma vie, et, infiniment plus que mes livres, mon vrai chemin de foi.

Dans la même collection

forum

Salvator

Gaston PIETRI, *Pourquoi je suis croyant*

Jacques LECAILLON, *Faut-il stopper la croissance ?*

Didier LONG, *Manuel de survie spirituelle dans la globalisation*

Thibaut DARY, *Manifeste pour un christianisme engagé*

Michel AUPETIT, *L'Embryon, quels enjeux ?*

Antoine SONDAG, *La solidarité, chemin de spiritualité*

Jacques LECAILLON, *Foi et Business Model*

Jacques ARNOULD, *Requiem pour Darwin*

Jean BOISSONNAT, *2029 ou Comment j'ai traversé trois siècles en cent ans*

Michel LEPLAY, *La foi que j'aime le mieux*

Jean-Marie PETITCLERC, *Pour en finir avec les ghettos urbains*

Hélène et Jean BASTAIRE, *Pour un Christ vert*

Alain CUGNO, *De l'angoise à la liberté. Apologie de l'indifférence*

Hélène et Jean BASTAIRE, *La Création, pour quoi faire ?*

Gaston PIETRI, *Qui est l'homme ?*

Cet ouvrage a été composé
par Atlant'Communication
aux Sables-d'Olonne (Vendée).

Achevé d'imprimer en France
en septembre 2010
sur les presses de Corlet Imprimeur

N° d'imprimeur : 132158
Dépôt légal : septembre 2010